Schriften
der Carl Friedrich von Siemens Stiftung
herausgegeben von
Anton Peisl und Armin Mohler

Band 2

Der Ernstfall

Propyläen Verlag

Die Texte dieses Bandes gehen auf Vorträge zurück, die im Juni/Juli 1978 in einer Vortragsreihe der Carl Friedrich von Siemens Stiftung in München zum Thema »Der Ernstfall« gehalten worden sind. Die der Reihe zugrunde liegende Definition des Begriffs »Ernstfall« findet sich im Nachwort auf S. 215.

Inhalt

Rüdiger Altmann:	Vorüberlegungen zum Ernstfall 7
Hellmut Diwald:	Der Ernstfall als Selbstaufgabe des republikanischen Bezugs: Notverordnung und Ermächtigungsgesetz 20
Christian Meier:	Der Ernstfall im alten Rom 40
Paul Carell:	Der tabuierte Ernstfall Krieg 74
Josef Isensee:	Verfassung ohne Ernstfall: der Rechtsstaat 98
Horst Albach:	Kampf ums Überleben: Der Ernstfall als Normalfall für Unternehmen in einer freiheitlichen Wirtschaftsordnung 124
Robert Hepp:	Die Versicherung des Ernstfalls: der Sozialstaat 142
Heinz-Dietrich Ortlieb:	Entkolonialisierung als Ernstfall am Beispiel Schwarzafrikas 169
Wilhelm E. Mühlmann:	Der Ernstfall als ständige Erfahrung in den Primitiv-Kulturen. (Über die Unwahrscheinlichkeit unserer modernen Existenz) 198
Knut Borchardt:	Nachwort 212
	Die Autoren 227
	Personenregister 233

Rüdiger Altmann
Vorüberlegungen zum Ernstfall

Ob wir für den Fall, daß es ernst wird, gerüstet sind? Das ist keine Frage, die sich bloß allgemein auf Krieg und Politik bezieht. Sie stellt sich jedem von uns als Einzelnem. Es mag dahingestellt bleiben, ob die Menschen früher das Dasein als riskanter, ihre Existenz von größeren und härteren Gefahren umstellt sahen als wir Heutigen. Auf jeden Fall war das Leben kürzer. Seine Ernstfälle traten schärfer hervor. »Bleibt nüchtern und wachet!«; »Ihr wißt weder Tag noch Stunde« – solche Mahnungen meinten zwar Tod und Teufel. Aber hinter Tod und Teufel standen Krankheit und Krieg, Hungersnot und das Wüten der Natur oder die Willkür der Mächtigen.

Ernstfälle solcher Art wurden in früheren Gesellschaften wohl als unvermeidlich für das menschliche Leben in Kauf genommen, und weil sie so zahlreich und unmittelbar bedrohlich waren, wurden sie im einzelnen beschworen und beklagt. Jeder mit seinem Namen. Die Gebete sind voll davon. Man kann sich aber keine Litanei vorstellen, in der es summarisch geheißen hätte: »Vor dem Ernstfall bewahre uns, o Herr!« Das Wort existierte gar nicht.

Insofern sprechen wir eine andere Sprache, wenn wir sagen, daß unsere Religion ihren Äon mit einem Ernstfall eröffnet und schließt: dem Tod Gottes am Kreuz zu Anfang und schließlich dem Höchsten und Letzten, dem Jüngsten Gericht. Denn der Ernstfall gehört nicht zur Sprache der Bibel, sondern ist Ausdruck einer sehr modernen Welterfahrung.

Als Wort und Begriff existiert der Ernstfall erst seit dem vorigen Jahrhundert. Freilich hat es bis dahin bereits genügend »Fälle« gegeben. Aber gegen Ende des Jahrhunderts haben sie sich erstaunlich vermehrt. Neben den sprachlich altgewohnten »Glücksfall« und »Todesfall« sind der »Krankheitsfall«, der »Krisenfall«, der »Konkursfall«, der »Versicherungsfall« getreten. Weitere Reihen spezialisierter Fälle sind zu erwarten. Die Neigung zu solchen Wortbildungen ergibt sich aus dem Bedürfnis, immer mehr gesonderte Lebenstatbestände so zu ordnen, daß sie entweder zu Bedingungen werden, an deren Eintritt oder Nichteintritt sich bestimmte Ansprüche knüpfen, oder aber Tatbestände festzulegen, die gewisse organisatorische Konsequenzen nach sich ziehen. Am einfachsten versteht sich das im Versicherungsfall, der wiederum in spezielle Tatbestände zerlegt wird: den Schadensfall, den Krankheitsfall, den Todesfall oder auch den Überlebensfall – dies alles und noch mehr läßt sich versichern. Gegenteiliges geschah früher einer Beamtin im Heiratsfall und geschieht heute noch einer Beamtenwitwe im Wiederverheiratungsfall.

Ein bekannter Werbeslogan hat sich diese »Fallsucht« unserer Umgangssprache ebenso trivial wie treffend zunutze gemacht: »Im Falle eines Falles klebt Uhu wirklich alles.«

Noch befindet man sich bei solchen Überlegungen nicht auf dem Felde des Ernstfalls. Auch bleibt, bevor man ihm entgegengeht, eine Versammlung von Fällen zu besichtigen, die insofern von der bereits angeführten Spezies unterschieden werden muß, als das Stammwort »Fall« hier nur sehr indirekt mit dem lateinischen »casus« gleichzusetzen ist. »Fall« meint hier unmittelbar den Bewegungsvorgang – das Fallen –, wobei die Vorsilbe die Richtung der Bewegung anzeigt. Gemeint sind also Vorfall, Umfall, Ausfall, Einfall, Rückfall, Beifall – der Fall kommt dem casus wieder näher bei Worten wie Oberfall und Unterfall.

Solche Hinweise sollen keine linguistischen Erörterungen auslösen; es kommt hier nur darauf an, die Vorüberlegungen von Fall zu Fall, bis zum Ernstfall, sprachlich zu erleichtern. Auch das könnte man sich vielleicht ersparen, wenn das Eintreten des Ernstfalls in die Umgangssprache literarisch einigermaßen eindrücklich dokumentiert werden könnte. Aber literarische Zeugnisse aus der Frühzeit des Ernstfalls scheinen selten zu sein. Hegel kommt ihm nahe, ohne sich einen Begriff davon zu machen. Was die weltanschauliche Herkunft des Ernstfalls betrifft, so ist sie eher rechts als links zu vermuten. Aber der Ernstfall ist als Wort kein Kind der politischen Philosophie. Er stammt höchstwahrscheinlich aus der militärischen Gebrauchs- und Trivialsprache. Von den wissenschaftlich unterlegten Vorschriften und taktischen Anweisungen aus ist mit dem Ernstfall die Praxis der Soldaten im Krieg und damit das Ernstnehmen des Krieges in der Ausbildung gemeint, das Gegenteil also von »Kriegsspiel« im Manöver. »Desto sicherer«, heißt es im Exerzierreglement, »werden auch im Ernstfall die Eindrücke des Gefechts überwunden werden.«

Nun ist das Überwechseln militärischer Ausdrücke in die allgemeine Umgangssprache, zumal nach größeren Kriegen, nichts besonders Auffälliges. Während wir uns beispielsweise daran gewöhnt haben, die »Patentlösung« des deutschen Generalstabes sinnverkehrt als Synonym für »Illusion« zu benutzen, haben wir ohne Umschweife militärische Fachworte aus dem Amerikanischen übernommen: Strategie und Taktik als betriebswirtschaftliche Fachausdrücke, ebenso »offensive Werbung« oder, nicht einmal verdeutscht, »operations research«.

Auch der Ernstfall ist nicht in seinem ursprünglich einfachen Zusammenhang mit der Kriegspraxis verblieben. Indem er aber seine ursprünglich so selbstverständliche Identität mit Krieg und militärischem Konflikt aufgibt, wandelt er sich in den zwanziger Jahren zu einer geradezu philosophisch anmutenden Eigenständigkeit. Das Bild des Krieges verblaßt, während er den Charakter einer scheinbar absichtsvollen Abstraktion annimmt, die den konkreten Konflikt in den Nebel unbestimmter Erwartungen verdrängt. Man spricht jetzt vom Ernstfall, um das Wort »Krieg« vermeiden zu können. Der Ernstfall soll kein Ereignis sein, das in unser Leben einbricht. Seine Anonymität soll Beweis einer möglichst geringen Notwendigkeit sein. Wir nehmen ihm schon sprachlich die Konkretheit, die den Krankheits-, den Todes-, ja den Versicherungsfall oder sogar den Unglücksfall auszeichnen. Im Duden ist der Ernstfall ein »Zeitpunkt, in dem ein nur für möglich gehaltenes Ereignis tatsächlich eintritt«. So wird er zu einem Schlüsselwort für die Erwartungen, die keiner so recht aussprechen will, zu einem Omen ohne Namen.

Von diesem Problemniveau aus entwickelt sich der Ernstfall allerdings zu einer Denkfigur, mit deren Hilfe sich historisch eine Reihe von Perspektiven, die auf den ersten Blick sehr unterschiedlich verlaufen, in einem Ergebnis von großer Eindringlichkeit zusammenfassen lassen. Der Ernstfall wird zum Stichwort für den Ausnahmezustand. Er erweist sich aber auch als Schlüsselwort für die Revolution. Bei solcher Ambivalenz kann man rechts und links die Seiten wechseln, ohne die Wirklichkeit aus dem Gesichtsfeld zu verlieren.

Rückwirkend stellt sich zum Beispiel eine lebhafte Beziehung zwischen dem deutschen Wort Ernstfall und dem »cas réel« ein, dem »wirklichen« Fall, wie die Franzosen sagen. In der Bezeichnung wirklich, »réel«, deutet sich eine Spannung zwischen zwei Ebenen von Wirklichkeit an, von denen die eine durch den Ernstfall, den »cas réel«, bestätigt und die andere entlarvt wird: ein ähnlicher Unterschied, wie er zwischen dem »pays légal« und dem »pays réel« im Frankreich des 19. Jahrhunderts als Gegensatz der offiziellen Ordnung zur wirklichen Meinung des Landes proklamiert wurde; etwas davon schwingt ja auch bei uns in dem unsicheren Wort von der »schweigenden Mehrheit« mit.

In der Tat: Der Ernstfall charakterisiert sich als etwas, was nicht mit dem üblichen Verlauf der Geschäfte übereinstimmt: Der Gegensatz zum Ernstfall ist dann die Normalität. Daran ist zunächst nichts Außergewöhnliches, solange Krieg und Frieden zum bunten Bild des Lebens gehören: »Im Felde« – im Ernstfall also – »da ist der Mann noch was wert, da wird das Herz noch gewogen«, singt Schillers Reitersoldat in »Wallensteins Lager«. Aber schon bei Hegel entzweit sich dieses vitale Bild in die scharfe Dialektik von bürgerlicher Ordnung und dem wirklichen Ernst, der Wahrheit des Lebens. »Im Frieden«, heißt es in Hegels Rechtsphilosophie (§ 324, Zusatz), »dehnt sich das bürgerliche Leben mehr aus, alle Sphären hausen sich ein, und es ist auf die Länge ein Versumpfen der Menschen; ihre Partikularitäten werden immer fester und verknöchern. Aber zur Gesundheit gehört die Einheit des Körpers, und wenn die Teile in sich hart werden, so ist der Tod da... Man hört soviel auf den Kanzeln von der Unsicherheit, Eitelkeit und Unstetigkeit zeitlicher Dinge sprechen, aber jeder denkt dabei, so gerührt er auch ist, ich werde doch das Meinige behalten. Kommt nun aber diese Unsicherheit in Form von Husaren mit blanken Säbeln wirklich zur Sprache und ist es Ernst damit, dann wendet sich jene gerührte Erbaulichkeit, die alles vorhersagte, dazu, Flüche über die Eroberer auszusprechen. Trotzdem aber finden Kriege... statt; die Saaten schießen wieder auf, und das Gerede verstummt vor den ernsten Wiederholungen der Geschichte.«

Für Hegel selbst ist Krieg und Ernstfall also keine Ausnahme von der Regel. Aber seine Kritik zeigt, daß das allgemeine Bewußtsein davon sich geändert hat; und keineswegs nur für das Bürgertum, das der Sekurität einen höheren Rang als der Ehre und dem Ruhm einräumt.

Denn daß trotz Hegel der Ernstfall zur Ausnahme und die Normalität zur Regel wird, bezeugt mehr und deutlicher die Theorie des Ausnahmezustandes. Die Lehre vom Ausnahmezustand soll hier, in historischer Verkürzung – denn sie kommt aus der Erfahrung des 19. Jahrhunderts –, in die Perspektive des Ernstfalls gestellt werden, so wie er von Carl Schmitt in der Theorie der Souveränität in den zwanziger Jahren präsentiert worden ist. »Souverän ist«, heißt es in der »Politischen Theologie« Carl Schmitts, »wer über den Ausnahmezustand entscheidet«.

Carl Schmitt, der übrigens in diesen Tagen neunzig Jahre alt wird, beruft sich mit dieser Definition ausdrücklich auf die politische Lehre, die die Gegner der großen französischen Revolution entwickelt haben. Aber im Fortgang unserer Betrachtung wird sich erweisen, daß man das Bild des Ausnahmezustandes keineswegs nur als Vignette der Gegenrevolution zeichnen darf. Es trifft auch die Dialektik der Revolution selbst.

Die Formel, daß souverän der ist, der über den Ausnahmezustand entscheidet, schwimmt also nicht in einer konservativen Ideologie. Sie gilt auch für die revolutionäre Diktatur. Alle totalitären Staaten, auch die kommunistischen, lassen sich als Ernstfallstaaten bezeichnen. Sie halten ständig, hinter dem Paravent ihrer Rechtsordnung, den Ausnahmezustand bereit. Solche Wachsamkeit entspringt, im Gegensatz zur offiziellen sozialistischen Utopie und der daraus abgeleiteten optimistischen Erwartung des Endsieges, doch einem tiefen gesellschaftlichen Pessimismus: auch die revolutionär geschaffene Ordnung bleibt ständig vom Zerfall bedroht, der innere Feind, Ketzerei und Irrtum bleiben präsent.

Nach der Theorie Carl Schmitts ist der Ausnahmezustand der Testfall der Souveränität. Die Ausnahme ist es also, die die Regel und die Ordnung bestimmt. Der Ernstfall ist die Stunde der Bewährung. Er schafft das Pathos des Außerordentlichen: »Ich kenne«, sagte Wilhelm II., nach der Kriegserklärung, »keine Parteien mehr, ich kenne nur noch Deutsche.« Oder, als schwächeres Beispiel eines immerhin halben Ernstfalls: Die »Gemeinschaft der Demokraten« gegen den Terrorismus. Es geht also nicht nur darum, die Stunde der Exekutive einzuläuten. Es geht auch um die Selbstbestätigung der Nation. Im Bewußtsein des Ernstfalles zeigt sich, ob die Nation diese Bestätigung zu leisten vermag.

Deshalb sollte die oben zitierte »Politische Theologie« Carl Schmitts, die zur klassischen Interpretation und Definition des Ausnahmezustandes geworden ist, nicht zu eng verstanden werden, vor allem nicht lediglich als Ausdruck einer autoritären Staatslehre. Denn in der Zuspitzung auf den Ausnahmezustand zeigt sich nicht nur die Überlegenheit der Ausnahme als »höhere Wirklichkeit«, auf die es ankommt gegenüber dem Alltag von Normalität und Normativität; nicht minder interessant ist die dialektische Umkehrung dieser Formel, in der erst ihre Ambivalenz sichtbar wird: Daß nämlich der Ernstfall vor der normalen Ordnung zurückweicht und zur Ausnahme wird. Wir haben gesehen, daß die Erscheinungen des Ernstfalls – Krieg, Unruhe, Not – früher einmal zum alltäglichen Leben gehörten. Jetzt, sagt Carl Schmitt, ist der Ausnahmezustand für die normale Ordnung dasselbe, wie das Wunder für die Theologie. Mit diesem Zurückweichen ist aber ganz offensichtlich, wie der Vergleich mit dem religiösen Wunder zeigt, ein Verlust an Rationalität verbunden, der auch seine Verdrängung an den Rand des Politischen verständlich macht. Von da aus ist es nicht schwer zu erklären, daß der Ernstfall als Ausnahme sich später zum irrationalen Mythos verdunkelt. Im Bewußtsein der Jugendbewegung der zwanziger Jahre verbindet er sich zum Beispiel mit Bildern von Untergang, Blut und Tod, in denen die Jugend der nahenden Katastrophe entgegentreibt.

Die Erwartung des Ernstfalls wird zur Hoffnung auf die große Ausnahme und von da aus zur Utopie der Bewährung.

In der »Politischen Theologie« ist – im Sinne der Staatslehre – der Ernstfall als Ausnahmezustand der Verteidigung der bestehenden Ordnung gewidmet. Aber auch die Selbstbehauptung der revolutionären Herrschaft nach dem Sieg ist ja nichts anderes als Verteidigung der bestehenden Ordnung, etwa der »sozialistischen Errungenschaften«. Nach dem »grand changement« löst die Gegenrevolution den Ernstfall aus, der den Ausnahmezustand rechtfertigt: den Terror.

Es liegt nahe, hier den Zusammenhang von Krise und Revolution herzustellen. Kosellecks Studie über »Krise und Kritik« hat das geistesgeschichtliche Material dazu aufs neue und interessant geordnet. Anzüglicher, aktueller und aggressiver ist der Essay von Jürgen Habermas über »Legitimationsprobleme im Spätkapitalismus«, der ein hochexplosives Krisenbündel aus ökonomischer Krise, Rationalitätskrise, Legitimationskrise und Motivationskrise verschnürt, sich aber mit einer Sorgfalt, die geradezu rührend wirkt, hütet, dieses Krisenbündel mit einem revolutionären Zünder auszustatten: Habermas deponiert die sozialistische Revolution im marxistischen Museum. Für ihn ist sie – von rechts oder von links – das Vorspiel zum Ausnahmezustand, den er vermeiden, vielleicht auch nur umgehen möchte. Die Krisen, von denen Habermas spricht, treiben nicht mehr mit marxistischer Unvermeidlichkeit dem Ernstfall zu. Es bleibt bei dem »kritischen Versuch, die Grenzen der Belastbarkeit des Spätkapitalismus sinnfälligen Tests auszusetzen«. Fast drängt sich der ironische Verdacht auf, daß die Krise für Habermas sich als normale, das heißt charakteristische Situation des Spätkapitalismus abwickelt, während die Revolution zur Ausnahme wird und als Ernstfall keine rechte Rationalität und Rechtfertigung findet.

Das ist übrigens, betrachtet man die Entwicklung des Eurokommunismus auf der einen Seite und die sowjetische Strategie seit dem Prager Fenstersturz 1948 auf der anderen Seite, nicht als Caprice des Autors abzutun, der ja der einzige Nachkomme der Frankfurter Schule ist, der mehr als einen Pflichtteil mitbekommen hat. Denn der Kommunismus scheint tatsächlich in Stufen die Phasen der Revolution, des Staatsstreichs und der Legalität zu durchlaufen, darin nicht ganz unähnlich dem Faschismus. Auch Hitler hat auf dem Wege zur Macht bekanntlich den Eid auf die Legalität geschworen.

Zurück zum Ernstfall. Die Krise an sich ist noch nicht der Ernstfall. Sie ist die Strömung, die dem Katarakt der Revolution zutreibt. Die Revolution ist dann die Lösung der Krise. Nach diesem Akt der Befreiung wendet sich alles zum Besseren. Die Zeit der Erwartung ist zu Ende; die Zeit der Erfüllung kann beginnen.

Sie beginnt im Ausnahmezustand, der notwendig ist, um die Revolution souverän zu halten gegenüber ihren Feinden. Der Ernstfall rechtfertigt sich jetzt als die Ausnahme des Übergangs.

Die Erfahrung zeigt freilich, daß der Ernstfall sich nach dem Sieg nicht so leicht aus der neuen Ordnung vertreiben läßt. Der Übergang wird zum geschichtlichen Prozeß. Er bleibt unbefristet, es sei denn, daß die Utopie sich bequemt, die Gestalt einer konkreten Erfüllung anzunehmen. Inzwischen aber fährt der revolutionäre Staat fort, sich vom Ernstfall her zu legitimieren. Gemeint sind aber keine Sedansfeiern und Traditionsgemütlichkeiten von Jahr zu Jahr. Es handelt sich vielmehr um die revolutionäre Definition der Souveränität. Mehr als irgendwo anders gilt für die revolutionären Regimes, daß souverän ist, wer über den Ausnahmezustand entscheidet, jedenfalls solange der Feind noch existiert.

Die Revolution kann nicht permanent sein. Das war der Irrtum Trotzkis, und auch Mao hat die Kulturrevolution nicht lange durchhalten können. Aber der Ausnahmezustand läßt sich durchhalten: der Ernstfall wird von links her heiliggesprochen.

Natürlich läßt sich trotzdem die Koexistenz mit der Legalität und der unvermeidbaren Regelhaftigkeit ökonomisch-gesellschaftlicher Organisation nicht vermeiden. Der Ernstfall wohnt schließlich nur noch an der Spitze der Staatsmacht und in den Kellern und Lagern der Geheimpolizei. Der Ausnahmezustand bleibt also kein Zustand, den man mit Würde vorzeigt. Er wird zum Vorbehalt gegen einen normalen Vollzug des gesellschaftlichen Lebens, doch wieder zur Ausnahme von der Regel, und auf die Regel kommt es deshalb so an, weil sich in den Dimensionen jeder Industriegesellschaft jede Ordnung als »System« legitimieren muß. Auch ein guter Teil der Legitimation des sozialistischen Systems liegt in seiner Funktionsfähigkeit; Ausnahmen werden leicht zur Störung. Das hat schon Carl Schmitt in seiner »Politischen Theologie« bemerkt.

Die Dialektik von Ausnahme und Regel ergibt in der Tat eine andere Perspektive, wenn die Funktionssicherheit zur entscheidenden Qualität eines »Systems« wird. Es geht dann nicht mehr um Ordnung als Herrschaft, sondern um Funktionsgarantien.

Inwieweit eine Ordnung tatsächlich zum System werden kann, mag hier zunächst offen bleiben. Immerhin erscheint das Wort oft unter dem Motiv negativer Kritik. Das galt in den zwanziger Jahren für die Polemik der politischen Rechten gegen das »System« von Weimar; heute spürt man hinter der Begriffsstrategie eines Systemkritikers wie Habermas den Verdacht, das spätkapitalistische »System« könne in Wirklichkeit gar nicht »in Ordnung« kommen. System steht also einerseits als Begriff für den Gesamtzusammenhang der Daseinsgesetze von Industriegesellschaften; »System« ist aber andererseits auch das Stichwort für ein wachsendes Legitimationsdefizit der industriellen Demokratie. Begnügen wir uns zunächst damit, den doppelten Boden dieses Begriffs zur Kenntnis zu nehmen. Wichtig ist jedenfalls, daß das Grundgesetz auf ein solches System von Anfang an gewissermaßen zuläuft, von Anfang an deshalb, weil es die Schwächen des »Weimarer Systems« nicht wiederkehren lassen will. Es will als Krisenversicherung funktionieren gegen Radikalismus, Parteienzersplitterung und Übermacht der Exekutive. Vor allem aber will es die Wiederkehr des Ernstfalls, des Ausnahmezustandes verhindern: so entsteht der Rechtswegestaat, die neue Auffassung vom Sozialstaat als Inbegriff sozialer Organisation und anderes mehr.

Ziel einer solchen System-Verfassung ist die Liquidation des Ernstfalls – ein ehrgeiziges Ziel, bedenkt man die heutige Auseinandersetzung über die Bekämpfung des Terrorismus. Doch wäre es zu einseitig und zu eng, den Krisensicherungsgedanken des Grundgesetzes nur an dieser Art von Gefahrenabwehr gegen den Terrorismus zu messen.

Er hat sich auch als weit zukunftsweisender herausgestellt, als die mit der Bewältigung ihrer Weimarer Erlebnisse beschäftigten Verfassungsväter damals geahnt haben. Hinzu kommt, daß die Tendenz zum »System«, die das Grundgesetz eingeschlagen hat, durch die jahrelange Debatte über die Konkurrenz mit den kommunistischen Staaten – westliches System, kommunistisches System – verstärkt worden ist. So wurde die Verfassung selbst unter dem Einfluß der Weltpolitik als Teil eines Systems begriffen; sie geriet gewissermaßen in die allgemeine Interdependenz von Wirtschaft, Gesellschaft und Politik, die wir als charakteristisch für die moderne Welt ansehen, in eine funktionelle Totalität der Abhängigkeit aller von allen. Mehr und mehr wird ja auch die Formel von der »freiheitlich-demokratischen Grundordnung« – ein unschönes und aus gutem Grund unscharfes Wort – auf das System als Ganzes bezogen: auf das Parteiensystem, auf das pluralistische System der organisierten Interessen, auf das Wirtschafts- und Sozialsystem.

Ob »System« tatsächlich und in einem wissenschaftlich anspruchsvolleren Sinn der Begriff einer neuen Gesamtstruktur ist – auch Struktur ist ja oft nur ein Hilfsbegriff, eine Prothese für unscharfe Abstraktionen –, bleibt zweifelhaft, besonders wenn man an die begrenzten Möglichkeiten von Nationalstaaten denkt. Aber schon als bloße Metapher erhebt es einen Anspruch, der weit totaler ist als das, was Max Weber als »Geltung« einer Ordnung bezeichnet: den Anspruch nämlich auf optimales Funktionieren von Verfassung und Staat, Wirtschaft und Gesellschaft.

In diesem Zusammenhang darf ein Hinweis auf das »Stabilitätssystem«, das die gegenwärtige Bundesregierung so erfolgreich über die weltwirtschaftliche Rezession hinweggetragen hat, nicht fehlen. Stabilität war, obwohl ursprünglich als Antiinflationsbegriff gemeint, bereits in dem »Gesetz zur Sicherung von Stabilität und Wachstum der Wirtschaft« (1967) – Stabilitätsgesetz genannt – zum Inbegriff einer ökonomisch-sozialen Gesamtgarantie geworden, von dem, über die Zwischenphase der beiden Kabinette Brandt hinweg, ein direkter Weg zum sogenannten Stabilitätssystem der späten siebziger Jahre führt. Der Boden des Gesetzes ist zwar inzwischen, ideologisch oder auch nur durch Nichtanwendung seiner Regeln, verödet. Nichtsdestoweniger haben sich seine Wirkungen zum »System« erweitert – ein Syndrom von Ordnungsvorstellungen, Steuerungen und Funktionen, die über den parlamentarischen Legalitätsrahmen hinausgewachsen sind. Es handelt sich inzwischen, in mancher Hinsicht vergleichbar der Adenauerschen Kanzlerdemokratie, um ein Regime, wobei allerdings die integrierende Rolle des Regierungschefs nicht, wie bei Adenauer, im taktischen Ausspielen seiner Autorität, sondern in der Darstellung seiner Funktionssicherheit besteht: vom Bundestag aus gesehen, ist das »Deutsche Modell«, wie es der Bundeskanzler Schmidt einmal genannt hat, eine Superstruktur, die, zum Schaden der Opposition, bloß mit parlamentarischen Mitteln nicht mehr zu fassen ist. Entsprechend werden die Bundestagswahlen 1980 den Charakter des Personalplebiszits annehmen: man stimmt, ungeachtet der Personalvorschläge der Opposition, für oder gegen die integrierende Zentralperson. Ein solches Regime ist, wie sein Titel als Stabilitätssystem andeutet, ernster als der banale Fall des bloßen Parlamentarismus, es hat gewissermaßen die Weihe einer zusätzlichen Legitimität, die ihm über die der Mehrheit zustehende Legalitätsprämie zusteht: das ist der Unterschied zum »Weimarer System«.

»System« stellt sich politisch – und das ist realistisch – als ein Organisationsbild dar, das im störungsfreien Funktionieren seinen Sinn hat. In diesem Bild darf es keine Ausnahme ohne Regel geben. Es bedarf keiner langen Argumentation, warum sich dieses Bild von System und Funktion an technischen Vorbildern orientiert. Denn für jedes technische Modell erweist sich der Wert seiner Konstruktion im Funktionieren. Störungen müssen beseitigt werden. Es handelt sich bei diesem Bild des »Systems« aber nicht mehr, wie im 18. und 19. Jahrhundert, um eine Metapher oder um einen Mythos, sondern um platte, alltägliche Fotografien der Wirklichkeit.

Ernst Jünger hat früher einmal treffend bemerkt, daß ein System wie das unsere selbst dazu tendiere, zum Ernstfall zu werden, und das heißt, daß es keine Ausnahmen mehr zuläßt. »Gleichviel, ob wir in der Luxuskabine wie in einer Perlmuttschale dahintreiben oder ob unser Auge den Gegner im Fadenkreuz des Visiers erblickt«, das durch die Technik vermittelte Bewußtsein, »im Ernstfall zu stehen«, meint Jünger, ergreift uns als »stolzes und schmerzliches Gefühl«.

Noch vor wenigen Jahrzehnten mochten solche literarischen Aussagen spätromantisch-nihilistisch wie eine Nachlese zu Nietzsche und Baudelaire klingen. Heute, in der Diskussion über die Nutzung der Atomenergie, gehört die Frage, ob die Risiken der Kernkraft, sei es in der Technologie und Entsorgung, sei es in der Hand innerer Feinde, unser System in einen chronischen und sich ausdehnenden Ernstfall hineinzwingen, zur tagespolitischen Auseinandersetzung. Jedenfalls hat die Störungsempfindlichkeit unseres Systems sowohl dem Umfang wie dem Grad nach zugenommen.

Um so wichtiger ist es für die Verantwortlichen, der Störung systemimmanent begegnen zu können und für alle möglichen Ausnahmen Regeln bereitzuhalten. Dazu gehört vor allem die Verwicklung der Krise, die möglicherweise einem Ernstfall entgegentreibt, in ein rechtzeitiges Krisenverfahren. In gravierenden Fällen verwandelt sich die Regierung selbst in ein Krisenmanagement. Das Krisenmanagement zeichnet sich durch ein besonders eng zusammengezogenes Informationsnetz – Symbol der »Ausnahme-Regel« ist das Krisentelefon – und durch einen exekutiv-kommissarischen Arbeitsstil aus, man gibt Sofortanweisungen und Kommuniqués. Das Krisenmanagement versucht, die Spannung der Krise durch die Spannung, die es selbst erzeugt, zu übertrumpfen und bedient sich dazu vor allem des Rundfunks – so etwa während der Mogadischu-Affäre, wo die Beratungen beim Bundeskanzler mit derselben Dramatik dargestellt wurden wie die Lage der Entführten selbst. Es können sich auch mehrere Krisenstäbe bilden, die sich mit der Abwicklung der Krise beschäftigen.

Der Unterschied zum Ernstfall im Artikel 48 der Verfassung von Weimar, der sogenannten Diktatur des Reichspräsidenten, liegt darin, daß die heutige Krisenerklärung nicht mehr zum Ausklinken des Ausnahmezustandes führt. Das Krisenverfahren tritt an die Stelle des Kompetenzwechsels.

Ähnlich verhält es sich mit der Strategie der Nato. Ein Angriff löst nicht mehr den Kriegs-, sondern den Krisenfall aus. Die Krise verläuft dann über mehrere Stufen und Schwellen bewaffneter Auseinandersetzungen, die noch nicht Ernstfall sind – ein dilatorisches Krisenmanagement also, um den großen Krieg zu vermeiden und Zeitraum für Verhandlungen zu finden.

Inwieweit während der letzten Jahrzehnte in der Wirtschaftswissenschaft Strategien zur Verhinderung von Ernstfällen – also von Zusammenbrüchen von Unternehmen – ausgebildet worden sind, mag der Fortgang dieser Veranstaltung erweisen.

In der internationalen Politik jedoch läuft die Zuspitzung des Ernsfalls auf Problemstellungen hinaus, die die bisherigen Perspektiven in anderem Licht zeigen: die Verwendung der atomaren Energie als Kriegswaffe macht den Ernstfall zur Katastrophe. Diese Entwicklung von der Krisenerwartung zur Katastrophenfurcht hat die Vermeidung des großen Ernstfalls zu einem Hauptthema moderner Machtpolitik gemacht. Aber das System der Kriegsverhinderung besteht nur im Gleichgewicht des Schreckens. Von der Herrschaft eines internationalen Rechts sind wir weit entfernt. Angesichts der Drohung des atomaren Ernstfalls – um die Katastrophe als casus irrealis aus der Wirklichkeit herauszuhalten – müssen bewaffnete Konflikte, in die die beiden Atommächte nicht direkt verwickelt sind – Staatenkriege wie Bürgerkriege oder Mischungen aus beiden –, aus dem Ernstfall entlassen werden. Entsprechend ändern sich die Begriffe. »Polizeiaktionen«, wie kürzlich im Kongo, gehören eigentlich noch zum Repertoire des Imperialismus. Sie sind deshalb heute selten. Stattdessen finden Kämpfe zwischen »Beratern« und »Friedenskämpfern« statt, die ausdrücklich nicht dem Ernstfall zugeschrieben werden, mögen auch Armeen gegeneinander stehen.

Das Verhältnis von Ernstfall und Ausnahme ändert sich damit in überraschender Weise. Bisher, und dem entspricht auch die bisherige Begriffsbildung, war der Ausnahmezustand die wichtigste Erscheinungsform des Ernstfalls. Das verschiebt sich jetzt in der Praxis der Machtpolitik. Jetzt kommt es darauf an, möglichst viele Ausnahmen zuzulassen, damit der Ernstfall nicht erklärt werden muß. Auch das Wort Ernstfall selbst hat seine absichtsvolle Unbestimmtheit verloren: der Ernstfall, der große casus irrealis, wäre die Katastrophe, und jeder weiß, wie diese Katastrophe aussehen würde.

Die Auseinandersetzung darüber, was atomarer Ernstfall ist und was nicht, wird in immer neuen Konkurrenzen und Erfindungen ausgetragen. Die Neutronenbombe, nach amerikanischer Auffassung nur eine taktische Waffe und durchaus unterhalb der Schwelle zum Ernstfall, ist eines von vielen Beispielen dafür.

Aber auch innenpolitisch sind die Versuche, den Ernstfall zu verdrängen, womöglich im Keim zu liquidieren und in Verfahren aufzulösen, nicht ohne weiteres als Zeichen schwächlicher Realitätsunsicherheit zu werten. Krisenstäbe und Krisenmanagement sind aus der Furcht der Regierungen entstanden, daß der Einbruch des Ernstfalls in das Netz der so störungsempfindlichen Organisation der Gesellschaft, in der alles von allen abhängig geworden ist, katastrophale Folgen haben kann. Das heißt nicht, daß es auch hier Exzesse geben kann, die mit ihrem Krisenspektakel und den Selbstdarstellungswünschen des Krisenmanagements zur Belästigung der Öffentlichkeit werden.

Mit diesen nur grob skizzierten Resultaten, die in vielen Details überprüft und vertieft werden sollten, sind die Überlegungen zum Ernstfall noch nicht reif zum Abschluß. War es zulässig, zu Anfang dieser Betrachtung und zugunsten des Politischen über die zahlreichen »Fälle« hinwegzugehen, die doch zweifellos auch sehr ernstzunehmende Tatbestände betreffen? Gehören sie wirklich nicht zum Ernstfall?

Wenn ein Passagierflugzeug abstürzt und Hunderte von Menschen dabei umkommen – warum soll das kein Ernstfall sein? Weil, wie der sprachliche Sinn von »Ernst« bezeugt, der Ernstfall einen Konflikt betrifft, darin liegt seine existentielle Bedeutung. Der Flugzeugabsturz ist aber kein Konflikt, sondern ein Unfall und zugleich, wegen der Schäden, die er verursacht, ein Versicherungsfall. Das gleiche gilt, wenn ein Flugzeug auf eine Fabrik oder ein Wohnviertel stürzt. Die Operation im Krankenhaus, um ein anderes Beispiel zu nehmen, mag für den Patienten ein Risiko auf Tod und Leben sein. Für den Arzt ist sie ein chirurgischer Fall, und darüber gibt es keinen Konflikt zwischen Arzt und Patient.

Ist der Tod ein Ernstfall im Sinn dieser Überlegungen? Auch hier fehlt das Merkmal des Konflikts. Für den Christen sollte der Tod nur ein Übergang sein, den alle gehen müssen. Die römische Liturgie erhofft deshalb in ihrem Abendgebet für die Gläubigen »eine ruhige Nacht und ein glückliches Ende«.

Ein anderes Problem ist wesentlich schwieriger zu beschreiben. In der bisherigen Betrachtung ist die Psychologie des Ernstfalls nur am Rande erwähnt worden. Aber sie ist überall spürbar. Gemeint ist nicht nur das Bewußtsein, im Ernstfall zu stehen, wie es Ernst Jünger als eine der Regungen des »abenteuerlichen Herzens« beschrieben hat. Denn schon die Erwartung des Ernstfalls löst große Affekt aus, wirkt als Appell, Kräfte zu mobilisieren, wirkt stimulierend auf bestimmte Tugenden des Menschen. Das Denken an den Ernstfall, die Erziehung zur Bewährung, wenn es soweit kommt, manifestiert sich klassisch im Geist der Armee. Er wird möglicherweise gar nicht kommen. Trotzdem löst er eine existentielle Rechtfertigung aus, sich auf jeden Fall so und nicht anders zu verhalten. In dieser Hinsicht ist der Ernstfall die Utopie der Bewährung und schon als Utopie die Bedingung wichtiger Tugenden.

Läßt sich dieses Lebensgefühl, das den Ernst der großen Ausnahme sucht, auf andere Ebenen übertragen? Viele Menschen suchen danach, vor allem die Jugend sucht den Ernstfall und ist bereit, Opfer dafür zu bringen.

Hier, an diesem Punkt der Überlegungen, ist der Augenblick, Kunst und Religion mit dem Ernstfall zu konfrontieren. – Damit betritt man nicht nur, um das viel zitierte Wort Fontanes zu benutzen, »ein weites Feld«, sondern ein schwer überschaubares Schlachtfeld. Stefan George hat, um wenigstens einen Hinweis zu geben, die Kunst als im Ausnahmezustand gegenüber der Gesellschaft – also im Ernstfall befindlich – angesehen. L'art pour l'art –

das sagt sich so leicht. Es ist aber der Schlachtruf derer, die sich im Elfenbeinturm gegen die Gesellschaft verteidigen, ein surrealistisches Bild, aber eines, das seine besondere Würde und sein Pathos hat – im übrigen aber nur einer von vielen Ernstfällen der Kunst.

Einen Schritt weiter stehen wir vor dem religiösen Ernstfall. Ist er eine der nicht mehr sehr zahlreichen Möglichkeiten religiöser Existenz oder, von den Bedingungen der Gesellschaft her gesehen, schließlich doch nur ein casus irrealis? Auch hier ließe sich der Einwand wiederholen, es fehle dem religiösen Ernstfall das Moment des Konflikts. Er mag in der Außenwelt fehlen, als innerer Konflikt zwischen Natur und Geist, zwischen sozialer Sitte und subjektiver Selbststeigerung wird er oft bis zur Zerreißprobe stattfinden.

Der religiöse Ernstfall mag zu sozialen Konflikten oder zu sozialen Befriedungen führen, das ist sekundär. Wichtig allein ist die Möglichkeit, den Ausnahmezustand ins Außerordentliche hinaufzusteigern. Von einer Theologie des Ernstfalls sprechen könnte freilich die Kirche nur, wenn sie die religiöse Existenz in ihrer beabsichtigten und erkämpften Fremdheit gegenüber der Welt akzeptierte, anstatt das religiöse Leben als einen modus specialis sozialer Angepaßtheit anzubieten. Gewiß, auch hier sollte man über den Ausnahmen die Regeln der Ordnung nicht vergessen. Aber wir sollten auch nicht aufhören, aus diesen Regeln Funken für die Freiheit zu schlagen.

Hellmut Diwald

Der Ernstfall als Selbstaufgabe des republikanischen Bezugs: Notverordnung und Ermächtigungsgesetz

Dem Historiker präsentiert sich ein Enstfall normalerweise unter Aspekten, die zunächst wenig mit den Besonderheiten seiner Disziplin, seiner Methoden, seiner persönlichen Optik zu tun haben. Zum Ernstfall in der Geschichte scheint unerquicklich viel von den aufsehenerregenden Momenten der Wirtshausschlägereien oder Boxkämpfe, Brandstiftungen oder Familienzwiste zu gehören. Da sich aber dieses bodenständige Kolorit auch bei einer großen Zahl anderer historischer Erscheinungen findet, darf es nicht ohne weiteres schon zu den signifikanten Merkmalen eines historischen Ernstfalles gezählt werden.

Nun liegt diesem Vortrags- und Meditationszyklus eine Rahmenformel zugrunde, die einerseits weit genug ist, um auch einen Konsens der fachgebundenen, oft miteinander unverträglichen Perspektiven zu garantieren, und eng genug, um andererseits auch dem erzählend oder beschreibend verfahrenden Historiker Zügel anzulegen, die ihn zur Analyse und Systematik zwingen: zur Analyse von vergleichbaren Fällen – Ernstfällen – und der systematischen Einordnung ihrer Bestimmungsstücke, damit er eventuell, bei ausreichend sprungfreudiger Urteilsfähigkeit, auch Konsequenzen zieht.

Der Ernstfall, wie er besonders häufig in der jüngeren und jüngsten Geschichte eingetreten ist, hat zunächst zwei Seiten. Eine sachbezogene, also eine Seite, die den neuen Sachverhalt nachweisbar und tatsächlich unterscheidet von der bisherigen, der gewohnten Situation, der Normalsituation. Und zweitens eine auf das Empfindungsmäßige, die persönliche Betroffenheit bezogene Seite. Gemeint damit sind die Wirkungen, die sich aus einem Ernstfall für die Menschen ergeben. Keinem historischen Ernstfall fehlen diese beiden Momente. Jeder Krieg, jede Revolution stellt eine Ausnahmesituation dar, aus der sich gröbste Folgen für die Menschen ergeben.

Im politischen Raum gehören in dieses Verhältnis auch die Entscheidungs- und Handlungsträger, diejenigen, von denen die spezifische Ordnung des Staates, der Gesellschaft, des Gemeinwesens abhängt. Ihre Stellung ist unterschiedlich begründet, je nach der Verfassung des Staates – konstitutionelle Monarchie, Republik, und zwar Republik autoritären, halbautoritären, parlamentarischen Zuschnitts und so fort. Bei diesen Trägern der politischen Macht spielt es zunächst keine Rolle, in welcher Form sie die Macht erhalten oder errungen haben.

Ihre Funktion verschiebt sich im Ernstfall immer in derselben Richtung, denn jeder Ernstfall löst in den verfassungsrechtlich organisierten Staaten der Moderne erhebliche Spannungen zwischen Legislative und Exekutive aus. An den Handlungsträgern liegt es, wie sich die Situation des Ernstfalls entwickelt, welche Wirkungen er hat. Ihnen kommt es schon zu, offiziell zu markieren, ob tatsächlich eine Situation dazu berechtigt oder dazu zwingt, von einem Ernstfall zu sprechen. Eine derartige Präzisierung ist unerläßlich. Für das Mißverhältnis zwischen politischer Situation und ihrer sachlichen Interpretation hat Konrad Adenauer jahrelang Schulbeispiele geliefert mit seinen rasch ins Belächelte abgesackten Warnungen: »Die Lage war noch nie so ernst!« Denn diese von ihm beschworenen Lagen waren fast durchweg alles andere als ernst. Ernst waren sie nur unter dem Gesichtspunkt der Ziele Adenauers. Um sie zu erreichen, war ihm selbst das Mittel einer künstlich verstärkten Besorgnis der Bevölkerung nicht zu schlecht. Da aber seine eigenen Interessen dabei im Mittelpunkt standen und nicht der Entscheidungszwang einer tatsächlich ernsten Lage, drückte sich in jenen Beschwörungen des Kanzlers nicht das politische Nötigungsprinzip aus, das von einem Ernstfall nicht zu trennen ist, sondern ein Moment des politischen Lustprinzips Adenauerscher Regierungskunst.

Im Entscheidungsfeld der Geschichte hat der Ernstfall mit dem Normalfall nicht nur deshalb zu tun, weil er etwa die Ausnahme von seiner Regel wäre, sondern weil sich in einer sowohl irritierenden als auch deprimierenden Wechselseitigkeit Ernstfall und Normalfall durch negative Projektion voneinander abgrenzen lassen. Der klassische Ernstfall ist der militärische Konflikt. Wie man jedoch Frieden und Krieg voneinander trennt, das ist eine elementare Entscheidung. Jeder fundamentale und kategoriale Unterschied zwischen Krieg und Frieden verwischt sich, wenn man die Versicherung von Clausewitz akzeptiert, »daß der Krieg nur ein Teil des politischen Verkehrs sei, also durchaus nicht Selbständiges«.[1] Sie wird fast immer so zitiert: »Der Krieg ist nichts anderes als die Fortsetzung der Politik mit anderen Mitteln.« Diese Form ist zwar ungenau, doch sie gibt die Meinung von Clausewitz erheblich prägnanter wieder, da seine Auffassung vom Wesen des Krieges der Überzeugung entspringt, daß »zwischen Krieg und den anderen Verhältnissen des politischen Lebens eines Volkes«[2] eine Einheit besteht.

In einem solchen Koordinatensystem, zu dessen philosophischen Schutzpatron man durchaus nicht Heraklit mit seinem »Der Krieg ist der Vater aller Dinge« machen muß, ist der Ernstfall schwer unterzubringen. Nicht, daß er heimatlos wäre, im Gegenteil: Er ist nur eine Sonderform des Normalen. Wer in einem Staat mit diesem Koordinatensystem lebt, dem bleibt nichts anderes übrig, als »toujours en vedette«[3] zu sein, mit gespitzten Ohren, wie es Friedrich der Große empfohlen hat, »bereit, sich von einem Tag zum anderen gegen die verderblichen Pläne der Feinde zu verteidigen«.

Ob diese oder solche Verhältnisse eines nur mit zivilisatorisch-rechtlichen Sichtblenden abgeschirmten Dschungels sich unverändert bis heute erhalten haben oder nicht, ist weitgehend ein Problem, das an den Seminartischen der Geschichts- und politischen Philosophie diskutiert werden muß. Im Verlauf des 19. Jahrhunderts haben sich jedenfalls die meisten Staaten im Rahmen ihrer verfassungsrechtlichen Profilierung zu der Meinung bekannt, daß der Ernstfall nicht ein Sonderfall der Normalität ist, wie Clausewitz behauptete, sondern ein Durchbrechen, eine Aufhebung der Normalität, eine Interruption.[4] Für einen solchen Moment wurden Sonderregelungen entworfen. Im Deutschen laufen diese Maßnahmen gemeinhin unter dem Terminus »Notverordnungen«. Die Not, die durch den Ernstfall entsteht, betrifft den Staat. Durch sie verändert sich die Situation vom Normalstand zum Notstand, zum Staatsnotstand hin.

Der Krieg war dasjenige Ereignis, das die politisch Verantwortlichen am unnachgiebigsten dazu zwang, den Staatsnotstand festzustellen und für das Verhalten der Bürger andere Vorschriften zu erlassen als diejenigen, die dem Normalstand des friedlichen Lebens angemessen sind. Die Notstandsgesetze in Deutschland erhielten schon vor 1919 diejenige Bezeichnung, die für unsere Geschichte im 20. Jahrhundert so berüchtigt wurde: Notverordnungen. Eine Vorform findet sich bereits in der preußischen Verfassung vom 31. Januar 1850. Im Hinblick auf mögliche Gefahr- und Notsituationen gewährte sie durch ihren Artikel 111 dem dann zu erlassenden Belagerungszustands-Gesetz die Möglichkeit, eine Suspension von Grundrechten zu gestatten.

Schon bei dieser Regelung hatten die Juristen und Politiker mit einer Schwierigkeit zu tun, die sich bis in unsere jüngste Zeit, bis in die Jahre der Notstandsgesetzgebung der Bundesrepublik, erhalten hat: einerseits die Auffassung, daß der Ernstfall in seiner Form als Staatsnotstand prospektiv nicht in Regeln zu bringen ist, weil diese Regeln möglicherweise die Verantwortlichen daran hindern könnten, das Unerläßliche durchzuführen.

Sie wären dann nicht in der Lage, das zu veranlassen, was die Situation vorschreibt, sondern sie dürften lediglich das tun und könnten nicht mehr tun, als was ihnen die Notstandsgesetze vorschreiben oder erlauben. Im Volksmund heißt es: Not kennt kein Gebot. Der Ernstfall würde nach dieser Auffassung zur Katastrophe, wenn denjenigen, die zu Entscheidungen befugt und verpflichtet sind, die Hände gebunden werden durch Vorschriften, die nicht den Notwendigkeiten des Ernstfalls Rechnung tragen, sondern deren Grundlage immer noch die Rechtsregelungen des Normalzustands sind, zumal im Hinblick auf die Achse des Rechtsstaates, die Grundrechte des Bürgers. Gerade wegen des Schutzes dieser Grundrechte in einem übergeordneten Sinn müsse der Staat ohne besondere gesetzliche Ermächtigung Maßnahmen eines Notrechts auch in solchen Fällen ergreifen, die nicht vorauszusehen waren und deshalb verfassungsrechtlich nicht hinreichend detailliert umrissen werden konnten.

Die andere Position, die sich daraus fast als spiegelgerechter Gegensatz und Widerspruch ergibt, vertritt die Meinung: auch der Ernstfall lasse sich rechtlich soweit vorkalkulieren, daß Grenzen der Entscheidungsbefugnis zu wahren und zu halten seien, die es verhindern, die Sondervollmachten zur Diktatur entarten zu lassen. Normalfall und Ernstfall würden sich nach dieser Argumentation nicht so verhalten wie Recht und Rechtsungebundenheit, sondern für den Ernstfall müßten lediglich andere Gesetze gelten als für den Normalfall. Die volkstümliche Wendung, die eben zitiert wurde, müßte dann so variiert werden: Not kennt anderes Gebot. In den Kulissen dieser Argumentation versteckt sich gemäß der durchaus verständlichen und achtenswerten Postulaten-Logik Christian Morgensterns – daß nicht sein kann, was nicht sein darf – die Überzeugung, daß Notstandsregelungen und -ermächtigungen unverträglich sind mit den Grundlagen einer rational-demokratischen Gesellschaftsordnung. Und zwar nicht vordringlich wegen ihrer Prinzipien, sondern wegen der Natur des Notstands – insofern, als der Ernstfall, da er nicht sein dürfte, sowohl die Grundlage als auch die Gliederung der rational-demokratischen Ordnung über den Haufen wirft. Um dies zu verhindern, genügt es sicherlich nicht, den Ernstfall schlechthin als nicht wünschenswert, als demokratisch illegal zu erklären und zu glauben, ihn dadurch seiner Faktizität beraubt zu haben.

Der Gegensatz beider Positionen und vor allem seine Schärfe klingt in der preußischen und später auch in der Reichsverfassung Bismarcks nur verhalten an. Die preußische Konstitution von 1850 hat sich elegant aus der – selbst mit prophetischen oder mit in der Parapsychologie beheimateten Fähigkeiten nicht abzusehenden – Affäre des Ernstfalls gezogen. Sie hat es vermieden, bereits vor Eintritt des Casus die außerordentliche Gewalt des Staates zu regeln; sie hat dies einem erst in dieser Situation zu erlassenden

Spezialgesetz vorbehalten. Das war damals um so leichter, als ein Gutteil der ganzen Frage davon abhängt, wie der Ernstfall selbst politisch-juristisch definiert wird. Das preußische Recht kannte nur den Belagerungszustand. Die Verfassung des Deutschen Kaiserreiches kannte nur den Kriegszustand. Nach Artikel 68[5] besaß der Kaiser das Recht, jeden Teil des Reichsgebiets »in Kriegszustand« zu erklären – mit Ausnahme Bayerns. Nicht etwa deshalb, weil zwischen Bayern und dem Reich ohnehin dauernd eine Art Kriegszustand geherrscht hätte, sondern weil diese Ausnahme zu den Vorbehalten gehörte, von deren Anerkennung Bayern seinen Beitritt zum Bismarckreich abhängig gemacht hatte.

Ganz anders sah es in der Verfassung der Weimarer Republik aus. Nach Artikel 48, Absatz 2 »kann der Reichspräsident, wenn im Deutschen Reich die öffentliche Sicherheit und Ordnung erheblich gestört oder gefährdet wird, die zur Wiederherstellung der öffentlichen Sicherheit und Ordnung nötigen Maßnahmen treffen, erforderlichenfalls mit Hilfe der bewaffneten Gewalt einschreiten«. In der Literatur hat sich für diese Bestimmung der Weimarer Verfassung die Bezeichnung »Notverordnungsparagraph« oder »Notverordnungsrecht« eingebürgert. Der Terminus war bereits in den zwanziger Jahren gängig. Man sprach und schrieb schon damals vom »Notverordnungsrecht« des Reichspräsidenten. Entsprechende Maßnahmen der Reichsregierung wurden auch offiziell als »Notverordnungen« erläutert und gerechtfertigt, hin und wieder fand sich auch die Bezeichnung »Ermächtigungsverordnung«.[6]

Dabei handelt es sich nicht nur um terminologische oder formaljuristische Feinheiten. Denn zwischen diesem Artikel 48, 2 und einem juristisch präzisierten Notverordnungsrecht bestanden erhebliche Unterschiede; das ließ sich bereits in Weimar bei einem Vergleich mit den Verfassungen der Länder feststellen. Besonders markant hieß es etwa in Artikel 55 der Preußischen Verfassung vom 30. November 1920: »Wenn die Aufrechterhaltung der öffentlichen Sicherheit oder die Beseitigung eines ungewöhnlichen Notstandes es dringend erfordert, kann, sofern der Landtag nicht versammelt ist, das Staatsministerium in Übereinstimmung mit dem im Artikel 26 vorgesehenen ständigen Ausschusse Verordnungen, die der Verfassung nicht zuwiderlaufen, mit Gesetzeskraft erlassen. Diese Verordnungen sind dem Landtag bei seinem nächsten Zusammentritt zur Genehmigung vorzulegen. Wird die Genehmigung versagt, so ist die Verordnung durch Bekanntmachung in der Gesetzsammlung alsbald außer Kraft zu setzen.«

In Artikel 48 der Weimarer Verfassung dagegen fand sich keine vergleichbare Einschränkung. Im Gegenteil: Der Reichspräsident konnte ausdrücklich die sieben wichtigsten Artikel der Grundrechte außer Kraft setzen, sofern er das für seine Maßnahmen für erforderlich hielt, nämlich die

Unverletzlichkeit der Freiheit der Person (Art. 114), die Unverletzlichkeit der Wohnung (115), des Briefgeheimnisses (117), die Freiheit der Meinungsäußerung (118), die Versammlungsfreiheit (123), das Assoziationsrecht (124) und das Recht auf Eigentum (153). Überdies lag es ausschließlich in seinem Ermessen, festzustellen, wann es sich um eine Störung oder Gefährdung der öffentlichen Sicherheit und Ordnung handelte. Ebenso war es ausschließlich seines Amtes, diejenigen Maßnahmen anzuordnen, die den Normalzustand, genauer: die öffentliche Sicherheit und Ordnung, wiederherstellen sollten. Im Gegensatz also zu einem präzisierten Notverordnungsrecht garantierte der Artikel 48, 2 dem Reichspräsidenten eine kaum kaschierte Diktaturgewalt. Seine außerordentliche Machtfülle wurde noch erweitert durch Artikel 25, der es ihm gestattete, von sich aus den Reichstag aufzulösen und Neuwahlen auszuschreiben.

Allerdings wurde durch diesen Artikel 48 die Kontrollfunktion des Parlaments nicht vollständig, sondern nur bedingt ausgeschaltet. Der wesentliche Unterschied gegenüber einer vollen Diktatur wurde im 3. Absatz des Artikels fixiert. Erstens hatte der Präsident alle seine Maßnahmen »auf Verlangen des Reichstags außer Kraft zu setzen«. Dieses Recht also stand dem Parlament zu: die Aufhebung der Diktaturverordnungen des Reichspräsidenten zu verlangen. Die Rolle der Volksvertretung war dabei allerdings gänzlich passiv. Sie konnte nicht von sich aus die Rücknahme der Verordnungen beschließen – selbst nicht über den Umweg, daß der Reichstag mit Hilfe des Gesetzes, das er selbst beschloß, die Rücknahme erzwang. Sofern die Wahrscheinlichkeit bestand, daß der Reichstag aufgrund Absatz 3 des Artikels 48 die Notverordnungen ablehnen würde, konnte der Reichspräsident außerdem durch das Mittel der Reichstagsauflösung einer solchen Ablehnung zuvorkommen; in den Jahren 1931/32 wurde das nahezu selbstverständlich praktiziert.

Man braucht vom heutigen Erkenntnisstand aus weder zu überzeichnen noch zu beschönigen. Die Diktaturgewalt des Reichspräsidenten in der Weimarer Republik war zwar umfangreich, aber sie war nicht unbegrenzt. Der Reichstag wiederum war nicht mächtig, aber er war auch nicht ohnmächtig. Sofern sich das Parlament dazu entschloß, vom Reichspräsidenten zu verlangen, die Diktaturverordnungen außer Kraft zu setzen, mußte er dieses Verlangen befolgen. Es bestand also ein wechselseitiges Vertrauensverhältnis, dessen Tatsächlichkeit nichts einbüßt durch die Schmächtigkeit seiner Substanz. In der Weimarer Republik war das Parlament auf den Gehorsam des Reichspräsidenten angewiesen, auf seinen Willen, die beschworene Verfassung nicht zu brechen. Das war um so nötiger, als er ohne weiteres über die Möglichkeit dazu verfügte. Die Schöpfer der Verfassung waren jedoch überzeugt, es würde als Sicherung dagegen genügen, den Reichspräsidenten zu verpflichten, einen Beschluß des Reichstages zur Außerkraftsetzung seiner Diktaturverordnungen unverzüglich zu befolgen. Wenn er dies verweigerte, verletzte er die Verfassung. Der Reichstag hatte dann – noch oder nur noch – die Möglichkeit, ihn beim Reichsstaats-Gerichtshof anzuklagen.

Die Maßnahmegewalt des Reichspräsidenten verlieh ihm politische Befugnismöglichkeiten, deren Ausmaß bei der Beratung der Verfassung sicherlich nicht abgeschätzt werden konnte, zumal sie in einem Spannungsklima revolutionärer Bedrohung und vor dem Hintergrund blutiger Aufstände beraten und beschlossen wurden.[7] Charakteristisch dafür und ebenso für die ganze Ära der Weimarer Republik ist der Umstand, daß vom Oktober 1919 bis zum Herbst 1932 aufgrund des Artikels 48 in Deutschland nicht weniger als 233 Notverordnungen erlassen wurden.

Dieser Artikel 48 der Verfassung war also der entscheidende Drehpunkt, mit dessen Hilfe sich im Ernstfall der Staat der Normalgesetze wie ein Kippfenster hat umschwingen lassen in einen Verordnungs- und Maßnahmestaat. Ob das eine Schwäche – oder vielleicht sogar eine Stärke war, verwandelte sich erst spät zu einem Problem des politischen Alltags. Für die Frage des Ernstfalls unter den damaligen Bedingungen, in der Situation der Weimarer Republik, kommt es nur auf die Feststellung an, daß dieser Drehpunkt des Artikels 48 weder eine Schwäche noch eine Stärke, sondern ein Charakteristikum der Verfassung und des Staates war – ein durchaus beabsichtigtes und geplantes Charakteristikum. Das Amt des Reichspräsidenten sollte, wie es die Väter der Republik konzipiert hatten, ein Gegengewicht zum Reichskanzler darstellen. In der Praxis erwies sich das allerdings de facto als eine qualitative Entwertung und politische Dezimierung der Reichskanzlerposition. Man ließ sich von einer verfassungsrechtlichen Harmoniekonzeption bestimmen: Regierung und Parlament sollten sich in einem Gleichgewichtsverhältnis gegenüberstehen, und deshalb wurde dem Reichspräsidenten so viel Macht überschrieben, daß er unter allen Umständen in der Lage war, als Garant der erwünschten Ausgewogenheit aufzutreten.[8] Tatsächlich wurde freilich mit dem Artikel 48 nur eine Exekutive konstruiert, in der sich der verzerrte Führungsdualismus des Wilhelminischen Reiches – hier Kaiser, dort Kanzler – in einem republikanischen Zuschnitt fortsetzte.

Das führte zu der kuriosen Situation, daß sich der Kanzler sowohl gegenüber dem Reichstag als auch innerhalb der Regierung in einer ausgesprochen schwachen Position befand, denn er führte die Kabinette bestenfalls als so etwas wie ein Primus inter pares; daraus entsprangen die übermäßig zahlreichen Regierungswechsel in der Weimarer Zeit – insgesamt neunzehnmal. Einerseits also die Schwäche des Kanzlers und der Regierung, andrerseits jedoch, wenn sich der Reichspräsident zur Anwendung des Artikels 48 entschloß, plötzlich eine Regierung, die vollständig unabhängig vom Reichstag amtierte. In der Endphase der Republik war dies volle drei Jahre lang der Fall. Im März 1930 stürzte die Regierung Müller, von diesem Moment an wurde Deutschland durch Präsidialkabinette regiert.[9] Dabei war der Kanzler allerdings vollständig abhängig vom Staatsoberhaupt. Wenn der Reichspräsident Vollmachten verweigerte, erlosch der Regierungsauftrag des Kanzlers ohne Frist. Als Hindenburg glaubte, Brüning sein Vertrauen entziehen zu müssen, blieb dem Kanzler nichts weiter übrig, als unverzüglich am 30. Mai 1932 zurückzutreten, obgleich gerade sein Präsidialkabinett parlamentarisch toleriert worden war.

Die Diktaturgewalt des Reichspräsidenten in der Weimarer Republik, sein Notverordnungsrecht hätte sich zu den republikanisch-demokratischen Intentionen nur dann gefügt, wenn die Parteien entschlossen gewesen wären, eine gemeinsame Basis anzuerkennen, auf der sie selbst alle standen und die zugleich die Basis der Republik bildete. Ein derartiger Sockel fehlte zwischen 1919 und 1933, und doch hatten die Väter der Weimarer Verfassung seine Existenz als so selbstverständlich vorausgesetzt, daß sich für das Gegenteil kein Platz in ihrer Vorstellungswelt fand. Eben dieses Gegenteil wurde zum »Ernstfall«, der schließlich die in der Literatur und nicht nur dort so heiß diskutierte Auflösung der Weimarer Republik mit sich brachte.

Für dieses Ende sind alle möglichen Ereignisse und Kräfte, Intrigen und Zufälle, Umstände und Persönlichkeiten verantwortlich gemacht worden; mit an erster Stelle der Reichspräsident Hindenburg. Solchen Urteilen liegt fast durchweg Unkenntnis oder bewußtes Ignorieren der Verhältnisse zwischen 1930 und 1933 zugrunde. Hindenburg hatte sich im Januar 1933 von seinem Kanzler, General v. Schleicher, getrennt – aus vielen und sehr verwickelten Gründen. Die offizielle Version des Entschlusses Hindenburgs, am 28. Januar den Rücktritt Schleichers anzunehmen, lautete, daß der Kanzler das Programm der Regierung vor dem Reichstag nur dann zu vertreten in der Lage gewesen wäre, wenn ihm der Reichspräsident die Auflösungsorder zur Verfügung gestellt hätte. Hindenburg habe das verweigert; daraufhin habe Schleicher seinen Rücktritt erklärt.

Der Reichspräsident besaß damals kaum noch Spielraum für mehrere Möglichkeiten. Eine erneute Auflösung des Reichstages konnte die Situation nicht verbessern. Die Ausschreibung von Neuwahlen wäre nur dann sinnvoll gewesen, wenn man ihren Termin hinausgeschoben und Hindenburg bis dahin das Präsidialkabinett mit der Weiterführung der Regierungsgeschäfte beauftragt hätte; doch eine derartige Verschiebung war gegen die Verfassung. Hindenburg hätte sich damit eines Verfassungsbruches schuldig gemacht. Diese Möglichkeit, die am Staatsstreich entlang führte, wurde in den Kreisen um Hindenburg auch ernsthaft diskutiert. Ansonsten blieb dem Reichspräsidenten kein anderer Entschluß übrig, als eine Regierung entsprechend den Mehrheitsverhältnissen des Reichstages zu bilden, sich also an den Abgeordnetenzahlen der Parteien zu orientieren. Hält man sich nicht an das Wünschenswerte, sondern an das Faktische, so hatte Hitler völlig recht, wenn er in jenen Monaten wiederholt behauptete, daß ihm als Führer der stärksten Partei spätestens schon 1932 der Auftrag zur Regierungsbildung hätte erteilt werden müssen. Hier wird die Natur des »Ernstfalls«, der für die Weimarer Republik so folgenschwer geworden ist, in aller Klarheit deutlich: Da Hindenburg entsprechend der Verfassung nicht anders entscheiden konnte, hätte er sich tatsächlich zu einem Verfassungsbruch entschließen müssen, wenn er Hitler nicht mit der Regierungsbildung beauftragt hätte. Die ungezählten Behauptungen, daß der 30. Januar 1933 aufgrund einer Verschwörung, eines Komplotts, eines abgekarteten Spiels, einer Ermordung der Demokratie oder ähnlich zustande gekommen sei, sind Phantasiegebilde. Ebenso falsch und irreführend ist es, von einem »legalistischen Abgleiten« in die Diktatur zu sprechen. Im Zusammenhang mit einem solchen Abrutschen wurde unter anderem der Vorwurf erhoben, daß das Ende der Weimarer Republik das unvermeidliche Ergebnis einer Führungsschwäche gewesen sei. In Wirklichkeit aber ließ die Konstruktion der Verfassung gar nichts anderes zu, als was dann Realität wurde.

Brünings Präsidialkabinett war vom Reichstag noch toleriert worden; Papens Regierung nicht. 1932 besaßen Kommunisten und Nationalsozialisten die absolute Mehrheit im Reichstag, seit 1932 stellten die Nationalsozialisten die stärkste Fraktion. Die Regierung Schleicher hatte im Januar 1933 praktisch niemanden mehr hinter sich. Und die SPD sah gerade in diesem General die entscheidende Gefahr für die Verfassungsmäßigkeit der Republik, nicht aber im Führer der NSDAP. Die Einschätzung der Situation bei der Regierungsübernahme durch Hitler wurde von Gustav Noske so umrissen: »Namhafte sozialdemokratische Führer versicherten seelenruhig, das bedeute keine große Gefahr für die Zukunft, denn dieser Kanzler werde niemals die erforderliche Zweidrittelmehrheit im Reichstage für eine Änderung der Weimarer Verfassung erhalten.«[10]

Der Artikel 48 samt den zahlreichen Notverordnungen, einschließlich der Präsidialkabinette der Jahre 1930 bis 1933, visiert eine Situation an, wie sie in der Definition des »Ernstfalls«, die als Grundlage dieser Vortragsreihe formuliert wurde, umrissen wird als »Übergang von der wie immer definierten ›Normalsituation‹ in einen Zustand der ›normierten Ausnahme‹«. In der letzten Phase der Weimarer Republik finden sich allerdings auch sämtliche Bestimmungsstücke der zweiten Situation: des »Übergangs von der Normalsituation oder von der normierten Ausnahme in die ›nicht-normierte Ausnahme‹«. Verfährt man bei der Analyse hinreichend sorgfältig, dann läßt sich dieses Gepräge schon weit früher nachweisen, nämlich auf Grund des Zuschnitts derjenigen Parteien, die sich zwar ausdrücklich an die Verfassung hielten, die aber ebenso ausdrücklich die Veränderung, ja die Abschaffung der parlamentarischen Demokratie als eines der Hauptziele ihrer politischen Tätigkeit bezeichneten: die Kommunisten und die Nationalsozialisten.

Das nach wie vor äußerst aktuelle und nach wie vor für die dreißiger Jahre in Deutschland noch immer nicht in genügender Nüchternheit diskutierte Problem besteht keineswegs darin, daß es überhaupt solche Parteien gibt oder gegeben hat und daß ein Staat, der seine totale Umkehrung, also seinen eigenen Umsturz, ausschließen will, derartige Parteien verbieten kann. Die Weimarer Republik hat es nicht getan; die Bundesrepublik dagegen hat es getan, sie hat solche Parteien verboten, oder sie hat sich zumindest einen entsprechenden Anschein gegeben – allerdings hat sie damit das Problem von der Wurzel her auch nicht bewältigt. Dieses Problem besteht nämlich nicht nur als Problem eines Staates, der sich in erster Linie als Realisator absolut geltender Grundrechte des Menschen ansieht. Insofern ist also auch die Weimarer Republik nicht daran gescheitert, daß es unmöglich gewesen wäre, »die Konflikte einer pluralistischen Gesellschaft mit demokratischen Mitteln auszutragen und zu lösen«.

Das Problem liegt vielmehr darin, was in der zweiten Übergangssituation der Ernstfall-Definition so erfrischend empfindungsfrei umrissen wird: daß uns die Geschichte eine kaum zu übersehende Reihe von Beispielen dafür liefert, wie facetten- und farbenreich die Übergänge sind von der »normierten Ausnahme« zur »nicht-normierten Ausnahme«. Man muß in unserem Fall die Jahre der Weltwirtschaftskrise mit ihren Auswirkungen auf Deutschland und die erste Hälfte des Jahres 1933 so betrachten, als wüßten wir noch nichts von der folgenden Zeit, zumal dem Zweiten Weltkrieg. Sowohl die KPD als auch die NSDAP waren keine Parteien, deren Programme sich mit den übrigen Parteiprogrammen vergleichen ließen. Das war allen Abgeordneten bekannt, das war dem Reichspräsidenten bekannt, der Reichswehr, und vor allem war es den Wählern bekannt. Die Absicht, die Verfassung der Republik so abzuändern, war in Weimar nicht verfassungswidrig. Ihre Artikel kannten nicht nur den Volksentscheid, sondern ebenso die Möglichkeit der uneingeschränkten Verfassungsänderung auf dem Weg der Gesetzgebung gemäß Artikel 76.

Am 29. Januar 1933 wurde die politische Situation in der »Frankfurter Zeitung« so kommentiert: »Vom Standpunkt der Demokratie ließe sich prinzipiell gegen ein Mehrheitskabinett oder gegen ein durch Tolerierung mit einer parlamentarischen Mehrheit versehenes Kabinett an sich nichts einwenden: da wäre ja eine Lösung, die während des ganzen letzten Jahres vom Reichspräsidenten auch für die Person des nationalsozialistischen Führers gutgeheißen wurde, die aber damals nicht zustande kam, weil Herr Hitler nicht wollte. Nur bleibt jetzt die Frage: Wer garantiert dabei die Einhaltung der Verfassung, wer garantiert, daß Herr Hitler wieder abgeht, wenn er gestürzt wird?«

Sowohl damals als auch in der Literatur nach 1945 findet sich eine Fülle solcher Überlegungen, Kassandrarufe und Warnungen. Doch sie alle verfehlen den entscheidenden Punkt, denjenigen Punkt nämlich, der den wirklich heillosen Ernst des Ernstfalles ausmacht. Es stand damals eben nicht zur Diskussion, ob Hitler zurücktreten würde, wenn man ihn gestürzt hätte. Die nationalsozialistische Führung besaß nun einmal für die legalen Möglichkeiten der demokratischen Republik einen ungleich ausgeprägteren Sinn als die zentral, von innen her auf Demokratie ausgerichteten Parteien.

Deshalb kommt dem 30. Januar 1933 auch keine besondere Bedeutung zu innerhalb des legislativen Rahmens der Republik. Im Gegenteil: Man darf diese Regierungsbildung als erheblich verfassungskonformer bezeichnen als die Präsidialregierungen seit 1930, die sich auf die Diktaturgewalt des Reichspräsidenten stützten und nicht auf die Reichstagsmehrheit. Die Regierung Hitler jedoch besaß diese Reichstagsmehrheit, und zwar als erste seit dem Sturz des Kabinetts Müller im Jahre 1930. Um es ganz scharf zu sagen: Mit der Berufung Hitlers führte Hindenburg die Regierung dem Buchstaben nach wieder in demokratische Geleise zurück. Die Präsidialkabinette von Brüning bis Schleicher hatten nur die schmale Verfassungsbasis des Artikels 48, 2, des Notverordnungsartikels. Erst die Regierung Hitler/Papen vom 30. Januar 1933 beendete den Krisenzustand der »normierten Ausnahme«, der seit 1930 in Deutschland herrschte, und kehrte zur Normalsituation eines politischen Zustands zurück, wie ihn die Verfassung in Artikel 54 und 32 umriß: daß nämlich der Kanzler und seine Minister »zu ihrer Amtsführung des Vertrauens des Reichstags bedürfen«. Dieses Vertrauen wurde durch Reichstagsbeschluß ausgesprochen, für einen solchen Beschluß war einfache Stimmenmehrheit erforderlich. Und eben das war bei der Regierung Hitler/Papen vom 30. Januar 1933 in einem offenkundigeren Ausmaß der Fall als jemals in der ganzen Ära der Weimarer Republik.

Der Ernstfall der »nichtnormierten Ausnahme« ist erst im darauffolgenden März eingetreten. Deshalb ist es auch völlig ausgeschlossen, Hindenburg den Vorwurf zu machen, er hätte sehenden Auges den Zusammenbruch der Weimarer Republik zugelassen oder gar selbst durch die Ernennung Hitlers herbeigeführt. Die NSDAP war eine ordnungsgemäß zugelassene Partei, sie stellte die meisten Abgeordneten des Reichstags, Hermann Göring war entsprechend Artikel 26 zum Reichstagspräsidenten gewählt worden, denn dieses Amt wurde nach üblichem Brauch von der stärksten Fraktion besetzt. Auch der später so vehement ausgesprochene Tadel, man hätte doch wissen müssen, um was für eine Partei es sich da handle, geht am Kern der Sache vorbei. Ebensowenig trifft es zu, daß Hitler und die Nationalsozialisten ein falsches Spiel getrieben – ihren Koalitionspartnern und den Abgeordneten Sand in die Augen gestreut –, mit falschen Versprechungen, Versicherungen oder gebrochenen Zusagen sich die absolute Macht erschlichen hätten. Daß es eben nicht so war, das macht den Ernstfall der »nichtnormierten Ausnahme« des Jahres 1933 aus. Und zwar nicht gemäß der Lage am 30. Januar, sondern erst am 23. März 1933, als der Reichstag mit der überwältigenden Mehrheit von 441 Stimmen gegen 94 dem Ermächtigungsgesetz zustimmte.

Auch über dieses Gesetz und sein Zustandekommen wurde viel geschrieben, allerdings nicht ganz soviel wie über den 30. Januar und nicht ganz so gründlich; dazu war es zu fatal. An der Quintessenz ist nicht zu rütteln, so wenig Gegenliebe derartige Feststellungen gefunden haben und wohl noch immer finden; doch noch nie ist das Ergebnis eines analytischen Befunds von Sympathie oder Antipathie abhängig gewesen. Hitlers Ziel war es, in Deutschland die unbeschränkte Macht zu gewinnen. Das hatten er und seine Parteigänger auf kaum zu zählenden öffentlichen Reden verkündet und unterstrichen. Ich zitiere nur diesen einen Passus: »Wir Nationalsozialisten haben niemals behauptet, daß wir Vertreter eines demokratischen Standpunkts seien, sondern wir haben offen erklärt, daß wir uns demokratischer Mittel nur bedienen, um die Macht zu gewinnen, und daß wir nach der Machtergreifung unseren Gegnern alle die Mittel rücksichtslos versagen werden, die man uns in Zeiten der Opposition zubilligt.«[11] Hitler hatte sich bereits während seiner Festungshaft in Landsberg entschlossen, nicht mehr wie 1923 durch Putsch und ähnliche Coups an die Regierung zu kommen, sondern mit Hilfe legaler Mittel und streng innerhalb der Grenzen, die von den gültigen Gesetzen festgelegt waren. 1930 versicherte er in einer öffentlichen Rede unverblümt: »Für uns ist das Parlament nicht Selbstzweck, sondern ein Mittel zum Zweck. Im Prinzip sind wir keine parlamentarische Partei; denn damit ständen wir im Widerspruch zu unserer ganzen Auffassung. Wir sind zwangsweise eine parlamentarische Partei und was uns zwingt, solche Mittel anzuwenden, ist die Verfassung.«[12]

Diese unbedingte Rücksicht auf die Artikel der Verfassung durch die Nationalsozialisten wurde ein Bestimmungsstück jener nichtnormierten Ausnahmesituation im März 1933; das hatte sich von niemandem voraussehen lassen. Und eben darin liegt auch das für uns so Unangenehme, das Peinliche, das Erregende – ja auch eine Art historischer Zynismus dieser Sitzung in der Krolloper am 23. März 1933. Hitler wußte, daß der Artikel 48, 2 nicht genügte, um seinen Wunsch nach politischer Verfügungsgewalt ohne oppositionelle Kontrolle zu erfüllen. Möglich war dies nur gemäß Artikel 76. Nach dem Text durfte die Verfassung auf dem Weg der Gesetzgebung geändert werden. Dazu war die Anwesenheit von zwei Dritteln aller Abgeordneten nötig, und von dieser Versammlung mußten ebenfalls zwei Drittel die Regierung zu verfassungsändernden Gesetzen ermächtigen. Die Abgeordneten des Reichstages stimmten diesem Gesetz zu, und zwar nicht nur mit zwei Dritteln, sondern mit vier Fünfteln aller Stimmen, und zwar sämtlicher Parteien. Nur die SPD stimmte dagegen; das änderte freilich nichts daran, daß sich präzis dasjenige realisiert hatte, was sie im Zusammenhang mit einer Regierung Hitler für ausgeschlossen gehalten hatte.

Alle nichtnationalsozialistischen Abgeordneten, die Hitler an diesem Tag Vollmacht erteilten, wußten erstens, daß die NSDAP mit dem Parlamentarismus brechen würde, und sie wußten zweitens, was die sechs Artikel dieses »Gesetzes zur Behebung der Not von Volk und Reich«, das am nächsten Tag erlassen wurde, bedeuteten. Artikel 1 bestimmte lapidar: »Reichsgesetze können außer in dem in der Reichsverfassung vorgesehenen Verfahren auch durch die Reichsregierung beschlossen werden.« Das hieß nichts anderes, als daß Hitler das demokratische Urprinzip der Gewaltentrennung kassierte, also die Volksvertretung ausschaltete, und zu dieser Ausschaltung ihrer selbst wurde er von den Abgeordneten eigens ermächtigt. Noch schärfer stellte der Eingangssatz von Artikel 2 fest: »Die von der Reichsregierung beschlossenen Reichsgesetze können von der Reichsverfassung abweichen...« In aller Kürze wurde damit die Legislative der Exekutive übertragen, durchaus legal und verfassungskonform. Die meisten und wichtigsten späteren Gesetze der Regierung Hitler konnten aus dieser Ermächtigung korrekt abgeleitet werden, und sie wurden es auch. Formalrechtlich waren sie unantastbar. Auch das Bundesverfassungsgericht in Karlsruhe konnte später nichts anderes tun als festzustellen: »Das Ermächtigungsgesetz schuf... mit der gebotenen verfassungsmäßigen Mehrheit... anstelle der bisherigen eine neue Kompetenzordnung, die sich nach innen und außen durchgesetzt hat.«[13]

Die Art, wie und warum alle Parteien außer der SPD dem Ermächtigungsgesetz zugestimmt haben, ließe sich mit vielen Details kolorieren. Immer wieder wurde, seltsam aufgebracht, ins Feld geführt, daß Drohung, Druck, Gutgläubigkeit, Angst eine entscheidende Rolle gespielt hätten; eine gewisse Rolle haben sie zweifellos gespielt, entscheidend aber war dies alles nicht. Von unserem ersten Bundespräsidenten Theodor Heuss, der dem Gesetz ebenfalls zugestimmt hat, wurde es später abgelehnt, solche Hinweise als Entschuldigung oder Erklärung vorzubringen. Sein Argument – post festum – war prinzipieller. Er hatte gemeint, letzten Endes wäre es gleichgültig gewesen, ob die Abgeordneten mit Ja oder Nein gestimmt hätten: »Denn... das ›Ermächtigungsgesetz‹ hat für den praktischen Weitergang der nationalsozialistischen Politik keinerlei Bedeutung gehabt.«[14] Ein gewaltiger Irrtum, und nicht nur unter dem Aspekt unseres Problems, des Ernstfalls.

Was den Druck betrifft, dem angeblich die Abgeordneten ausgesetzt waren, so ist immerhin festzustellen, daß trotz aller wirklichen oder unterstellten Pression die Abgeordneten der SPD gegen das Gesetz votierten und am nächsten Tag keineswegs korporativ verhaftet wurden. Die SPD hat vielmehr weiter an den Reichstagssitzungen teilgenommen, sie hat auch am 17. Mai 1933 der außenpolitischen Erklärung Hitlers vor dem Reichstag geschlossen mit den anderen Parteien zugestimmt, an ihrer Spitze Paul Löbe, seit Juni 1933 Parteivorsitzender der SPD und später Alterspräsident des Bundestages in Bonn. Warum sollten die Zentrumsabgeordneten, diejenigen der Bayerischen Volkspartei und die übrigen Gruppen stärker genötigt gewesen sein oder sich in größerer Gefahr befunden haben als die SPD? Es hat keinen Sinn, solche Fragen zu unterschlagen. Alle diese Parteien und ihre Abgeordneten haben freiwillig dem Ermächtigungsgesetz zugestimmt. Theodor Heuss genauso wie Reinhold Maier oder Ernst Lemmer, Männer der sogenannten ersten Stunde nach 1945, ebenso wie Hermann Dietrich, Minister in Weimar, Vizekanzler unter Brüning, 1945 Mitbegründer der FDP, ebenso wie das Zentrum, die damalige Partei Brünings und Konrad Adenauers.

Sieht man auf die Wählerzahlen, dann konnte die NSDAP fast die Hälfte der Stimmen aller Wahlberechtigten in Deutschland auf sich vereinigen. Aber mehr als 82 Prozent der professionell mit Politik befaßten Mandatsträger Deutschlands im Reichstag haben Hitler mit Vollmachten ausgestattet, über deren Verwendungszweck es keine Unklarheiten gegeben hat. Bei den Vorberatungen der Sitzung am 23. März hat der Führer der Bayerischen Volkspartei, Hans Ritter von Lex – nach 1949 Staatssekretär im Bonner Innenministerium, seit 1961 Präsident des Deutschen Roten Kreuzes –, auf die Tragweite dieser Abstimmung aufmerksam gemacht, bevor auch er und seine Fraktion ihr Ja gegeben haben; er sagte: »Dauer und Inhalt dieses Gesetzes haben in der deutschen Geschichte kein Vorbild.«[15]

Hitler begründete an diesem 23. März in seiner ersten Rede vor dem Reichstag den Antrag auf »Ermächtigung« ohne Winkelzüge, mit der rüden Direktheit seines politischen Fanatismus: Seine Regierung sei entschlossen, »die Gebrechen, die jeden Aufstieg hemmen und die Ursachen des Verfalls gewesen waren«, mit Stumpf und Stiel auszurotten. Die nationale Regierung betrachte es als ihre Pflicht, alle staatsfeindlichen Elemente ihres Einflusses auf das politische Leben zu berauben und nur denjenigen Gleichheit vor dem Gesetz zuzugestehen, die den Staat bejahten und hinter seiner Regierung stünden: »Es würde dem Sinn der nationalen Erhebung widersprechen und dem beabsichtigten Zweck nicht genügen, wollte die Regierung für ihre Maßnahmen von Fall zu Fall die Genehmigung des Reichstages erhandeln und erbitten. Die Regierung wird dabei nicht von der Absicht getrieben, den Reichstag als solchen aufzuheben. Im Gegenteil, sie behält sich auch für die Zukunft vor, ihn von Zeit zu Zeit über ihre Maßnahmen zu unterrichten.« Hitler endete mit einer lapidaren Skizze der Fronten: »Da die Regierung an sich über eine klare Mehrheit verfügt, ist die Zahl der Fälle, in denen eine innere Notwendigkeit vorliegt, zu einem solchen Gesetz die Zuflucht zu nehmen, an sich eine begrenzte. Um so mehr aber besteht die Regierung der nationalen Erhebung auf der Verabschiedung dieses Gesetzes. Sie zieht in jedem Fall eine klare Entscheidung vor. Sie bietet den Parteien des Reichstags die Möglichkeit einer ruhigen deutschen Entwicklung und einer sich daraus in der Zukunft anbahnenden Verständigung, und sie ist aber ebenso entschlossen und bereit, die Bekundung der Ablehnung und damit die Ansage des Widerstandes entgegenzunehmen. Mögen Sie, meine Herren Abgeordneten, nunmehr selbst die Entscheidung treffen über Frieden oder Krieg.«[16]

Jeder im Reichstag mußte wissen, welche Konsequenzen Hitlers Regierung aus einer solchen Ermächtigung ziehen würde. Wenn er es trotzdem noch immer nicht wissen sollte, wären ihm von den Sozialdemokraten und ihrem Vorsitzenden Otto Wels die Augen geöffnet worden. Die große Rede, in der Wels die Ablehnung des Ermächtigungsgesetzes durch die sozialdemokratische Fraktion begründete, war seine einzige politische Tat von Rang. An diesem Tag konnte kein Abgeordneter behaupten, er wäre nicht bis ins letzte informiert gewesen. Wels nahm kein Blatt vor den Mund, er sprach von den Verhaftungen und Verfolgungen, unter denen die Sozialdemokraten in den letzten Wochen hatten leiden müssen. Die Regierungsparteien hätten zwar bei den Wahlen eine klare Mehrheit errungen, aber mit dem Ermächtigungsgesetz würden die Nationalsozialisten nichts anderes beabsichtigen, als den letzten Schritt zur Auflösung der parlamentarischen Demokratie zu tun, und dazu wollten sie noch das Einverständnis der demokratischen Parteien. Dazu aber gebe sich seine Fraktion und Partei nicht her.[17]

In der Tat, Hitler wollte die Zustimmung zur Auflösung des Parteienstaates. Und Hitler erhielt diese Zustimmung. Mit Ausnahme der Sozialdemokraten, die in den letzten Wahlen nochmals leichte Verluste hatten hinnehmen müssen, haben sich also sämtliche Parteien für ein Ja entschieden, das Zentrum genauso wie die Deutschnationalen und die liberalen Abgeordneten der Deutschen Demokratischen Partei, der Staatspartei. Die kommunistischen Reichstagsmandate waren zwar annulliert worden, doch hätten selbst diese 81 Stimmen zusammen mit 120 der SPD nichts an dem Votum geändert; das zur Ablehnung notwendige Drittel wäre nicht erreicht worden.

Die Parteien der Weimarer Republik wurden folglich von den Nationalsozialisten nicht heimtückisch beseitigt oder gewaltsam zerschlagen; Hjalmar Schacht, 1933 Reichsbankpräsident und Wirtschaftsminister, stellte dazu fest: Die demokratischen Parteien »begaben sich ohne Not freiwillig jeden parlamentarischen Einflusses, ... ein Akt politischer Selbstentmannung, wie ihn die Geschichte der modernen Demokratie nicht noch einmal kennt«. Die Parteien hatten selbst die Verfassung in ihren für die demokratische Struktur entscheidenden Teilen legal, ohne daß man sie dazu gezwungen hätte, außer Kraft gesetzt und damit freiwillig für die Selbstauflösung plädiert. Diese Republik ist nicht so vernichtet worden, wie man sich gewöhnlich die Eroberung und Zerstörung einer Festung vorstellt: belagert von allen Seiten, abgeschnitten von Verpflegung, Nachschub und Verstärkung, kämpfend bis zur letzten Patrone. Die Republik hat keine bedingungslosen Verteidiger besessen, sondern nur zuverlässige Gegner. Sie hat exzellente Kritiker gehabt, denen jeder Sinn gefehlt hat für die Grenzen zwischen Veränderung und Vernichtung. Sie besaß Parteien, deren demokratische Loyalität sich in der Treue zu ihrem eigenen Programm erschöpfte, dessen Verhältnis zur Substanz der parlamentarischen Demokratie aber rätselhaft blieb. Und deshalb ist die Republik nicht an ihren Feinden gestorben, sondern sie ist untergegangen, weil sie keine wirklichen Freunde besessen hat, nicht einmal unter denjenigen Parteien, deren politische Vitalität von demokratischen Überzeugungen abhängt. Auch die SPD hat nicht das gebildet, was so flüssig als »staatstragende Partei« bezeichnet wird. Getragen haben alle Parteien ohne Beschwer und guten Mutes nur den Sarg der Republik, den sie mit der Annahme des Ermächtigungsgesetzes auf ihre abregierten Schultern gehoben haben. Die Annahme dieses Gesetzes beweist: Die Weimarer Parteien sind am Schluß zutiefst davon überzeugt gewesen, daß dieses liberale System, dessen Existenz allein von der Existenz der Parteien abhing, keine Möglichkeiten des Weiterlebens enthalten hat.

Auf die dauernde Bedrohung der Normalität durch beständig anhaltende Ausnahmesituationen rekurrierte auch der Nationalsozialismus, auch Hitler selbst bei der Begründung des Ermächtigungsgesetzes. Das spiegelte sich schon in seiner Bezeichnung wider: »Gesetz zur Behebung der Not...« Für die Betroffenen genauso wie für diejenigen, die nicht Parteigänger des Nationalsozialismus waren, dominierte die »Not von Volk und Reich«, es standen also nicht die Gefährdungen der parlamentarischen Ordnung im Vordergrund. Gerade sie wurde schließlich mehr und mehr als Unordnung empfunden, und als verantwortlich dafür sah das Volk die Parteien an.

Was uns heute als Selbstaufgabe des republikanischen Bezuges erscheint und unter den herrschenden Bedingungen auch so erscheinen muß, das haben die Deutschen des Jahres 1933 ganz anders gesehen. Wer das nicht berücksichtigt, verschließt sich jeden Zugang zu der damaligen Situation. Dabei muß noch zweierlei hervorgehoben werden: zunächst die damalige Antinomie der politischen Gesamteinstellungen – also einerseits parlamentarisches Prinzip, andererseits Führerprinzip. Und zweitens der Umstand, daß sich die NSDAP in äußerster Konsequenz und sehr geschickt aller verfassungsmäßigen Mittel bedient hat, um das Parlament auszuschalten, und daß deshalb die Regierungsübernahme durch Hitler und die Nationalsozialisten nicht usurpiert war.

Im Nürnberger Prozeß wies Göring nicht ohne Ironie noch zusätzlich auf die Möglichkeiten hin, die das Wahlverfahren selbst enthielt. Er sagte: »Würde in Deutschland das demokratische Wahlsystem Englands oder der Vereinigten Staaten von Amerika bestanden haben, dann hätte die NSDAP bereits Ende 1931 sämtliche Reichstagsabgeordnetensitze ohne Ausnahme legal besetzt. Denn in jedem Wahlkreis Deutschlands war zu diesem Zeitpunkt, spätestens Anfang 1932, die NSDAP die stärkste Partei, das heißt also, nach dem Wahlsystem Großbritanniens wie der Vereinigten Staaten würden alle schwächeren Parteien gefallen sein, und wir hätten von diesem Zeitpunkt ab ausschließlich nur Nationalsozialisten auf vollkommen legalem Weg, nach demokratischen Grundprinzipien der beiden größten Demokratien im Reich gehabt.«[18]

Görings Hinweis, daß das Wahlsystem – ob also Mehrheits- oder Verhältniswahl – gewaltige Rückwirkungen auf das Regierungssystem hat, hebt das Problem der Antinomie politischer Grundhaltungen noch schärfer heraus. Die Diktaturgewalt des Reichspräsidenten aufgrund des Artikels 48 der Weimarer Verfassung und die Selbstaufhebung des Parlamentarismus durch die Parteien bei ihrer Billigung des Ermächtigungsgesetzes wecken Zweifel, ob man eine solche Situation noch unter den Begriff der »nichtnormierten Ausnahme« fassen kann. Besteht die Aussicht, sofern man sich im politischen Raum für eine bestimmte Grundform der staatlich-gesellschaftlichen Ordnung entschieden hat, einem Kompetenzwechsel dieser Art vorzubeugen? Als reine Möglichkeit läßt er sich intellektuell nicht ausschließen: daß also eine politische Partei nicht nur die absolute Mehrheit gewinnt, sondern auch die verfassungsändernde Zweidrittel-Mehrheit, um eine derartige Kompetenzänderung durchzuführen. Dürfte man eine derartige Veränderung blockieren? Würde durch Vorkehrungen, die solche Umbrüche verhindern – und die Nationalsozialisten haben schließlich unentwegt ihren revolutionären Charakter betont, ihren Willen, eine Revolution durchzuführen –, würde also durch derartige Vorkehrungen gegenüber präsumtiven Umbrüchen, zumal wenn sie von der überwiegenden Mehrheit des Volkes getragen und gebilligt werden, nicht dasjenige verfälscht, was ein Volk in einer bestimmten historischen Situation für sich als angemessen betrachtet?

Unter dem Aspekt der heute allgemein geltenden, zeitgenössischen Vorstellungen von Freiheit, Grundwerten und Recht wird die Machtergreifung Hitlers und der NSDAP sowie der totale Umbau des Staates unstreitig zu den »nichtnormierten Ausnahmen« gerechnet werden müssen. Unter dem Aspekt der Weimarer Verfassung freilich stellt sich das völlig anders dar. Hitler hat 1933 nur eine Macht ergriffen, die ihm ausdrücklich überreicht wurde. Er hat sie nicht mit blutiger Gewalt – wie etwa die bürgerlichen Franzosen 1789 – an sich gerissen. Die Annahme des Ermächtigungsgesetzes zeigt das mit einer entlarvenden Schonungslosigkeit. Hitler und die NSDAP haben immer auf zweierlei beharrt: daß es sich beim Nationalsozialismus um eine revolutionäre Bewegung handelt und daß ihre Revolution legal verlaufen ist – so paradox das erscheint. Möglicherweise findet sich in diesem Umstand ein zusätzliches Stück der Erklärung dafür, daß die Regierung seit 1933 bei den Deutschen ein so breites, so lange tragendes Fundament besessen hat.

Der Ernstfall – gleichgültig, wie er differenziert werden muß innerhalb eines historischen Kontextes – hat in jenen Übergangsjahren besonders lehrreiche und bedenkenswerte Dimensionen gewonnen. Aus heutiger Sicht befand sich die Weimarer Republik zum Schluß vor der Doppelfrage:

1. Hätte sie die Grundrechte, die ihr Staat wahren sollte, nur so verteidigen können, daß sie dieselben Grundrechte radikal suspendierte?

2. Hätte sie sich um der Grundrechte willen weigern sollen, sie anzutasten, auch auf die Gefahr hin, daß sie im Ernstfall zusammen mit den Grundrechten untergeht? Die Grundrechte wären dann zwar unverletzt geblieben, aber vernichtet worden.

Hitler hat die ihm gemäße Antwort darauf gegeben. Historische Ernstfälle dieser Art provozieren die Überlegung, ob nicht eine der Hauptaufgaben jedes politisch befaßten Menschen darin besteht oder bestehen sollte, auch das »Nicht-Denkbare« zu bedenken – oder, damit es leichter fällt:

seine Phantasie und Vorstellungskraft auch auf das »Noch-nicht-Gedachte« zu richten.

ANMERKUNGEN

1 C. v. Clausewitz, Vom Kriege, Berlin/Leipzig [11] 1915, S. 640
2 ebd.
3 Friedrich der Große, Exposé du gouvernement prussien, in: Œuvres de Frédéric de Grand, ed. J.D.E. Preuß, Berlin 1848–1857, Bd. 9, S. 191
4 Doch auch zu dieser Überzeugung gehören Aspekte, die sie weniger selbstverständlich erscheinen lassen, als es wünschenswert oder gar notwendig wäre. Kriegsgesetze etwa beziehen ihre Legalität aus den Kriegsbedingungen. In den Kriegen des 20. Jahrhunderts wurde die Gültigkeit dieses Grundsatzes nur für die Dauer des Krieges akzeptiert und nach Beendigung des Konflikts von den siegenden Mächten für die Verliererstaaten rückwirkend annulliert: Das Kriegsrecht der Unterlegenen wurde nach der Kapitulation weitestgehend zu »Unrecht« erklärt und seine Handhabung mitsamt den Folgen als »Verbrechen« geahndet.
5 Verfassung des Deutschen Reiches vom 16. April 1871
6 Vgl. dazu vor allem J. Heckel, Diktatur, Notverordnungsrecht, Verfassungsnotstand mit besonderer Rücksicht auf das Budgetrecht, in: Archiv des öffentl. Rechts, NF, 22. Bd., 1932, S. 257 ff. Aufschlußreich bereits in den Frühjahren der Weimarer Republik C. Schmitt, Die Diktatur des Reichspräsidenten nach Art. 48 der Reichsverfassung. Referat auf der Tagung der deutschen Staatsrechtslehrer in Jena 1924 (Veröffentl. d. Vereinigung d. Deutschen Strafrechtslehrer, Heft 1), Berlin 1924; ebenso C. Schmitt, Die staatsrechtliche Bedeutung der Notverordnung, in: Notverordnung und öffentliche Verwaltung (hrsg. v. d. Verwaltungsakademie Berlin), Berlin 1931. Informativ ferner H. Heller, Rechtsstaat oder Diktatur (Recht und Staat in Geschichte und Gegenwart, Heft 68), Tübingen 1930; allgem. ferner E. Fraenkel (Hrsg.), Der Staatsnotstand, Berlin 1965
7 Außer den Sitzungsprotokollen (Verhandl. d. Verfassungsgebenden Deutschen Nationalversammlung 1919/20) bietet für die Beratungsphase charakteristisches Material E. Heilfron (Hrsg.), Die Deutsche Nationalversammlung im Jahre 1919 in ihrer Arbeit für den Aufbau des neuen Volksstaates, Bd. I, Berlin 1921
8 Vgl. U. Scheuner, Der Bereich der Regierung, in: Rechtsprobleme in Staat und Kirche, Festgabe f. R. Smend, Göttingen 1952, S. 253–301; erhebliche Wirkung hatte die Schrift von R. Redslob (Die parlamentarische Regierung in ihrer wahren und in ihrer unechten Form, Tübingen 1918), deren Intentionen auch von Hugo Preuß geteilt wurden
9 Informativ für die damalige Situation des Wechsels H. Timm, Die deutsche So-

zialpolitik und der Bruch der großen Koalition im März 1930, Düsseldorf 1952
10 G. Noske, Erlebtes aus Aufstieg und Niedergang einer Demokratie, Offenbach 1947, S. 311
11 Schon 1921 sah er im Parlamentarismus dasjenige, »was die [NS-]Bewegung am schärfsten bekämpfen wollte«, Mein Kampf, München ⁷1941, S. 659. Wegen des Führerprinzips sei die Bewegung »antiparlamentarisch, und selbst ihre Beteiligung an einer parlamentarischen Institution kann nur den Sinn einer Tätigkeit zu deren Zertrümmerung besitzen«; ebd. S. 379
12 Rede in München nach den Wahlen vom 14. Sept. 1930, in der die NSDAP 107 Reichstagssitze errang; abgedr. b. W. Hofer, Der Nationalsozialismus. Dokumente 1933–1945, Frankfurt/M. 1957, S. 28
13 Bundesverfassungsgericht E 6, 331; vgl. ebd. 2, 248, 253; 3, 90, 94
14 Th. Heuss, Die Machtergreifung und das Ermächtigungsgesetz. Zwei nachgelassene Kapitel der »Erinnerungen 1905–1933«, Tübingen 1967, S. 26
15 Aus der Literatur zum Ermächtigungsgesetz vgl. vor allem H. Schneider, Das Ermächtigungsgesetz vom 24. März 1933. Bericht über das Zustandekommen und die Anwendung des Gesetzes, in: Vierteljahreshefte f. Zeitgesch., Bd. I, 1953; J. Becker, Zentrum und Ermächtigungsgesetz 1933, in: ebd., Bd. IX, 1961; E. Matthias, Die Sitzung der Reichstagsfraktion des Zentrums am 23. III. 1933, in: ebd., Bd. IV, 1956; E. Matthias/R. Morsey (Hrsg.), Das Ende der Parteien 1933, Düsseldorf 1960
16 M. Domarus, Hitler. Reden und Proklamationen 1932–1945, München 1965, Bd. I, S. 229 ff.
17 Bundeszentrale für Heimatdienst (Hrsg.), 20. Juli 1944: Dokumentation des deutschen Widerstandes, Freiburg 1961, S. 12 f.
18 Der Prozeß gegen die Hauptkriegsverbrecher vor dem Internationalen Militärgerichtshof, Nürnberg 1947, Bd. IX, S. 284 f.

Christian Meier
Der Ernstfall im alten Rom

Ernstfall ist ein Wort unserer Alltagssprache. Es gehört – bisher jedenfalls – nicht in den Zusammenhang einer Theorie. Es meint eine Situation, in der in irgendeinem Rahmen vieles Wesentliche auf einmal aufs Spiel gerät. Das bedeutet für ein Gemeinwesen: seine Existenz oder mindestens wesentliche Grundlagen seiner Ordnung müssen bedroht sein oder erscheinen: sonst ist es nicht ernst. Und diese Bedrohung muß jäh, brüsk, plötzlich entstehen: sonst ist es kein Fall.

Ernstfälle können folglich nicht die Regel sein. Wenn ein Volk auf längere Zeit bedroht ist, wenn also der Ernst für es zur Regel wird und es seine Kräfte stets in ungewöhnlichem Maße sei es massieren, sei es zur Massierung bereithalten muß, dann steht es zwar ernst mit ihm, dann hat es gleichsam nichts zu lachen.[1] Aber so sehr eine solche Lage langfristig ernst sein mag, man kann sie kaum einen Ernstfall nennen: bestenfalls einige besonders ernste Situationen in ihr. Nicht immer also, wenn es ernst um ein Gemeinwesen steht, hat man es mit einem Ernstfall zu tun. Ja, Ernstfälle müssen nicht einmal das Ernsteste am Schicksal eines Volkes sein. Es können in ihm etwa krisenhafte Prozesse im Gange sein, die mit eigener Dynamik und ohne oder gar gegen den Willen der Beteiligten seine Existenz oder wesentliche Grundlagen seiner Ordnung angreifen, unterminieren, aufzehren; Prozesse, die dem Handeln, dem geschlossenen massierten Handeln – etwa von einem politischen Zentrum aus – nicht zugänglich sind.[2] Sie werden – falls sie für mehr oder weniger alle unerfreulich sind – als besonders niederdrückend empfunden. Dann passiert hier etwas, das für diese Gesellschaft viel ernster ist als die einzelnen Konflikte, die vielleicht und wenn, dann als Funktion jener Prozesse gelegentlich zum Fall werden. Dann ist im Ernstfall nicht viel von dem, was geschieht, zu entscheiden, so ernst, so konfliktreich es in ihm auch zugehen mag.

Eine andere Frage ist, ob man vom Ernstfall in einem Gemeinwesen schon sprechen kann, wenn existenz- oder ordnungsbedrohende Gefahren plötzlich eintreten – oder ob nicht auch dazugehört, daß eine nennenswerte Kraft es mit diesen Gefahren aufnimmt. Wahrscheinlich liegt das im Belieben des jeweiligen Sprechers; das Wort ist ja nicht festgelegt. Immerhin bezeichnet es aber keinen einfach zu umschreibenden objektiven Tatbestand. So hält man sich mit ihm besser an das Subjektive, das man objektiv einigermaßen fassen kann, und sagt, daß zum Ernstfall gehört, daß er von beachtlichen Kräften wirklich ernst-, also »an-genommen« wird. Das aber hängt von deren Ansprüchen und Erwartungen ab. Was unter gewissen Umständen einer harten, ernsten Realität schon Ernstfall wäre, ist es unter anderen noch lange nicht. Politische Realität läßt sich vermutlich zumal danach unterscheiden, wie weit in ihr mit gewissen Grundsätzen, Ansprüchen und Forderungen ernst gemacht wird, im Normal- wie im Ausnahmefall. Was muß manchmal alles passieren, bis etwas passiert? So sollte man festlegen, daß der Ernstfall im Gemeinwesen notwendig Konflikte impliziert. Wenn man die Möglichkeit eines aus Natur- oder Technikkatastrophen resultierenden Ernstfalls einbeziehen will, könnte man zur Not auch die Naturgewalten als Konfliktgegner ansetzen. Davon sei hier abgesehen. Der Ernstfall gehört also in Epochen und Gesellschaften, in denen eine spezifisch ernste Auffassung von ihrer Existenzform vorherrscht (oder denen sie aufgezwungen wird). Man sollte unterscheiden zwischen der Bedrohlichkeit eines Falls und der Tatsache, daß er ernst genommen wird.

Der Ernstfall ist dann dadurch zu bestimmen, daß eine Macht ihn erklärt oder mindestens – indem sie die Gefahr an-nimmt – praktisch herbeiführt. In der Regel wird er also entweder ein militärischer oder ein politischer Fall sein, ein politischer auch dann, wenn es um Sachen geht, die ursprünglich nicht politisch sind, aber politisch genommen werden. Alles was in ihm politisiert, also aufs Spiel gesetzt wird, steht in ihm zur Entscheidung, oder – wie die Griechen das ausgedrückt hätten – es liegt »in der Mitte« zwischen den Handelnden. Der Ernstfall wird nach Maßgabe von Handeln und Kontingenz entschieden. Er steht auf der Tagesordnung, nicht einfach des Redens, sondern des Handelns. Insofern bietet er die Gelegenheit zur Bewährung.

Wenn der Ernstfall für ein Gemeinwesen aber ein Fall politischen Handelns in einer Situation ist, in der vieles Wesentliche auf einmal bedroht ist und diese Bedrohung ernsthaft an-genommen wird, so tun sich eben damit eine ganze Reihe von Fragen auf. Eine davon, die wichtigste, wie mir scheint, sei vorweg formuliert, weil sie hier eine Rolle spielt. Sie betrifft den

Ernstfall, der im Innern eines Gemeinwesens entsteht. Solche Ernstfälle fallen nicht vom Himmel. Sie sind Ausdruck und Ergebnis struktureller Schwierigkeiten. Diese aber resultieren in der Regel aus tieferen Veränderungen, mindestens dann, wenn die Ernstfälle nach einer längeren Periode relativer Normalität auftreten. Tiefere Veränderungen einer Struktur aber sind – das läßt sich wohl sagen – in der Regel wesentlich prozeßhaft bedingt. Zu denken ist etwa an prozeßhafte Veränderungen der Wirtschaftsweise, des Verhältnisses zwischen Ständen, Schichten, Klassen, der Mentalität; es können auch Veränderungen der politischen Kräfteverhältnisse, der Machtlagerung und der Kraft bestimmter Institutionen sein. Zwischen all dem und anderem mag eine Interdependenz bestehen. Jedenfalls handelt es sich bei solchen langfristigen Strukturveränderungen sehr oft um tief angelegte, tief fundierte Bewegungen: will sagen, sie resultieren daraus, daß gewisse Konstellationen eine Gesellschaft dergestalt bestimmen, daß die Menschen durch die Verfolgung mehr oder weniger unabweisbarer Bedürfnisse einen Prozeß antreiben, unabhängig von ihrem Willen, zumeist durch die Nebenwirkungen ihres Handelns. Die Gewalt solcher Prozesse kann die Möglichkeiten des politischen Eingreifens weit übersteigen.[3]

Man denke sich den Fall, daß breiteste Kreise einer Gesellschaft Nutznießer und Förderer der Mißstände sind, die in ihr bestehen und im Effekt ihre Ordnung bedrohen. Wie kann man da Kräfte gegen diese Mißstände massieren? Was aus der Interessenverfolgung breiter Kreise an Macht resultiert, geht weithin in die prozeßhafte Förderung der Mißstände ein. Es läßt sich in der Regel nicht in politische Gegensätze einfangen, die die Probleme der bedrohten Ordnung unter sich austragen, zu deren Verteidigung, zu deren Reform; sie also zum Gegenstand regelmäßigen, ernsthaften (aber nicht unbedingt ernstfallartigen) politischen Handelns machen können. Es geht dann unter den Gruppen, die zwischen sich politische Gegensätze bilden, eher um einen gemeinsamen Wettlauf in die falsche Richtung als um einen Austrag der entscheidenden Probleme der Gesellschaft.[4] Der politisch-gesellschaftliche Bestand gerät in Mitleidenschaft, aber nicht auf die Tagesordnung.

Vielleicht aber ändert sich dies im Ernstfall, wenn die aus dem prozeßhaften Wandel erwachsende Bedrohung sich massiert? Wenn also massierte Gefahr eine massierte Antwort ermöglicht? Wenn andere Gruppierungen aktuell werden, wenn die politische oder gesellschaftliche Ordnung zum entscheidenden Gruppierungsgesichtspunkt wird, wenn die Gefahr so groß wird, daß die Chance entsteht, daß sie praktisch ernst genommen wird? Dann hat man es jedenfalls mit einer steil anwachsenden Materie politischer Entscheidung zu tun. Dann besteht die Chance einer Stärkung der Entscheidungsinstanzen. Dann verschiebt sich jedenfalls das Verhältnis zwischen dem, was prozeßhaft geschieht, und dem, was politisch bewirkt werden kann, schlagwortartig gesagt: das Verhältnis zwischen Politik und Prozeß (in welchem Ausmaß auch immer).

Kurz: Die Frage nach dem strukturbedingten inneren Ernstfall scheint mir wesentlich eine Frage nach dem Verhältnis von prozeßhaften Veränderungen und Politik zu sein. Daran schließt sich das Problem der Funktion des Ernstfalls innerhalb des Wandlungsprozesses sowie innerhalb der politischen und gesellschaftlichen Ordnung an.

Diese Fragen sollen hier für Rom gestellt werden. Dabei ist das Thema: »Ernstfall im alten Rom« weiter: es betrifft den äußeren wie den inneren Ernstfall. Die angedeuteten Fragen werden erst im zweiten Teil, bei der Behandlung des *senatus consultum ultimum*, bestimmend werden.

a) Vorhersehbare und unvorhersehbare Ernstfälle in Rom
Das Problem des Ernstfalles in Rom ist die längste Zeit über das Problem seiner Erklärung und seiner Meisterung durch die dafür zuständigen Organe gewesen. Es herrschten relativ klare Verantwortungsverhältnisse, und die Macht war sehr weitgehend in einem handlungsfähigen Zentrum vereint. Man fand institutionelle Mittel, um mit den vorhersehbaren Formen des Ernstfalls fertigzuwerden. Erst in den letzten Jahren der Republik waren diese überfordert.

Die Ausnahme bildeten Ernstfälle besonderer, unvorhergesehener Art: die Bürgerkriege der achtziger und der vierziger Jahre des letzten Jahrhunderts. Hier konnte es keine überlegene Instanz geben, sondern nur mehr die Doppelheit oberster politischer Subjekte, die verfeindeten Bürgerkriegsparteien.

Der Ernstfall Bürgerkrieg bildet fraglos ein hochinteressantes Thema. Welcher Art die Parteiungen waren, welche Sachen verfochten wurden, welche Feindbegriffe obwalteten, in welcher Intensität man kämpfte, wie weit und wo Neutralität praktiziert werden konnte, wie sich überhaupt die verschiedenen Teile der Gesellschaft auf den Bürgerkrieg einstellten; wie die Loyalitäten der Bürgerkriegsarmeen beschaffen waren und worin sie gründeten; welche Möglichkeiten der Beilegung des Konflikts bestanden – diese und andere Probleme sind sowohl im einzelnen wie im Hinblick auf eine Theorie des Bürgerkriegs (und die Bestimmung der römischen Spezifika in deren Rahmen) eine Betrachtung wohl wert. Allein, das wäre ein eigenes Thema. Wichtiger, aufschlußreicher und eher im Zusammenhang einer Strukturbetrachtung zu behandeln ist die Problematik der Meisterung des vorhersehbaren Ernstfalls innerhalb der römischen Ordnung. Da in der gebotenen Kürze nicht beides befriedigend darzulegen ist, soll der Bürgerkrieg hier am Rande bleiben.

b) tumultus und dictatura:
Die Meisterung des Ernstfalls in der frühen und mittleren Republik
Rom bietet in seiner frühen Geschichte das Beispiel eines Gemeinwesens, in dem der Krieg eher die Regel als die Ausnahme war. Zeitweise zogen Jahr für Jahr die aus der römischen Bürgerschaft gebildeten Legionen ins Feld. Wenn der Krieg der Ernstfall ist, eine Aneinanderreihung von Ernstfällen also. Aber es fehlte für die Römer – von bestimmten Zeiten und Situationen abgesehen – das Moment der Existenzbedrohung des Gemeinwesens. Ernstfall also zwar im militärischen Sinne, aber nicht für die Existenz und Ordnung Roms.

Wir beobachten, daß die ganze Verfassung auf die militärischen Aufgaben eingerichtet war und daß deren zentrale Rolle das römische Denken, die Ideale und Maßstäbe, die ganze Ordnung Roms durchdrang. Insofern waltete hier besonderer Ernst, war starke Massierung der Kräfte auf diese Aufgabe hin beziehungsweise die Bereitschaft dazu ein Charakteristikum der frühen und mittleren Republik.

Für die Fälle zugespitzter Bedrohung gab es eigene Ausnahmeregelungen. Eine davon war der *tumultus*, der »Unruhezustand«, den der Senat konstatieren konnte, wenn durch unverhoffte Kriegsgefahr (*subitum bellum*) ein besonderer militärischer Notstand hervorgerufen wurde. Dabei konnte es – wie in der späten Republik – auch um einen bürgerkriegsartigen Notstand im Innern gehen.

Durch diesen Beschluß wurden die Magistrate zu beschleunigten summarischen Aushebungen ermächtigt (*tumultuarius dilectus*). Dann galten keine Befreiungsgründe, die Soldaten wurden nicht einzeln, sondern alle zusammen vereidigt (in der Form der *coniuratio*). Hier ging es meistens um Gefahren, die plötzlich in der unmittelbaren Umgebung Roms entstanden. Freilich konnten auch besonders gefährliche Situationen, deren Bekämpfung keinen Aufschub litt, Anlaß zu »tumultuarischen Aushebungen« geben. Aber auch dann ging es um Kriege auf dem Boden des heutigen Italien (*Italicum* oder *Gallicum bellum*).[5]

In der frühen Republik war oft, vielleicht regelmäßig mit der Erklärung des *tumultus* die Ernennung eines Dictators verbunden. Damit ist das zweite wichtige Institut zur Bewältigung außerordentlicher Ernstfälle genannt, an das man vermutlich zuerst denkt, wenn vom Ernstfall im alten Rom die Rede ist.

Der römische Dictator[6] ist der eigentliche Notstandsmagistrat, so jedenfalls in der ursprünglichen Form der *dictatura rei gerundae causa*, das heißt der für die Kriegführung (in ihren militärischen und zivilen Aspekten) bestimmten Dictatur. (Daneben werden gelegentlich auch Dictatoren mit ganz speziellem Auftrag, etwa zur Abhaltung von Wahlen bei Abwesenheit der Consuln, bestellt; davon braucht hier keine Rede zu sein.) Dieses Amt wird nur besetzt, wenn eine besondere Notlage es erfordert: *in asperioribus bellis aut in civili motu difficiliore*, wie der Kaiser Claudius es später formulierte.[7] Dabei ist hinzufügen, daß wir nur einmal ausdrücklich von einem Dictator *seditionis sedandae (et rei gerundae) causa* hören, im Jahre 368 am Vorabend des Sieges der *plebs* in den Ständekämpfen. Es scheint ein Mann gewesen zu sein, der der *plebs* gegenüber aufgeschlossen war.[8] Freilich ist auch im Jahre 287, angesichts der letzten *secessio plebis*, ein Dictator eingesetzt worden, vermutlich mit dem gleichen Auftrag, den er übrigens auf diplomatischem Wege gelöst hat.[9]

In aller Regel also geht es um äußere Notlagen. Dem entspricht der ursprüngliche Titel des Dictators: *magister populi*, Mommsen übersetzt: Heermeister.[10]

Die Ernennung nimmt – bis auf späte Ausnahmen – einer der Consuln vor, und zwar auf römischem Boden, *oriens nocte silentio*, das heißt: sich erhebend, im Morgengrauen, schweigend (unter Einholung der Auspicien). Sie erfolgt regelmäßig auf Initiative des Senats; auch die zu ernennende Person wird den Consuln in der Regel vom Senat aufgetragen; diese haben sich freilich zuweilen widersetzt, selten allerdings auf Dauer. Der Dictator hat sogleich einen *magister equitum* zu nominieren: wie er selbst für die Infanterie zuständig ist, so ist es dieser sein Vertreter primär für die Kavallerie.

Dictator und *magister equitum* sind die einzigen Magistrate der römischen Republik, die nicht vom Volk gewählt werden:[11] in der Notsituation kann der Senat also diejenigen relativ frei mit umfassender Exekutivgewalt, insbesondere, aber keineswegs ausschließlich im militärischen Kommandobereich, betrauen lassen, die ihm am besten dafür geeignet erscheinen. Das gilt mutatis mutandis wohl auch für den *Dictator seditionis sedandae*: denn da scheint es darum gegangen zu sein, den richtigen Mann, von dem ein Ausgleich zu erwarten war, mit besonderer Autorität auszustatten. Hervorzuheben ist, daß die Erkenntnis der Notsituation und die Ausführung der erforderlichen Maßnahmen bei verschiedenen Instanzen liegen. So beachtlich dabei der Wille des Senats war: er mußte dem Dictator sinnvollerweise großen Spielraum lassen.

Der Auftrag des Dictators bezieht sich allein auf das *rem gerere*, also auf das Operieren mit den vorhandenen oder zu mobilisierenden Mitteln, er ist auf die Meisterung einer akuten Gefahr konzentriert, das heißt er hat nichts damit zu tun, Reformen durchzuführen oder das Gemeinwesen langfristig zu disziplinieren. Er darf auch nur so lange amtieren, bis die akute Notlage, deretwegen man ihn eingesetzt hat, behoben ist. Von einem nicht näher bestimmbaren Zeitpunkt – vielleicht von Anfang – an galt, daß er spätestens nach sechs Monaten abtreten mußte. Wenigstens in der Regel währte seine

Vollmacht nicht über das Amtsjahr dessen, der ihn ernannt hatte, hinaus.[11a]

Wird ein Dictator eingesetzt, so sind ihm alle anderen Magistrate unterstellt. Insofern ist dann die Einheit des Oberbefehls garantiert. Da er keine Collegen in der Amtsgewalt hat, kann gegen ihn die collegiale Intercession nicht eingelegt werden, die sonst zwischen allen römischen Magistraten galt: das Recht, Amtshandlungen des Collegen zu verbieten.

Aber auch andere Begrenzungen der Amtsgewalt galten für den Dictator – jedenfalls die längste Zeit über – nicht: das Vetorecht der Volkstribunen und die *provocatio*, das Recht jedes römischen Bürgers, gegen die »exzessive Ausübung der Coercitionsgewalt« des Magistrats an die Volksversammlung zu appellieren. Die römischen Magistrate hatten eine Zeitlang zur Durchsetzung ihres Willens Bürger töten und mit Ruten streichen lassen: dagegen wurde dann Berufung (*provocatio*) an die Volksversammlung gewährt.[12] Das Provocationsrecht war das wichtigste Freiheitsrecht des römischen Bürgers. Als man es im Jahre 300 legalisierte, hat man die Dictatur offenbar zunächst ausgenommen:[13] der Dictator sollte sich gegen jeden Bürger, notfalls mit Gewalt, durchsetzen können.

Das Vetorecht der Volkstribunen hingegen ist nie Gesetz geworden. Wenn es gegen den Dictator in der Regel nicht anwendbar war,[14] so weist dies – ob seine Anwendung nun versucht worden ist oder nicht – jedenfalls auf den hohen ausnahmeartigen Respekt, den dieeses Amt entsprechend seinem Auftrag genoß und – was komplementär dazu war – den seine Inhaber ihm immer wieder zu verschaffen wußten. So kräftig brauchte man die Dictatur. Das wußte der Adel; darauf ließ sich einmütig hinwirken; es war auch für breite Kreise evident. Daher kam eine Intercession, mindestens eine erfolgreiche, dagegen nicht in Frage. So besaß die Dictatur fast unbeschränkte, mächtige Kompetenzen, die ihre Inhaber im ganzen, mindestens solange das Amt in Blüte stand, offenbar nicht mißbraucht haben, nicht mißbrauchen konnten.

Es wirkt sich hier eine besondere Eigenart römischer Verfassung aus: die Rechte und Vollmachten römischer Verfassungsorgane – der Magistrate wie des Senats und der Volksversammlung – sind kaum definiert gewesen.[15] In ihnen läßt sich einerseits ein Regel- oder Routinebestand und andererseits ein sehr viel weiteres potentielles Handlungsvermögen und -mandat unterscheiden. In der Regel haben sie klar abgegrenzte Funktionen, die durch Übung, Beispiele, Präzedentien bestimmt sind. Aber indem diese Funktionen nur durch Gewohnheit entstanden, nicht durch rechtliche Eingrenzung definiert sind, können sie in besonderen Fällen weit darüber hinausgreifen; sie sollen es sogar, soweit das im Sinne dessen indiziert zu sein scheint, was man – von heute her – ihre Funktion nennen könnte. In diesem potentiellen Bereich wird ihnen entweder Freiheit zugebilligt, oder sie stoßen auf kräftigen Widerstand. Das hängt von den Umständen ab. Gegebenenfalls gibt es genügend Möglichkeiten, einem Mißbrauch wirksam entgegenzutreten, etwa durch Intercession, durch Senatsbeschlüsse, Mißfallenskundgebungen und so weiter. Man vertraute darauf, mit unangebrachten Eigenmächtigkeiten je gegenwärtig im Spiel der Kräfte fertigzuwerden. Voraussetzung dafür war eine bestimmte »Gegenwärtigkeit« der römischen Bürgerschaft, in der deren verschiedene Teile je nach ihrem spezifischen Gewicht mithalten konnten. Der Begriff ist gleich noch zu erläutern. Er impliziert eine Gegenwärtigkeit der Bürgerschaft auch in den Handelnden, das heißt eine besonders enge Wirklichkeitsverhaftung und Situationsbezogenheit alles Handelns. Dadurch war ein im ganzen bedingungsgemäßer Gebrauch der Vollmachten gegeben oder zu gewährleisten. Das gilt auch für die Dictatur. Der grundsätzlichen Weite ihres Spielraums muß im ganzen der bedingungsgemäße Gebrauch der Vollmachten korrespondiert haben. Insofern funktionierte sie wie andere Verfassungsorgane sinngemäß – solange die verschiedenen Regulative das gewährleisteten.

Äußeres Zeichen der umfassenden Amtsgewalt war, daß der Dictator nicht, wie die Consuln, mit zwölf, sondern mit vierundzwanzig Liktoren auftrat.

Die römische Dictatur ist also – um die Unterscheidung Carl Schmitts[16] aufzunehmen – kommissarisch, nicht souverän. Bestellungsform und Amtsgewalt sind der Notlage angemessen. So erlaubte dieses Institut dem Senat, elastisch auf schwierige Situationen zu reagieren. Die Dictatur war auf mehr oder weniger vorhersehbare Ausnahmesituationen berechnet.

Ihre große Zeit war die frühe Geschichte Roms bis zu den Samniten-Kriegen, als die Kriege in der Nähe der Stadt geführt wurden und die Zusammenfassung des Oberbefehls in einer Hand oft dringend geboten war. Im dritten Jahrhundert ist die Ernennung von *dictatores rei gerundae causa* schon selten gewesen, im zweiten Punischen Krieg ist sie nur noch zu Anfang vorgekommen. 216, nach der Schlacht bei Cannae, ist der letzte Dictator dieser Art eingesetzt worden. 211, als Hannibal *ante portas* war, hat man das Kommando bei den Consuln und den Stadtpraetoren belassen.[17] Die Dictatur wurde jetzt entweder nicht mehr gebraucht, oder ihre Nachteile waren im ganzen größer als ihre Vorteile geworden. Dies ist in verschiedener Weise auf das inzwischen erfolgte Wachstum des römischen Einflußbereiches zurückzuführen.

Angesichts der Mehrzahl und der Entfernung der Kriegsschauplätze war die Zusammenfassung des Oberbefehls in einer Hand nicht mehr sinnvoll, sie war überfordert und konnte nur zu Konflikten zwischen dem Dictator und den Befehlshabern am Orte führen. Unter antiken Nachrichtenverhältnissen ließen sich von einer fernen Zentrale nur generelle Richtlinien geben. Das aber konnte der Senat auch und sogar besser. So wuchs er zunehmend in die Funktion des obersten Leitungsorgans auch in der Kriegführung hinein. Die in ihm repräsentierte Gesamtheit des Adels hatte die Autorität und die Erfahrung, die dazu notwendig waren. Bestimme institutionalisierte Mechanismen gewährleisteten in der Regel eine rasche, klare Willensbildung. Die Auswahl der Oberbeamten konnte in schwierigen Situationen durch massive Wahlbeeinflussung sowie durch Verlängerung der Imperien bewährter Magistrate im senatorischen Sinn bestimmt werden. So wurde die Dictatur erübrigt. Ich meine also, daß nicht eine Einschränkung der dictatorischen Vollmachten (durch Unterwerfung des Dictators unter die Provocation) dem Amt seinen Sinn genommen hat. Übrigens können wir diese Einschränkung überhaupt nicht datieren, wir wissen nicht einmal, ob sie vor dem zweiten Punischen Krieg erfolgte.[18] Man hat das Auslaufen der Dictatur vielmehr von der Veränderung der gesamten Umstände her zu verstehen. Dabei sprach mit, daß die Vielfalt und die Entfernung der Kriegsschauplätze auch die Möglichkeiten der senatorischen Kontrolle über die Amtsführung des Dictators stark verminderten; die notwendige Bedingungsgemäßheit der Ausübung der dictatorischen Vollmachten wird dadurch bedroht gewesen sein. Daß man nach den ersten großen Niederlagen im zweiten Punischen Kriege gleichwohl Dictatoren ernannte, war durch die überraschend neuartige, für Rom bedrohliche Situation bedingt. Es bildete also eine Ausnahme, die die Regel bestätigt. Dabei erwies sich schon damals, daß die vorher stets behauptete umfassende, einheitliche Befehlsgewalt des Dictators nicht mehr zu halten war: Q. Fabius Maximus Cunctator mußte es sich gefallen lassen, daß sein *magister equitum* durch Volksbeschluß ihm gleichgestellt wurde.

In der späten Republik wurde die Dictatur noch einmal in völlig veränderter Form aufgenommen. Sulla ließ sich nach den Bürgerkriegen zum *dictator rei publicae constituendae et legibus scribundis* ernennen, auf Grund einer Volkswahl.[19] Die rechtlichen Fragen, die damit verbunden sind, sind hier nicht zu erörtern. Offenbar sollte sowohl seine Betrauung mit dictatorischen Vollmachten durch den Auftrag zur Neuordnung legitimiert wie die Neuordnung durch dictatorische Vollmachten erleichtert werden. Denn der Auftrag war ernst gemeint: es war eine kommissarische Dictatur. Schwer zu sagen ist, ob sie sich in der Gesetzgebung erschöpfen sollte oder ob Sulla nicht darüber hinaus langfristiger disziplinierend auf die Bürgerschaft einwirken wollte.

Der letzte Dictator ist dann – nach einem gescheiterten Anlauf des Pompeius[20] – Caesar gewesen. Das Amt wurde ihm zunächst auf ein Jahr, dann auf zehn Jahre, schließlich auf Lebenszeit verliehen; und zwar offenbar ohne Spezialauftrag. Es verlor damit seinen kommissarischen Charakter und ging über in den souveräner Gewalt.[21] Zu Grunde mag die Fiktion gelegen haben, daß der Notstand, der der leitenden Hand eines Einzelnen bedurfte, dauerhaft geworden war. Wenn dem so war, so hat es die Republikaner nicht überzeugt. Für sie bildete Caesars Monarchie den eigentlichen Notstand, so daß sie ihn ermordeten.

Insgesamt ergibt sich: die Dictatur diente in der Regel der vorübergehenden ausnahmsartigen Zusammenfassung von Vollmachten bei äußeren Gefahren. Die Macht des Dictators resultierte sowohl aus der unmittelbaren Not wie aus der Korrespondenz zwischen ihm und der römischen Gesellschaft (zumal dem Senat). Sie setzte also die Respektierung gewisser Grenzen durch ihn voraus, wobei soziale Mechanismen sichernd eingriffen. Die Dictatur gehörte insofern in Verhältnisse, die rechtlich eine beachtliche Elastizität des Handelns ermöglichten, und sei es – ausnahmsweise – in Ständekampfsituationen.

Es ist eine besondere Ironie, daß die Neuzeit dann ihre Diktatoren »Diktatoren« genannt hat: unter Verhältnissen, unter denen gerade das nicht mehr möglich war, was die altrömische Dictatur auszeichnete: eine in Gegenwärtigkeit wirksame Kontrolle der Gesellschaft, die ihrer selbst so sicher war, daß sie vorübergehend außerordentliche Vollmachten an einen Einzelnen verleihen konnte: weil sie wußte (und notfalls dafür sorgen konnte), daß der Dictator von seiner Vollmacht bedingungsgemäßen Gebrauch machte – und danach abtrat. Nebenbei gesagt, ist das kein Wunder, sondern bis in die Organisation von Macht und in die Institutionen hinein nachrechenbar. Man muß nur bedenken, daß wir es in Rom nicht mit einem liberalen Staat zu tun haben, der keine politische Gegenwärtigkeit kennt und deswegen eher vom Mißtrauen in die staatliche Gewalt ausgehen muß. Freilich hat schon Caesar den Charakter der Dictatur grundlegend verwandelt. Sie ist deswegen nach seinem Tod gesetzlich abgeschafft worden. Augustus hat sich geweigert, sie wieder aufzunehmen.

In der Neuzeit ist der Begriff erst zur Zeit der Französischen Revolution politisch reaktiviert worden.[22] Nachdem man sich im Zeitalter der Monarchien lange mit den griechischen Termini Despot und Tyrann beholfen hatte, wurde in der ersten französischen Republik gegen Robespierre der Vorwurf der Diktatur erhoben. Obwohl damals eine Diktatur im altrömischen Sinne nahegelegen hätte und von Marat schon gefordert worden war, faßten Robespierre und seine Gegner das Wort gleich im caesarischen Sinne auf. Später ist es in der sullanischen Variante ins Positive gewendet worden. Da der Auftrag des *constituere rem publicam* in den Dimensionen der Neuzeit und der Moderne sein Äquivalent im schwierigen Geschäft der Veränderung der Gesellschaft bis hin zum Neuen Jerusalem hat, ergibt sich hier die Möglichkeit, kommissarische und souveräne Diktatur auf Dauer zu identifizieren. Erziehungsdespotie kann es nicht, Erziehungsdiktatur sehr wohl geben, und entsprechend ist es wohl auch mit der Diktatur des Proletariats. Hier findet sich denn auch die »Verregelung« des Ernstfalls in den totalitären Staaten, die Rüdiger Altmann »Ernstfallstaaten« genannt hat.

c) *senatus consultum ultimum:*
Der Ernstfall in der späten Republik

In der späten Republik ergab sich eine ganz neue Problematik. Das begann im Jahre 133. Damals[23] fand man sich vor einer nicht vorhergesehenen ernsten Lage. Ti. Gracchus hatte ein von der Mehrheit des Senats nicht gutgeheißenes Ackergesetz eingebracht. Ein anderer Volkstribun, M. Octavius, legte sein Veto ein. Diese Intercession stand für Gracchus im Widerspruch zu den Pflichten eines Volkstribunen. Denn sie hinderte die *plebs* daran, einen schweren Mißstand, der zuletzt zu erheblichem Ärger geführt hatte, zu beseitigen. Wider alles Herkommen beantragte Gracchus deshalb die Absetzung des Collegen. Die Volksversammlung stimmte zu. Damit war nicht nur der Grundsatz, daß ein Magistrat nicht abgesetzt werden dürfe, verletzt, sondern auch die durchschlagende Kraft des Vetos relativiert. Der Senat war tief getroffen. Denn das Veto gehörte angesichts der Gesetzgebungskompetenz von Volkstribunen und *plebs* zu den wichtigsten Instrumenten seiner Macht.[24] Ti. Gracchus hatte zu befürchten, daß man ihn nach Ablauf seines Tribunals zur Rechenschaft zöge. Er wollte sich also wiederwählen lassen. Auch das verstieß gegen einen zentralen Grundsatz: kein Magistrat sollte länger als ein Jahr amtieren. Sonst drohten die Magistrate zu mächtig zu werden, und man konnte sie gegebenenfalls auch nicht so bald vor Gericht stellen.[24a]

Zum Zeitpunkt der Wahlen war ein großer Teil der Anhänger des Ti. Gracchus nach Hause zurückgekehrt. Die Gegner hatten Gefolgschaften nach Rom geholt. Die Grenzen des Erträglichen schienen ihnen erreicht zu sein. So beantragte der Consular P. Scipio Nasica im Senat, der Consul – es war ein bedeutender Jurist – solle gegen Gracchus einschreiten. Dieser lehnte ab: kein römischer Bürger dürfe ohne Gerichtsurteil getötet werden. Darauf handelte Nasica auf eigene Faust. Er rief – gemäß der bei plötzlicher Gefahr hergebrachten Formel der *evocatio*[25] – diejenigen, die das Wohl des Gemeinwesens wollten, auf, ihm zu folgen. Die meisten der Senatoren schlossen sich an. Man bewaffnete sich auf dem Weg mit Stöcken und Stuhlbeinen, zahlreiche Gefolgsleute stießen dazu, Ti. Gracchus wurde mitsamt einer größeren Zahl von Anhängern umgebracht. Anschließend wurden weitere Anhänger verbannt oder getötet.

Die gewaltsame Aktion der Senatoren wurde vor dem Volk heftig attackiert. Der Senat sandte Nasica auf eine Gesandtschaftsreise nach Asien, um den eigentlichen Stein des Anstoßes zu entfernen. Aber die Aktion selbst hat man geschlossen verteidigt, selbst der Consul hat nachträglich erklärt, Ti. Gracchus sei *iure optimo* getötet worden.[26] Danach hat man sich überlegt, was in vergleichbaren, nun nicht mehr unvorhersehbaren Fällen zu tun sei.

Eine Wiederaufnahme der Dictatur kam offenbar nicht in Frage. Die Einsetzung eines eigenen Magistrats für eine einmalige Aktion konnte kaum indiziert sein. Sie hätte unter den damaligen Umständen die Gefahr einer Verselbständigung des Auftrags in sich geschlossen.[27] Vielmehr fand man ein neues Mittel, das sogenannte *senatus consultum ultimum*, den berühmten »letzten Senatsbeschluß«, dessen Grundformel – in der ciceronischen Fassung – lautet: *videant consules, ne quid detrimenti res publica capiat.* (Die Consuln sollen zusehen, daß das Gemeinwesen keinen Schaden nehme.) Der Ausdruck *senatus consultum ultimum* ist nicht technisch, Caesar benutzt ihn gelegentlich, um die Sache zu beschreiben. Heute ist er der übliche.[28] Dieser Beschluß wurde im Jahre 121 erstmals gefaßt, gegen C. Gracchus.[29]

Die Formel des *videant consules* impliziert die Gefahr einer schweren Schädigung des Gemeinwesens. Angesichts dessen vertraut sie dieses dem Consul in einem besonders intensiven Sinne an.[30] Nach dem Willen derer, die sie erdacht und zuerst angewandt haben, ist damit die Aufforderung verbunden, alle geeigneten Mittel zu gebrauchen, das heißt: notfalls auch unter Mißachtung des Provocations-Rechts gewaltsam gegen jeden, von dem Gefahr ausgeht, vorzugehen: »Hier wird also nicht mehr nach rechtlichen Rücksichten gefragt, sondern nur nach dem im konkreten Fall geeigneten Mittel zu einem konkreten Erfolg.«[31] Die Einzelheiten müssen beiseite bleiben. Manches wird auch in den Quellen nicht deutlich genug. Klar ist die Verantwortung des Consuls: der Beschluß und die Ausführung lagen also bei verschiedenen Instanzen. In der Regel wird sich der Consul freilich mit den führenden Senatoren über die zu ergreifenden Maßnahmen verständigt haben. Aber der Senatsbeschluß legte ihn nicht genau fest. Wesentlich daran war nur der alarmierende Aufruf, der eine potentiell unbegrenzte Bevollmächtigung implizierte. Daß sie sich nur auf den aktuellen, zumeist rasch zu erledigenden Fall bezog, wird sich von selbst verstanden haben. Sie ist zeitlich, soweit wir sehen, weder von vornherein begrenzt gewesen, noch ist je ihre faktische Beendigung förmlich deklariert worden. Mit der Beseitigung der Gefahr war sie gegenstandslos.

Der Beschluß des *senatus consultum ultimum* samt der ihm notwendig vorausgehenden Entschlossenheit war so machtvoll und respektgebietend, daß dagegen das tribunizische Veto nicht eingelegt werden konnte.[32]

Von dieser Bevollmächtigung haben die Consuln je nach der Situation sehr verschiedenen Gebrauch gemacht. Gleich das erste Mal hat man in einer großangelegten Polizeiaktion, unter anderem mit Hilfe einer Söldnertruppe, zirka zweihundertfünfzig Anhänger des Gracchus auf der Straße getötet, bis zu dreitausend sollen dann noch im Gefängnis umgebracht worden sein, zumeist ohne jedes gerichtliche Verfahren.[33] Auch die zweite Anwendung, im Jahre 100, erfolgte gegen den Urheber eines großen Gesetzgebungswerks, C. Saturninus. Dieser aber ergab sich samt seinen Anhängern, als der Consul mit einer rasch aufgebotenen Streitmacht gegen ihn anrückte. Sie wurden im Senatsgebäude in Gewahrsam genommen. Daraufhin fand sich eine Gruppe junger Männer ein, die die Curie aufbrachen und alle Gefangenen ermordeten.[34] Die Wahrscheinlichkeit spricht dafür, daß sie das auf Geheiß führender Senatoren taten. Der Endeffekt war also der gleiche wie 121: der Gesetzgeber und seine Anhänger waren getötet; wenn auch in diesem Fall nicht im Rahmen einer Aktion des umfassend bevollmächtigten Consuls, sondern in einem privaten Handstreich (der übrigens ungeahndet blieb).

In beiden Fällen hatten die Reformer sich bewaffnet und hatten Plätze in Rom besetzt. Sie hatten sich also eine *seditio*, einen Aufruhr, zuschulden kommen lassen. Das war der unmittelbare Anlaß zum *senatus consultum ultimum*. Später sind einige eher präventive *senatus consulta ultima* gefaßt worden, damit man drohenden, aber noch nicht akuten Gefahren rechtzeitig begegnen könne, so zum Beispiel gegen die Catilinarische Verschwörung.[35]

Jeder Fall lag anders. Die Erklärung des Ernstfalls durch das *senatus consultum ultimum* war geeignet, auf verschiedene Anforderungen hin die Kräfte zu massieren, die notwendig waren, um die Situation vom Senat her unter Kontrolle zu bringen – bis es wirklich ernst wurde: da ließ sich der Ernstfall nicht mehr erklären. Doch dazu gleich.

Es ist nun einerseits nach Sinn und Funktion, andererseits nach der rechtlichen Grundlage des »äußersten Senatsbeschlusses« zu fragen. Um das letzte zuerst vorzunehmen: durfte der Magistrat im Notfall das Provocations-Recht mißachten und Bürger ohne Gerichtsurteil töten? War dieses Vorgehen recht- oder, wie man zumeist fragt, »verfassungsmäßig«? War das *senatus consultum ultimum* eine Verfassungsinstitution?

Das eigentliche Problem bei dieser Frage liegt in der Schwierigkeit, zu bestimmen, was in Rom »verfassungsmäßig« heißen kann.[36] Wenn wir mit unseren modernen Vorstellungen und Einteilungen (etwa Verfassung, politische Machtverhältnisse und soziale Ordnung) an die römische *res publica* herangehen, haben wir den ersten Fehler schon gemacht, ist die falsche Antwort schon vorprogrammiert. Freilich gab es in Rom eine rechtliche Ordnung des Gemeinwesens, ein Äquivalent unserer Verfassung. Aber es war ganz anders geschnitten, zusammengesetzt und konstituiert, weit weniger normativ und klar umrissen als das, was wir uns unter »Verfassung« vorstellen.

Die römische Ordnung war dadurch bestimmt, daß sie gewachsen war. Das bedeutet: es hatte in der Geschichte der Republik keinen Bruch der grundlegenden, alle Schichten übergreifenden Homogenität des Wissens über rechte Ordnung gegeben. Anders gesagt: die mittleren und unteren Schichten waren nie so weit vom allgemeinen Consensus abgespalten worden, daß sie es ermöglicht hätten, aus einer gewissen Distanz zum Gegebenen eine normative Ordnung zu konzipieren und aufzubauen, mithin – um es in unseren Worten zu sagen – eine institutionelle Ordnung politischen Zusammenlebens gegen die gesellschaftliche zu setzen. (Denn darin bestand das Problem für mittlere und untere Schichten, die sich am Regiment beteiligen wollten, in einer nicht vom Wirtschaftlichen her bestimmten, von daher höchstens zu modifizierenden Gesellschaftsordnung.[37]) Die römische *plebs* hat sich in den Ständekämpfen lediglich die Waffen geschaffen, um sich innerhalb der überkommenen und grundsätzlich auch von ihr anerkannten, aristokratisch geprägten Ordnung besser zur Geltung zu bringen.

Damit ist vermacht, daß in der römischen Verfassung ein grundlegendes *Vertrauen* bestimmend blieb.[38] Das Mißtrauen gegen die führenden Instanzen und ihre Macht reichte nur so weit, daß Mittel geschaffen wurden, um notfalls gegen sie die Dinge im Lot halten zu können. Im Besitz dieser Mittel hatten die verschiedenen Teile der Bürgerschaft gleichsam das Selbstvertrauen, auf der Basis des Gegebenen mit allen Problemen der Macht fertigzuwerden. Dabei trat ermöglichend der Faktor der *Gegenwärtigkeit*[39] hinzu. Bei den Griechen war sie nur gegen den Adel, also in Demokratien dauerhaft zu gewährleisten. In Rom ließ sie sich innerhalb der aristokratischen Ordnung herstellen. Das bedeutete räumlich: die Macht der verschiedenen Kräfte, einschließlich der breiten Schichten konnte notfalls ganz konkret und direkt anwesend gemacht werden; unter dem Schirm dieser Möglichkeit wirkte sie sich mittelbar durch die Volkstribunen aus. Korrespondierend dazu war eine zeitliche Komponente: man legte die Ordnung nicht für die Zukunft fest, sicherte bestenfalls einige Elemente in ihr, überließ sie aber im ganzen der jeweiligen Gegenwart. Dem entsprach drittens eine psychologische Komponente: die weitgehende Gegenwärtigkeit der Gesellschaft im Innern der Handelnden, die relativ starke »Tuchfühlung« aller mit allen. Um es pointiert zu sagen: rechtmäßige Ordnung in

Rom war die tatsächliche Ordnung abzüglich dessen, was daran als gefährlich oder mißbräuchlich bekämpft wurde.

Voraussetzung dafür war eine verhältnismäßig große Kontinuität (und eine Gravitation der Wahrnehmung, die das Moment der Kontinuität noch stärker empfand, als es war). Das äußerte sich in einem weitgehenden Sich-Gleichbleiben der grundlegenden Machtverhältnisse im Gemeinwesen (ja sogar der Familien, die es regierten), in einer weitgehenden und dauerhaften Übereinstimmung über die rechte Ordnung und fast alle ihre Elemente, folglich in einer Eindeutigkeit des Urteils darüber (und der gesellschaftlichen Sanktionen gegen Übertreter), sowie in einer Hierarchie, die dieses Urteil an bestimmten Stellen zentriert sein ließ. Im Wesentlichen bestimmte das zentrale Regierungsorgan, der Senat, zugleich die Urteile der römischen Gesellschaft darüber, was der rechten Ordnung entsprach. Alle gesellschaftlichen Wandlungen haben daran nichts geändert (kurz gesagt, weil eben das Verhältnis zwischen Gesellschaft und Politik ganz anders war, als wir es aus der Neuzeit kennen).

Bei einer solchen Ordnung war das Recht – mit Wieacker[40] zu sprechen – viel mehr »seiende Wirklichkeit« als »überwirkliches Sollen«. Das heißt: zwischen Recht und Macht wurde grundsätzlich kaum geschieden. Es konnte Mißbrauch der Macht geben oder zu große Macht in der Hand Einzelner; das wurde bekämpft. Aber in den meisten Formen hatte die Macht die Vermutung der Rechtmäßigkeit für sich.

In diesem Zusammenhang konnten die Ergebnisse von Machtkämpfen zu Präzedentien (*exempla*) werden. Erschienen sie dem Senat als gefährlich, so konnte er sie in der Regel erfolgreich bekämpfen: es gab eine ganze Politik der *exempla*-Hegung.[41]

Dem grundlegenden Vertrauen entsprach es aber auch, daß die Kompetenzen der verschiedenen Verfassungsorgane nicht eingegrenzt (daß bestenfalls gewisse Dinge aus ihnen ausgegrenzt)[42] waren. Es gab, wie erwähnt, einerseits einen Regelbestand an Kompetenzen, andererseits ein darum herumliegendes Ausnahmepotential, das heißt ein relativ weites Handlungsvermögen und -mandat,[43] dessen bedingungsgemäßer Gebrauch im ganzen von der Gesellschaft gewährleistet werden konnte. Regulativ dafür müssen gewisse Grundsätze gewesen sein, die mit dem »Sinn« der Institutionen, dem ihnen zugrunde liegenden, impliziten »Auftrag« gegeben waren. Dabei garantierten die vielfältigen Überschneidungen zwischen den verschiedenen Organen, insbesondere das Veto-Recht der Volkstribunen im ganzen, daß jedem Mißbrauch je gegenwärtig begegnet werden konnte. Die Weite einer Vollmacht war also je eine Frage der Umstände. Was in der einen Situation unmöglich war, konnte in einer anderen geboten sein. In die Umstände ging jeweils das Urteil der römischen Gesellschaft, und zwar ihrer verschiedenen Teile, ein. Letzte Entscheidungsinstanz war in der klassischen Republik der Senat; die Willensbildung in ihm wurde durch Regeln bestimmt, die der Mehrheit eine Rücksichtnahme auf die Urteils- und Machtverhältnisse zum jeweiligen Thema nahelegten.[44]

Sofern wir ein irgendwie geartetes Ganzes als römische »Verfassung« ansehen wollen, kommt also nur ein Konglomerat von Institutionen verschiedener Herkunft und verschiedenen Geltungsgrundes auf der Basis eines einigermaßen stabilen und in sich ausgewogenen Gefüges tatsächlicher politisch-gesellschaftlicher Bedingungen in Frage. Eine Scheidung von »rechtlich« und »sozial« ist unsinnig, weil ein wesentlicher Teil der sozialen Ordnung als rechtmäßig galt und unmittelbar in den Institutionen enthalten war. Ein sehr umfassender Verfassungsbegriff ist also der einzige, der der komplexen, breiten Verwurzelung der römischen Ordnung gerecht wird. Zu einer solchen Ordnung gehört es, daß ihre Institutionen und Regeln nicht – wie bei gestifteten Verfassungen – alle den gleichen Geltungsgrad haben. Es gibt vielmehr verschiedene Grade der Geltung, die teilweise, aber keineswegs unbedingt eine Funktion der Verschiedenheit der Geltungsgründe sind. Es läßt sich eine einigermaßen sinnvolle Differenzierung treffen, wenn man einen Kern und eine Peripherie von gleichsam abnehmender Verdichtung unterscheidet. Irgendwo muß dann die Grenze verlaufen zwischen den rechtmäßigen Teilen der »sozialen« Ordnung und denen, die jenseits liegen. Über all das lassen sich nur ungefähre Angaben machen; die Lagerung der Institutionen zwischen Kern und Peripherie ist auch nicht zu jeder Zeit die gleiche gewesen. Entsprechend muß es auch nicht unbedingt immer ein einmütiges Urteil der römischen Gesellschaft über die Gültigkeit all der Institutionen gegeben haben, die dieser Verfassung insgesamt angehörten. Die Frage nach der Verfassungsmäßigkeit einer Institution ist also nicht einfach mit Ja oder Nein, sondern nur differenziert in Hinsicht auf dieses Ganze zu stellen.

In der späten Republik[45] geriet die überkommene Ordnung Roms in ihre Krise. Tiefe Gegensätze entstanden, der Senat fungierte verschiedentlich als Partei. Er konnte in vielen Fällen die Überlegenheit seines Urteils sowie die Rolle als letzte Entscheidungsinstanz nicht mehr behaupten. Angesichts der inzwischen erreichten Größe der Bürgerschaft hatte die regulierende Kraft ihrer Gegenwärtigkeit nachgelassen. In der Härte des Kampfes wurden immer mehr Rechte ohne Rücksicht auf ihren vorausgesetzten Sinn gebraucht, also verabsolutiert. Das Ausmaß der Übereinstimmung innerhalb der Bürgerschaft, die Geschlossenheit des Urteils über politisches Handeln und die Prägung der Bedingungen der Wahrnehmung von Kompetenzen litten darunter. Künftig war mehr in Rom strittig, konnten die potentiellen Widersprüche zwischen den verschiedenen Kompetenzen nicht mehr so glatt innerhalb der jeweiligen Gegenwärtigkeit ausgeglichen werden. Das beharrliche Veto des Octavius gegen das Ackergesetz des Ti. Gracchus ist nur so denkbar.[46]

Allein, in dieser Krise wurde die Ordnung im ganzen nicht strittig. Es herrschte weiterhin Übereinstimmung darüber, daß sie recht war, von Einzelheiten abgesehen.[47] Das mangelnde Funktionieren und die zunehmenden Widersprüche in ihr machten nur ratlos, setzten keine Überlegungen in Richtung auf eine andere Ordnung frei. So blieb man auch prinzipiell dabei, daß der Senat das zentrale Regierungsorgan war und die Verantwortung für die *res publica* hatte. Das galt unbeschadet der Tatsache, daß er – wo künftig eine Konkurrenz zwischen ihm und der Volksversammlung entstand – unterlegen war.

Was ergibt sich nun, angesichts dieser Verfassung, für die Rechtmäßigkeit des *senatus consultum ultimum*? Die Frage muß sowohl auf den Beschluß wie auf seine Ausführung zielen. Denn obwohl die Magistrate für ihre Taten selbst verantwortlich waren, waren die Senatsbeschlüsse praktisch bindend,[48] zumal in Notlagen, in denen es ernst und in denen auch das tribunizische Veto gegen sie ausgeschlossen war. Insofern war mindestens der Rahmen für die Ausführung vom Senat abgesteckt.

Das Recht, ja die Pflicht des Senats, im Notfall Vorkehrungen zum Schutze der *res publica* zu treffen, lag fraglos in seinem Aufgabenbereich, es gehörte zu jenem Potential, das den Regelbestand seiner Vollmachten umgab. Dieses Recht ist, soweit wir sehen, auch nie bestritten worden. Eine andere Frage war, wieweit es in der einzelnen Situation angebracht war, von ihm Gebrauch zu machen.[49] Aber das eigentliche Problem lag nicht so sehr im Beschluß selbst wie im Modus seiner Ausführung, das heißt in der Behauptung, daß der Magistrat eben notfalls trotz des Provocations-Rechts römische Bürger ohne Gerichtsurteil töten dürfe. Konnte auch dieses Recht von den Umständen abhängen? Bestand sein Sinn nicht gerade darin, Leben und Unverletzlichkeit des Bürgers unter allen Umständen zu sichern? Hier ist ernsthafte, heftige Kritik geübt worden. Der Consul L. Opimius, der das erste *senatus consultum ultimum* so grausam ausführte, wurde vor dem Volksgericht angeklagt. »Nicht einmal den schlimmsten Verbrecher unter den Bürgern ohne Gerichtsverfahren zu töten, hattest du auch nur das geringste Recht«, soll ihm der Ankläger vorgeworfen haben. Diese Vorwürfe kehrten vermutlich immer wieder.[50]

Gegen sie ist von seiten des Senats eingewandt worden, daß man einen, der nach dem *regnum*, der verfemten Königswürde strebe, umbringen müsse. Das galt auch für seine Anhänger. Es soll – unserer Überlieferung nach – der Inhalt eines alten, zu Beginn der Republik der Bürgerschaft abgenommenen Eides gewesen sein.[51] Wann diese Überlieferung entstand, ist nicht bekannt. Später hat Cicero behauptet, wer das Gemeinwohl so offensichtlich angreife, sei ein Feind (*hostis*), habe also sein Bürgerrecht verwirkt. Daher könne ihn das Provocationsrecht nicht schützen.[52] Dieses Argument gehörte in die Rhetorik. Wer sollte denn darüber zu befinden haben? Wohl gab es seit 88 gelegentlich *hostis*-Erklärungen. Aber die betrafen Männer außerhalb Roms, von denen nach dem Urteil des Senats eine militärische Bedrohung ausging.[53] Sie gehörten mit dem *senatus consultum ultimum* nicht zusammen, wenn sie ihm auch nachfolgen mochten.

Die *hostis*-Argumentation verstellt also die wahre Lage. Sie resultiert wohl auch erst aus der besonderen Unsicherheit Ciceros und des Senats im Jahre 63.[54] Im ganzen lag dem Bruch des Provocationsrechts offensichtlich die Auffassung zu Grunde, daß es im höheren Interesse der Verteidigung des Gemeinwesens geboten sein konnte, in der Notwehr auch unter Mißachtung des Provocationsrechts gegen die, von denen Gefahr ausging, vorzugehen. Worin die Gefahr bestand, brauchte nicht definiert zu werden; ob sie bestand, entschied der Senat.[55]

Daß einige Politiker die Hintansetzung des Provocationsrechts grundsätzlich bestritten, hat nicht viel vermocht: diese Meinung blieb im ganzen wirkungslos. Verbreiteter muß der Zweifel daran gewesen sein, ob das Ausmaß der Gewalttätigkeit in einzelnen Fällen wirklich notwendig war. Wie weit man damit kam, war eine Frage der Situation: es hing von den Machtverhältnissen ab. Im ganzen ist die Ausübung von Gewalt auf Grund des *senatus consultum ultimum* erfolgreich verteidigt worden, auch vor dem Volksgericht (denn Opimius wurde freigesprochen). Das hing damit zusammen, daß die »äußersten Senatsbeschlüsse« das Einverständnis mindestens der wohlhabenden Schichten in Rom gehabt haben müssen. Anders hätten sie auch kaum praktiziert werden können. Denn der Consul war für die Exekution des Beschlusses in der Regel auf die Zustimmung breiter Schichten angewiesen. Er hatte keine Polizeitruppe und mit einer Ausnahme auch keine Militäreinheiten zur Hand. Wohl konnten die Senatoren auf eigene Gefolgsleute zurückgreifen. Aber damit hätten sie sich kaum erfolgreich gegen den Widerstand der übrigen Gesellschaft durchgesetzt. Es ist auch bezeugt, daß die oberste Schicht nach dem Senat, die Ritter, den Aufrufen des Consuls zu bewaffnetem Einschreiten mehrfach Folge leisteten. Übrigens hatte der Senat ihnen mindestens in einem Falle vorher Zugeständnisse gemacht.[56]

Es zeigt sich also: das *senatus consultum ultimum* wird durchaus erfolgreich beansprucht, praktiziert und verteidigt. Es gründete in der Verantwortung des Senats für die *res publica*. Es ist durch die Macht von Senat und Rittern gedeckt. So wurde es zu einem etablierten Teil der römischen Staatspraxis. Insofern ist es – mit allen Einschränkungen, die eben gemacht wurden – im römischen Verständnis des Wortes grundsätzlich rechtmäßig, es ist sogar eine besonders zentrale Verfassungsinstitution, und zwar unter den Umständen der späten Republik; als *ultima ratio* des Senats war es eine wesentliche Voraussetzung der Behauptung seiner Macht. Dazu brauchte es weder von allen anerkannt zu sein noch sich widerspruchsfrei mit allen anderen Teilen der Staatspraxis zu vertragen. Man brauchte es auch nicht legalisieren zu lassen, ja man konnte dies nicht einmal: wie sollte das aussehen? Etwa indem man gesetzlich Ausnahmen von der absoluten Geltung des Provocationsrechts vorsah? Auch wäre es ganz unklar gewesen, ob sich ein solches Gesetz würde durchsetzen lassen. Der Senat konnte es nicht wollen, denn schon der Antrag hätte das Zugeständnis impliziert, daß der Bruch des Provocationsrechts ohne ein solches Gesetz im Notfall nicht erlaubt wäre. Und die Gegner des Senats mußten sich hüten, ihm, respective den Magistraten ein solches Recht zuzugestehen.

Vermutlich hat man nicht gewußt, daß der Ausnahmezustand nicht normierbar war, sondern ist gar nicht erst auf die Idee gekommen, daß er es sein könnte. Die Zuständigkeiten waren klar. Sie lagen im wesentlichen bei der legitimen, allgemein anerkannten Führungsinstanz. So verschieden man über die Brutalität des Zuschlagens denken mochte, es war nicht zu sehen, wie man sie grundsätzlich hätte verhindern wollen. Zur Not gab es allerdings die Möglichkeit, den Consul vor Gericht zu ziehen. Allein, wenn man die Führung des Senats und die überkommene Ordnung wollte, konnte man die Mittel, die der Senat notfalls dafür einsetzte, nicht beschneiden. Das eine war nicht ohne das andere zu haben. Die Einbettung des Senats in die Gesellschaft (die sich für uns im Fehlen von Polizei,[57] Streitkräften und stehendem Heer manifestiert) bedingte dabei eine verminderte Reichweite des Ausnahmezustands: weder konnte er gegen den Willen der maßgebenden Schichten erklärt noch konnte er dazu genutzt werden, um neue politische Positionen aufzubauen. Es ging im wesentlichen nur um die Bekämpfung akuter Gefahren und die Wiederherstellung der rechtmäßigen Ordnung, rechtmäßig jedenfalls nach dem Urteil breitester Kreise, denen kein irgend wirksamer Zweifel entgegenstand.

Freilich ergibt sich für uns hier eine Schwierigkeit: gehören zur Verteidigung einer rechtmäßigen Ordnung nicht auch Angreifer auf diese? Und wenn es sich dabei um große, erfolgreiche Gesetzgeber handelt, wie kann deren Urteil gleichgültig sein? Die Antwort darauf klingt paradox: die römische Ordnung wurde in der späten Republik grundsätzlich verteidigt, ohne daß sie grundsätzlich angegriffen worden wäre. Zu diesem Schluß kommt man jedenfalls, wenn man nach der konkreten Grundsituation fragt, aus der heraus der Senat seinen äußersten Beschluß anwandte. Es stellt sich also die Frage nach dessen konkretem Sinn. Dieser war zwar in allen Einzelfällen verschieden, aber es lassen sich gleichwohl gewisse allgemeine Aussagen darüber machen. Dabei ist vorweg festzustellen, daß das *senatus consultum ultimum* mit der Zeit entwertet wurde. Das äußert sich in der Häufigkeit seiner Anwendung, in der relativen Geringfügigkeit der Anlässe und der verminderten Härte und Durchschlagskraft seiner Ausführung.[58] Im folgenden geht es vor allem um die Zeit vor Caesars Bürgerkrieg.

Im Vordergrund stand die Bekämpfung der akuten oder befürchteten *seditio*.[59] Dahinter lag vermutlich das Bestreben, Politiker zu beseitigen, die sich in wichtigen Fragen gegen den Senat mit Hilfe der Volksversammlung durchgesetzt, also die Konzentration der Willensbildung im Senat erheblich beeinträchtigt und große Macht erworben hatten. Schließlich ging es ganz allgemein darum, durch Statuierung von Exempeln die Überlegenheit des Senats nach Niederlagen und Schwächeperioden gewaltig zu demonstrieren.

Diese Zielsetzungen ergaben sich aus der Situation des Hauses im Gegensatzfeld der späten Republik. Bestimmend war dafür eine eigenartige Diskrepanz zwischen Stärke und Schwäche.

Angesichts zahlreicher wirtschaftlicher, sozialer und militärischer Mißstände konnten ambitionierte Politiker verschiedentlich Kräfte mobilisieren, um große Gesetzgebungsprogramme gegen den Senat durchzusetzen. Die Volksversammlung ließ sich von mächtigen Minderheiten majorisieren (zumal sehr viele Bürger wegen der Entfernung von Rom nicht daran teilnahmen).[60] Entschlossenheit, Druck und unter Umständen Gewalt nahmen den bewährten Abwehrmitteln ihre Wirkung.[61] Wenn der sachliche Gehalt der derart ratifizierten Gesetze aus verschiedenen Gründen für den Senat schon schlimm genug war, so war es vollends schwer erträglich, daß die Methode und der Machtgewinn ihrer Initiatoren die Kontrolle des Hohen Hauses über das Gemeinwesen erschwerten und zum Teil durchbrachen. Damit war für den Senat der zentrale Nerv der gesamten *res publica* getroffen.

Die Schwäche des Senats[62] machte sich aber auch bei kleineren Gesetzesvorhaben und in der täglichen Politik stets von neuem empfindlich bemerkbar. Er erlitt eine ganze Reihe von Niederlagen. Nicht zuletzt war er wehrlos gegenüber zahlreichen Mißständen, innerhalb wie außerhalb der senatorischen Schicht, in Politik, Verwaltung, Gerichtswesen, in der politischen Kultur, im Militärwesen und anderswo. Darauf aber konnte sich die Senatsmehrheit nicht dauerhaft einstellen. Man mochte sich zwar immer wieder in Routine verlieren und dies und das hinzunehmen, vor dem und jenem zu resignieren lernen. Allein, der aus der Tradition des Hauses und der Republik resultierende Anspruch mußte gleichwohl immer wieder fühlbar durchbrechen: daß der Senat für das Gemeinwesen aufzukommen, das heißt, daß er – zusammen mit den Magistraten – durch sein Denken und Handeln jede Schwierigkeit zu meistern hatte. Das hatte er in einer an ungeheuren Erfolgen reichen Geschichte immer gekonnt; und die Gravitationen der Wahrnehmung mußten dahin tendieren, dieses Können als noch größer erscheinen zu lassen, als es gewesen war. Ein solcher Anspruch lag den Erben dieser Tradition, die im Kern zugleich die Erben der alten Senatoren waren, im Blut. Das gab den Anwälten einer entschiedenen Senatspolitik großes Gewicht. Es war schlechterdings nicht einzusehen, warum die Probleme ihrer Zeit sich ihrem Denken und Handeln nicht mehr fügen sollten. Sie hatten weder das Täuschungspotential der Utopie noch das Hoffnungspotential, das von den Wirkungen oder Nachwirkungen des Fortschrittsbegriffs gespeist wird.[63] Sie genossen auch nicht die Unschuld bloßer Funktionäre. So mußten sie ihre Aufgabe letztlich bitter ernst nehmen. Sie konnten sich – bei aller Neigung zur Resignation – nie ganz mit der Schwäche des Hauses abfinden. Die Erfahrung des Versagens mußte stets neu unter ihnen virulent werden.

Bedingung der Möglichkeit dafür war, daß die senatorische Tradition unerschüttert blieb; daß der Senat in seinem Regiment nicht wirklich angefochten wurde; daß er der Richtigkeit seines Regimes sicher bleiben konnte (und nicht etwa der Notwendigkeit stets neuer Erwartungsrevisionen unterlag). Hier kam die andere Seite der eigenartigen politischen Konstellation ins Spiel: die vielen Notstände und Probleme führten nicht zu einem dauerhaften Zusammenschluß von Teilen der Gesellschaft gegen Senat und alte Ordnung. Vielmehr blieben diese in allem Wesentlichen unbezweifelt. Es herrschte – abgekürzt gesagt – Zufriedenheit aller auch nur potentiell Mächtigen und Machtlosigkeit aller Unzufriedenen. Dank der materiellen Möglichkeiten des weltweiten Herrschaftsbereichs sowie der formalen, sich auch gegen den Senat mit Hilfe der Volksversammlung durchzusetzen, konnten zahlreiche Forderungen befriedigt werden, ohne daß sich daraus stärkere Unzufriedenheit hätte zusammenbrauen lassen. So fehlte bei allen schweren, zum Teil blutigen Auseinandersetzungen die Alternative zum Bestehenden.[64]

Wenn die heftigen Gegensätze sich aber nicht inhaltlich auf die bestehende Ordnung erstreckten, so taten sie es in ihren indirekten Auswirkungen: in der Aufweichung des senatorischen Monopols auf die wichtigsten Entscheidungen, im Verschleiß der verfassungsmäßigen Abwehrmittel, im Anwachsen der Spielräume des Handelns, in der allmählichen Desintegration der Macht. Zuletzt konnte Pompeius Schritt für Schritt eine starke Position neben dem Senat aufbauen. Er hatte es nicht gewollt, aber indem der Senat ihn im Namen der bestehenden Ordnung bekämpfte, drängte er ihn dazu, sich gegen diese zu behaupten.[65] Doch auch dann wurde kein wesentlicher Bestandteil dieser Ordnung in Frage gestellt, auch Pompeius blieb ganz auf sie bezogen.

Roms Verfassung wurde also nicht angegriffen und gleichwohl allmählich immer weiter geschwächt. Das geschah im Handlungskonnex des Prozesses.[66] Das heißt: unendlich viele Impulse aus verschiedensten Handlungen, und zwar durchweg nicht gewollte und nicht bewußte Nebenfolgen, summierten sich zu machtvollen Wirkungen. Die Konstellationen, unter denen damals Interessen verfolgt wurden, waren derart, daß das daraus resultierende Geschehen sich der überkommenen Ordnung nicht einfügte, diese zunehmend versagen ließ, störte und auf die Dauer regelrecht aufweichte. Eben die, die für die Erhaltung der alten Ordnung waren – Senatoren, Ritter wie alle übrigen –, fügten ihr durch die Nebenfolgen ihres Handelns in der Summe großen Schaden zu. Der Senat selbst tat es, und zwar gerade dadurch, daß er sie verteidigte. Denn er sah in der beschränkten inhaltlichen Problematik vieler politischer Initiativen immer wieder das Bedrohliche für die allgemeinen Machtverhältnisse, für sein Regime als das Kernstück der *res publica*. Vermutlich mußte das so sein. Das hatte aber zur Folge, daß er das Thema ständig grundsätzlicher nahm und die Gegner immer wieder dazu brachte, Regeln zu übertreten oder Macht gegen ihn aufzubauen. Indem er die Verfassung verteidigte, machte er seine Gegner zu Angreifern darauf. Diese prozessualen Zusammenhänge ließen sich damals nicht analysieren (und verstehen lassen sie sich ja auch heute noch schwer genug), aber ihre Auswirkungen waren allenthalben für den Senat zu greifen.

Sie indizierten, daß die politische Kapazität[67] der römischen Republik zu gering war, um die Konstellationen selbst, aus denen mit solcher Veränderungswirkung gehandelt wurde, zum Gegenstand von Politik zu machen. Es konnte, formal gesprochen, nicht genügend Macht an einer Stelle versammelt werden, um Institutionen einzuführen, die es erlaubt hätten, die Gesamtheit der Handlungen und Prozesse innerhalb dieses Systems wieder in eine stabile Ordnung einzufangen.

So kam es zu jenem virulenten Widerspruch aus Stärke und Schwäche des Senats. Dieser hatte nach allgemeinem Urteil die Verantwortung für die *res publica*, aber er war vielfach zu schwach, um sie wahrzunehmen. Die Senatoren konnten weder ihre Anhänger regelmäßig mobilisieren noch konnten sie alle diejenigen, denen grundsätzlich am Senatsregime lag, und das waren weiteste Teile der Bürgerschaft, auch nur in beachtlichem Umfange regelmäßig aufbieten. Man gruppierte sich ja jeweils nach den zur Verhandlung stehenden einzelnen Fragen; auch die Senatoren taten das.

Dies wurde anders, wenn sich Gelegenheiten ergaben, bei denen alle

Kräfte massiert für den Senat einzusetzen waren, das heißt in den relativ seltenen Situationen, in denen es wirklich ernst zu werden schien. Dann veränderte sich die Parteiung. Das wurde natürlich taktisch geschickt vorbereitet. Es wurden auch eigene Gefolgschaften der Senatoren alarmiert. Allein, indem man evident machen konnte, daß es um die Ordnung der *res publica* ging, ließen sich zugleich die Ritter und andere dazu bewegen, sich aktiv auf der Seite des Senats einzusetzen. Viele also, die in der Verfolgung ihrer eigenen Ansprüche ständig Dinge taten, deren Nebenwirkungen sich zu dem Prozeß der Schwächung der überkommenen Verfassung kumulierten, konnten dann für den Senat ins Spiel gebracht werden. Dann war, was für die Senatoren immer wichtig war: die Autorität des Senats, plötzlich auch für andere so wichtig, daß sie sich dafür mobilisieren ließen. Ein anderer Gruppierungsgesichtspunkt wurde entscheidend. In dieser Situation wurde der Gegner dann – wie ich sagen würde – »hostifiziert«.[68] Damit ist nichts spezifisch Römisches und schon gar nichts Technisches, etwa eine *hostis*-Erklärung gemeint, sondern der allgemeine Tatbestand, daß man einen Gegner faktisch zum Feinde macht. Die Politik dieses Gegners, die in der Regel ganz andere, harmlosere Ziele hatte, wurde als gegen das Gemeinwesen gerichtet erachtet, und wenn das nicht gleich überzeugend war, so wird das Läuten der Alarmglocke die meisten Zweifel übertönt haben. So wurde die Ordnung schließlich doch zum Agendum. Ihre direkte Bedrohung erfolgte nur nicht durch Änderungswünsche, sondern durch Aufruhr. In einer solchen Situation konnte man mit den Gegnern aufräumen. Und das war offenkundig auch die Absicht. Die Modalitäten der *senatus consulta ultima* von 121 und 100 sprechen ganz entschieden dafür. Es wäre kaum möglich oder jedenfalls sehr umständlich und nicht unbedingt erfolgreich gewesen, wenn man die Gegner oder ihre Anhänger vor Gericht gestellt hätte.[69] So machte man besser kurzen Prozeß. Das Ergebnis war jeweils, daß der Senat nachher besser dastand als vorher. Der Ernstfall war ihm günstig, weil er der Herr des Ernstfalls war.[70]

Um diese »Politik unter Beimischung anderer Mittel« zu verwirklichen, brauchte man freilich einen Anlaß. Solche Anlässe sind dem Senat von seinen Gegnern auch geliefert worden. Eine interessante Frage ist, ob er beigetragen hat, sie dazu zu provozieren. Das ist nicht zu entscheiden. Eine Quelle spricht zwar, gerade für C. Gracchus, dafür, aber sie verfolgt eine gracchenfreundliche Tendenz.[71] Sicher ist nur, daß der Senat gegen die großen Gesetzgeber der späten Republik zuletzt eine bedrohliche Haltung einnahm und starke Kräfte gegen sie mobilisierte, daß er ihnen Furcht einjagte, so daß in der gespannten Situation Kurzschlußreaktionen der Betroffenen mindestens nicht unwahrscheinlich waren. Denn wie sie sich dann zur Wehr setzten, appellierten sie zugleich an Teile der *plebs urbana*, es entstand heftige Erregung, und damit waren manche unkontrollierbare Verzweiflungstaten so gut wie sicher. Unklar ist nur, ob der Senat das hätte berechnen können, also provoziert hat. Wie auch immer: seine Politik war darauf gerichtet, die Gegner zu besiegen. Gaben sie Anlaß zum Erlaß eines *senatus consultum ultimum*, um so besser: dann konnte man sie besiegen und vielleicht beseitigen. Denn selbst wenn es darauf nicht angelegt war, so war dies dem Senat doch gewiß das liebste.

Im Jahre 59, als der Consul Caesar das letzte große populare Gesetzgebungsprogramm durchsetzte, wurde die Taktik noch weiter verbessert. Zum ersten Male legte damals der im Sinn der Senatsmehrheit handelnde College bei jedem der vielen Gesetzesanträge ein verfassungsmäßiges Obstruktionsmittel ein; obwohl er wußte, daß Caesar sich nicht darum scheren würde. Man riskierte also ganz bewußt eine Niederlage, eine Verfassungsverletzung nach der anderen; man warb geradezu mit der eigenen Niederlage. Der Sinn dieser Taktik kann nur darin gesehen werden, daß man Caesar – wider dessen ursprüngliche Absicht – als Verfassungsbrecher erscheinen lassen, also hostifizieren wollte. Damit sollten alle, denen an der Erhaltung der Ordnung lag, dazu gebracht werden, sich auf der Seite des Senats in die Bresche zu schlagen, sobald sich die Gelegenheit dazu ergab.[72]

Angesichts ihrer prozessualen Schwächung wurde die überkommene Verfassung also in der Ausnahmesituation von ihren Verteidigern auf die Tagesordnung gebracht, ihre Gefährdung riskiert, die Ausnahme so gesteigert, daß sie fast notwendig zum Ernstfall werden mußte. Man wollte jenen Prozeß stoppen und die Macht des Senats und der Verfassungsinstitutionen neu sichern. So gewiß war man sich der Unterstützung durch alle Anhänger dieser Ordnung. Vermutlich hätte die Taktik auch Früchte getragen, wenn es nur nicht Caesar gewesen wäre, mit dem man es zu tun hatte. Denn der operierte so geschickt, daß trotz verbreiteter Empörung kein *senatus consultum ultimum* erlassen werden konnte, bevor er in seine Provinz abgegangen war. Da man aber nicht in die Lage kam, ihn für alle Verfassungsbrüche zu strafen, war diesmal alles viel schlimmer als vorher. Cicero hat die Situation dadurch charakterisiert, daß er feststellte, das Streben nach Bewahrung der rechten Verfassung (*dignitas*) und das nach Ruhe und Ordnung (*otium*) zielten nicht mehr in die gleiche Richtung.[73] Der Senat war nicht mehr das Organ, das äußerstenfalls stärker war als alle anderen. Er konnte den Ernstfall nicht mehr ausrufen, weil er nicht mehr dessen Herr war.[74] Jetzt war es so ernst, daß auch der Ernstfall nichts mehr half.

Es passierten lauter Dinge, die keiner für möglich gehalten hätte. Anarchie und offene Gewalttat als Element der Politik kamen an die Tagesordnung. Schließlich raffte der Senat sich Anfang 49 auf, um durch *senatus consultum ultimum* alle Kräfte gegen Caesar zu massieren. Doch der überschritt den Rubico und eröffnete damit den Bürgerkrieg.

d) Schluß
Es ist klar, daß die Institutionen, um die es hier ging, sowie die Verhältnisse, denen sie entsprangen und in denen sie wirkten, spezifisch römisch waren. Dieses Spezifische mußte auch herausgearbeitet werden, weil sie anders nicht zu verstehen sind. Gleichwohl äußert sich in ihnen eine tiefere allgemeine Ernstfallproblematik, und die soll zum Schluß thesenhaft formuliert werden.

Wir haben es bei den behandelten Fällen jeweils mit einer besonderen Form des Ernstfalls zu tun: dem *Ernstfall vom Staate her*. Die entgegengesetzte Form – die in Rom in den achtziger und dann wieder in den vierziger Jahren des letzten vorchristlichen Jahrhunderts begegnet – ist der Bürgerkrieg. Sie ist hier beiseite gelassen worden.

Ernstfall vom Staat her setzt eine in einem handlungsfähigen, relativ eigenständigen Zentrum versammelte staatliche Macht voraus.[75] Ihr korrespondiert eine in besonderer Weise staatlich geprägte Realität, eine letztlich klare, harte, ernste Realität. Man weiß (oder man kann wenigstens wissen), woran man ist. Es gibt Grenzen, die verteidigt werden. Es gibt Zumutungen, die als unzumutbar gelten. In dieser Lage kann und muß noch gebrochen, nicht nur mehr gebogen werden.

Zur Handlungsfähigkeit und Eigenständigkeit des staatlichen Zentrums gehört nicht unbedingt die Verfügung über entsprechende Apparate und Machtinstrumente, wie Polizei und stehendes Heer des neuzeitlichen Monarchen. Vielmehr kann es – wie das römische Beispiel zeigt – seine Kraft im Notfall auch aus dem Consens breiter Schichten beziehen, die ihm, falls es die Verfassungsfrage (oder die von Ruhe und Ordnung) stellt, zuströmen. Wichtig ist nur, daß dieses Zentrum so viel wohlinstitutionalisierte Macht in sich vereint und so sehr mit eigener Verantwortung und soliden Prinzipien ausgestattet ist, so sehr der übrigen Gesellschaft auch gegenüberstehen kann,[76] daß es im Ernstfall von sich aus zu handeln vermag.

Zunächst begegnet in Rom der *Ernstfall nach außen*, auf den zumal der Ausnahmemagistrat der Dictatur bemessen ist. Die Betrauung eines Einzelnen mit außerordentlichen Vollmachten mag in vielen Verfassungen notwendig und auch verantwortbar sein. In Rom scheint sie sich besonders glatt abgewickelt zu haben. Strenge zeitliche Beschränkung galt (und war militärisch wie politisch möglich), die kräftige Gegenwärtigkeit der Bürgerschaft erlaubte es, umfassende Macht zu konzedieren, ohne sich der Möglichkeit ihres Mißbrauchs aussetzen zu müssen. Angesichts dieser Gegenwärtigkeit herrschte auch bei den wenigen inneren Ernstfällen (*seditiones*) eine Tendenz zum Ausgleich, zur Entschärfung vor.[77]

Der *Ernstfall nach innen* tritt dann in neuer Form und gehäuft in der späten römischen Republik auf. Das Zentrum staatlicher Macht sieht sich herausgefordert. Ambitionierte Politiker haben sich, gestützt auf mächtige Gruppen der Bürgerschaft, gegen seinen Willen mit wichtigen Vorhaben durchgesetzt. Die Konzentration der höchsten Entscheidung im Zentrum ist durchbrochen, sie erscheint für die Zukunft bedroht. Man hat eine schwere Niederlage erlitten. Man antwortet schließlich – wenn die Initiative und Macht des Gegners nachläßt – mit der Erklärung des Ernstfalls.

Allgemein gesprochen ist dies eine besondere Form der Reaktion eines staatlichen Zentrums, das an sich überlegen, aber momentan in gefährlicher Weise schwach und nervös ist. Voraussetzung ist – so sehr auch immer sonstige Interessen mit im Spiel sind –, daß das Zentrum seine Überlegenheit und Macht auf jeden Fall behaupten will. Insoweit herrscht noch der durchdringende Ernst einer harten staatlichen Realität. Daher können die Gegensätze so grundsätzlich und bitter ernst genommen werden. Akute Schwäche eines bestimmten Ausmaßes fordert zu Reaktionen der Stärke heraus. Man ist stark und bedroht genug, um dazu zu neigen.

Bei den strukturbedingten, einem Wandlungsprozeß zugehörigen Ernstfällen stehen die harten Reaktionen des Zentrums zugleich in einem weiteren Zusammenhang. Da ist seine Schwäche in Wirklichkeit nicht nur momentan, sondern sie äußert sich in einer spezifischen Unfähigkeit, den Prozeß (respektive die als gravierend wahrgenommenen Auswirkungen von ihm) unter Kontrolle zu bringen. Diese Unfähigkeit mag für mancherlei Interessen gefährlich sein. Vor allem verletzt sie den Anspruch eines sozusagen aus besseren Zeiten überkommenen Zentrums staatlicher Macht, es mit allen politischen (respective politisierten) Problemen aufnehmen zu können. Ein Versagen des spezifisch staatlichen Handlungsvermögens wird spürbar. Solange jener Anspruch noch lebendig ist und solange der Kern der Staatsmacht noch ein bestimmtes Ausmaß an Eigenständigkeit besitzt, scheint daraus eine Neigung zu resultieren, wenigstens in zugespitzten Situationen die Lage nicht zu ent-, sondern zu verschärfen und ein Exempel der eigenen Stärke zu statuieren. Die in der Regel durch mächtige prozessuale Wirkungen überforderte staatliche Handlungsform der Politik neigt dann dazu, sich als besondere Form von Politik »mit Beimischung anderer Mittel« gegen die sonst nicht zu meisternden Kräfte zu bewähren. Man hofft, die Dinge auf diese Weise wieder in die Hand zu bekommen. Der Ernstfall erscheint dann als die Chance der Politik, es mit dem Prozeß respektive seinen Auswirkungen aufzunehmen.

Innerhalb dieses allgemeinen Rahmens war die römische Variante dadurch bestimmt, daß trotz heftiger Interessengegensätze und Konflikte keine Alternative zur bestehenden Ordnung entstand. Andernfalls wäre der Senat im Ernstfall nicht ohne ein stehendes Heer ausgekommen. Nur mangels einer solchen Alternative konnte der Ernstfall mit Hilfe des ad hoc aufgebotenen Sukkurses breiterer Schichten gemeistert werden. Dadurch war es einerseits bedingt, daß man in den bedeutenden Anwendungsfällen erst post festum – also nach dem Erfolg großer Gesetzgebungsvorhaben – zuschlagen konnte. Andererseits konnte man danach sofort wieder zur Tagesordnung übergehen: der Ernstfall blieb auf ein einmaliges Zuschlagen beschränkt (sofern das *senatus consultum ultimum* nicht auf einen noch unbestimmten Gegner wie Catilina hin gefaßt war). Kein Gedanke an eine an den Ernstfall sich anknüpfende längere Stabilisierungsperiode im Ausnahme*zustand*. Das war weder nötig noch möglich, beim Fehlen grundsätzlicher Gegnerschaft gegen die Ordnung, bei der Übersichtlichkeit des gesamten Lebens und der mangelnden Konkurrenz von Ideologien.

Die Macht der Prozesse freilich, in denen der strukturbedingte innere Ernstfall vom Staate her seinen Platz hat, kann durch verzweifelte Bemühungen solcher Politik unter Beimischung anderer Mittel nicht dauerhaft unter Kontrolle gebracht werden. Die Anwendungen von Ausnahmezustand und *senatus consultum ultimum* scheinen im Gegenteil eher den Veränderungsprozeß im ganzen gefördert zu haben, indem sie zusätzlich Ärgernis erregten oder langfristig zu weiterer Veränderung der Machtlagerung und zur Aushöhlung der politischen Kultur beitrugen (wie sich aus historischer Perspektive ergibt). Damit mußte wohl über kurz oder lang der Moment kommen, an dem der Ernstfall vom Staate her nicht mehr zu erklären war.

Der allgemeine Zusammenhang, in den die politischen Verhältnisse dann geraten, ist hier nur negativ zu formulieren: durch das Schwinden der relativen Eigenständigkeit und besonderen, notfalls unbeschränkten Verantwortung der staatlichen Instanzen. Der Kern der Macht, der bis dahin im staatlichen Zentrum versammelt war, hat sich aufgelockert oder aufgelöst. Die Macht ist wesentlich breiter verteilt. Die Realität wird eher weich, unklar, unernst. Es gibt keine klaren Handlungsnormen mehr, es wird schwierig, Gegensätze praktisch grundsätzlich zu nehmen. Die Gesellschaft ist eher »in den Prozeß gelegt«. Der Staat wird eher Funktion, besetzbare Hülse. Wie weit in diesem Zustand Ernstfälle aufkommen können, mag offen bleiben.

Allein, die Schwächung des staatlichen Zentrums und der harten Realität, die seiner Stärke korrespondiert, schließt die Virulenz politischer Gegensätze, das Aufkommen heftiger Konflikte einer neuen Art von ernster, harter Realität nicht aus. Dem entspricht, wie das römische Beispiel lehrt,

unter Umständen eine neue Art von Ernstfall, nämlich, Gott behüte, der
Bürgerkrieg.

Anmerkungen

1 Dabei mag es in ihm viel fröhlicher zugehen als anderswo; weil zwischen Ernst und Fröhlichkeit offenbar eine bestimmte Interdependenz bestehen kann: wenn man nämlich in der ernsten Lage etwas tun, etwas »ins Werk richten«, sich bewähren kann. Und weil wirklicher Ernst auch die Abwehrkraft des Galgenhumors zu mobilisieren vermag.
2 Vgl. zu dieser Problematik Ch. Meier, Fragen und Thesen zu einer Theorie historischer Prozesse, in: K.-G. Faber, Ch. Meier, Historische Prozesse, München 1978, 11 ff., bes. 24 ff.
3 Ebd. 28 ff. und zusammenfassend 42 ff.
4 Selbst wenn sie wichtige Probleme unter sich austragen, sind die Lösungen, die sie finden, dann weniger wichtig als die indirekten Konsequenzen davon, die das Ganze in Mitleidenschaft ziehen. Die aber stehen nicht auf der Tagesordnung, sind nicht maßgeblich für die politische Gruppierung.
5 Th. Mommsen, Römisches Staatsrecht 1 (3. Aufl. 1887), 693 ff. 3, 241; A. W. Lintott, Violence in Republican Rome (1968), 15. 91 f. 153 ff.; J. Bleicken, Coniuratio, in: Jahrbücher für Numismatik und Geldgeschichte 13. 1963. 51 ff.
6 Hierzu allgemein Mommsen 2, 141 ff.; U. Wilcken, Zur Entwicklung der römischen Diktatur. Abhandlungen der preußischen Akademie d. Wiss. Berlin 1940, 1. Künftig wird der einschlägige Abschnitt in W. Kunkels in Vorbereitung befindlichem Buch Römische Staatsordnung und Staatspraxis (erscheint bei C. H. Beck, München) heranzuziehen sein.
7 In schweren Kriegsfällen oder bei Aufruhr (wörtlich: bei gefährlicher bürgerlicher Unruhe). Corpus Inscriptionum Latinarum 13. Nr. 1668. C. 1. Z. 28 ff.
8 Mommsen 2, 156, 4. Livius 6, 39, 1 ff.
9 T. R. S. Broughton, The Magistrates of the Roman Republic 1 (1951), 185.
10 Wie es zu dem später üblichen Dictator-Titel kam, darüber können nur Hypothesen angestellt werden.
11 Dabei ist abgesehen vom Interrex und die Frage, ob der *praefectus urbi* ein Magistrat war, offengelassen.
11a Für die möglichen Ausnahmen A. Degrassi, Inscriptiones Italiae 13, 1 (1947) 70 f. 110. 542. Zum Rücktritt vgl. die – freilich keineswegs sichere – These von L. F. Janssen, Abdicatio. Diss. Amsterdam 1960.
12 J. Bleicken, Ursprung und Bedeutung der Provocation, in: Savigny Zeitschrift für Rechtsgeschichte 76, 1959, 324 ff. Provocatio, in: Realencyclopädie der classischen Altertumswissenschaft 23 (1959), 2444 ff. W. Kunkel, Untersuchungen zur Entwicklung des römischen Kriminalverfahrens in vorsullanischer Zeit. Abhandlungen der Bayerischen Akademie d. Wiss. 1962, 56. Lintott (wie Anm. 5).

J. Martin, Die Provokation in der klassischen und späten römischen Republik, in: Hermes 98, 1970, 72 ff.
13 Bleicken, Lex Publica (1975) 475 f.
14 Mommsen (wie Anm. 5) 2, 165. Ausnahmen, die die Regel bestätigen, sind nicht auszuschließen.
15 Hier sowie u. S. 51 ff. wird eine These zur römischen »Verfassung« vorgetragen, genauer: zu dem, was in Rom vermutlich als öffentliche Ordnung angesehen wurde und was unseren Verfassungen nur darin entsprach, daß es eben so angesehen wurde, nicht etwa darin, daß es gesetzlich formuliert oder etwa in unserem Sinne als »rechtlich« von politischen Machtverhältnissen und sozialen Voraussetzungen (die evtl. in die Verfassungswirklichkeit eingehen) zu scheiden gewesen wäre. Die römische Verfassung ist ganz anders geschnitten, ist gerade in ihrem zentralen Bereich nie gestiftet worden. Verfügbar und strittig war vielmehr nur Partielles an ihr: gesetzliche Fixierungen lagen also eher um das Zentrum herum und zur Peripherie hin. Folglich bilden gesellschaftliche und politische Gegebenheiten nicht nur die »Ambiance« (D. Schindler) der Verfassung, sondern sie liegen zugleich im Zentrum, sind unmittelbar im ganzen sowie in den einzelnen Institutionen vorausgesetzt, in einem Wort: die Entgegensetzung von »rechtlich« einerseits und »politisch« und »gesellschaftlich« andererseits ist grundsätzlich falsch. Sehr vieles, was in unserem Sinne »nur« politische oder gesellschaftliche Gegebenheit ist, gehört in Rom zur rechtlichen Ordnung; anderes freilich nicht: das heißt, unsere Unterscheidungen greifen hier, was die Eingrenzung der Verfassung angeht, nicht. Die Römer hatten einen ganz anderen Verfassungsbegriff, den wir erst eruieren müssen. Das ist bisher im Zusammenhang noch nicht geschehen. Ebenso sind wir noch ein gutes Stück weit davon entfernt, die Eigenarten dieser Verfassung schon recht zu kennen. Die Ausführungen im Text, die sich auf lange Studien der einschlägigen Quellen und auf zahlreiche Schlüsse aus den von daher zu ermittelnden Daten stützen, sind als Schritte auf dem Wege dazu zu verstehen. Sie können hier nicht belegt werden. Vgl. einstweilen F. Wieacker, Vom römischen Recht (2. Aufl. 1961). Ch. Meier, Res Publica Amissa (1966), 45 ff. 117 ff. Die *loca intercessionis* bei Rogationen, in: Museum Helveticum 25, 1968, 86 ff. Das Kompromiß-Angebot an Caesar i. J. 59 v. Chr., ein Beispiel senatorischer ›Verfassungspolitik‹. Ebd. 32, 1975, 197 ff. Besprechung Bleicken, Lex Publica, in: Savigny Zeitschrift 95, 1978. W. Kunkel, Gesetzesrecht und Gewohnheitsrecht in der Verfassung der römischen Republik, in: Kleine Schriften (1974), 367 ff.
16 Die Diktatur (2. Aufl. 1928).
17 Man hat nur zusätzlich beschlossen, allen, die Consul, Dictator oder Censor gewesen waren, militärische Befehlsgewalt zu verleihen, bis der Feind sich zurückgezogen hätte: *quia multis locis comprimendi tumultus erant qui temere oriebantur.* Livius 26, 10.
18 Vgl. Bleicken, Lex Publica 476, 331.
19 Ch. Meier, Res Publica Amissa 246 ff.
20 Ed. Meyer, Caesars Monarchie und das Principat des Pompeius (3. Aufl. 1922), 207 ff. M. Gelzer, Pompeius (2. Aufl. 1959), 165 f. 169 f.

21 Wilcken (wie Anm. 6).
22 Hierzu und zum folgenden E. Nolte, Diktatur, in: Geschichtliche Grundbegriffe, Hrsg. O. Brunner, W. Conze, R. Koselleck. 1 (1972), 900 ff. Vgl. C. Schmitt (wie Anm. 16), 97 ff.
23 Zum Ablauf Ed. Meyer, Untersuchungen zur Geschichte der Gracchen, in: Kleine Schriften 1 (2. Aufl. 1924), 363 ff. Zuletzt E. Badian, Tiberius Gracchus and the Beginnings of the Roman Revolution, in: Aufstieg und Niedergang der römischen Welt (Festschrift Temporini-Vogt). 1, 1 (1972), 668 ff.
24 J. Bleicken, Lex Publica 316. Vgl. sein Buch Das Volkstribunat der klassischen Republik (1955), 74 ff.
24a Vgl. jetzt R. Rilinger, Die Ausbildung von Amtswechsel und Amtsfristen als Problem zwischen Machtbesitz und Machtgebrauch in der Mittleren Republik, in: Chiron 8, 1978.
25 Mommsen 1, 695 f. Lintott (wie Anm. 5), 91. 153.
26 Cicero, pro Plancio 88. Vgl. pro domo sua 91. Digesten 24, 3, 66.
27 In den Fällen, an die man nach den Erfahrungen von 133 denken konnte und die in der ersten Generation allein vorkamen (Bekämpfung der *seditio* eines Gesetzgebers), war höchste Eile geboten. Die Ernennung eines Dictators und die Vorbereitungen, die ein neuer Mann zur Erfüllung seines Auftrags hätte treffen müssen, hätten dagegen viel zu lange gedauert. Es waren vor allem zahlreiche informelle, mehr oder weniger geheime Besprechungen (etwa mit den Rittern, vgl. u.) notwendig, und es war gut, daß der, der sie geführt hatte, die Aktion auch leitete. Außerdem beschränkte diese sich auf einen ganz kurzen Zeitabschnitt. Man mußte sich folglich rasch mit Hilfe des Consuls durchsetzen oder gar nicht. Zum Teil anders Bleicken, Lex Publica 92.
28 Vgl. zu allen formalen Fragen G. Plaumann, Das sogenannte Senatus consultum ultimum, die Quasidiktatur der späteren römischen Republik, in: Klio 13, 1913, 321 ff. S. Mendner, Videant Consules, in: Philologus 110, 1966, 258 ff. Hier der Nachweis, daß offenbar nicht *videant*, sondern *darent operam* technisch war. Das *videant* (oder, wie es auch heißt, *provideant*) klingt nur viel besser, ist darum selbst in die heutige politische Sprache eingegangen. Der Nebensatz kommt in einer so großen Zahl von Belegen übereinstimmend vor, daß er technisch gewesen sein muß. Im einzelnen Fall sind zusätzliche Bestimmungen möglich gewesen.
29 Vgl. J. Baron Ungern-Sternberg von Pürkel, Untersuchungen zum spätrepublikanischen Notstandsrecht (1970), 55 ff. Zu dessen These von der *hostis*-Auffassung vgl. u.
30 Vgl. etwa die Formulierung: *consulibus totam rem publicam commendandam censeo eisque permittendum, ut rem publicam defendant provideantque ne quid...* Cicero, Philippica 5, 34. ... *consulibus est permissa res publica.* Cicero, in Catilinam 1, 4. Dazu Plaumann 345. Zu den Vollmachten Sallust, Catilina 29, 2 f. Vgl. Lintott 151: By entrusting the whole *res publica* to the consuls, the senate in effect gave them a province to which they had a theoretical claim, rarely in practice exercised, and further suggested that they should use their discretion in taking emergency measures for the state's safety.

31 C. Schmitt (wie Anm. 16), 11.
32 Es hätte nur Sinn gehabt, falls die Senatsmehrheit knapp oder halbherzig gewesen wäre. Allein, in diesem Falle wäre das *senatus consultum ultimum* vermutlich gar nicht erst beantragt worden (so vermied man es z. B. in den Jahren 59 und 58, vgl. Sueton, Divus Julius 20, 1. Anders Dio 38, 6, 4f. Zu 58 vgl. u.). Sobald der Beschluß gefaßt war, stand zu befürchten, daß der Consul die Intercession brach. Sie mochte außerdem gefährlich sein. Aufschlußreich sind in diesem Zusammenhang die Vorgänge zu Anfang 49, vor Ausbruch des Bürgerkriegs. Nachdem der Versuch, Caesar abzusetzen, jahrelang und auch noch am 1. Januar 49 durch tribunizisches Veto vereitelt worden war, bewirkte die Entschlossenheit, der dann der »äußerste Senatsbeschluß« entsprang, daß die Tribunen aufgaben und Rom verließen. De facto hat Plaumann also gewiß recht, wenn er schreibt, der Beschluß setze das tribunizische Veto »außer Kraft« (wie Anm. 28. S. 348). Das wurde freilich nicht ausdrücklich dekretiert, und es mußte nicht jede – bei weniger wichtigem Anlaß eingelegte – Intercession, die nach Erlaß eines *senatus consultum ultimum* eingelegt wurde, ausschließen (Lintott, wie Anm. 5, S. 172). Zu den Vorgängen i. J. 49 vgl. K. Raaflaub, Dignitatis Contentio (1974), 56ff. Bes. 72ff. (nur daß der Beschluß nicht die »Immunität« der Tribunen »aufgehoben« hätte).
33 Vgl. dazu Ungern-Sternberg 66ff.
34 F. von der Mühll, C. Rabirius, in: Realencyclopädie (wie Anm. 12), 1 A 24ff. Ungern-Sternberg 71ff. Zum Folgenden auch 65, 49.
35 Vgl. zu der damit eingetretenen Veränderung Raaflaub 92f. (der sich auf Ungern-Sternberg stützt, dessen Formulierungen mir aber zum Teil abwegig erscheinen). Liste aller *senatus consulta ultima* bei Plaumann 362ff. (133 wurde keines erlassen). Dazu ist wahrscheinlich ein Fall aus dem Jahre 53 nachzutragen. Ed. Meyer (wie Anm. 20), 210.
36 Vgl. hierzu o. Anm. 15.
37 Vgl. dazu die griechische Alternative innerhalb einer entsprechenden Gesellschaft: Ch. Meier, Die politische Identität der Griechen, in: Identität, Hrsg. O. Marquard. K. Stierle, Poetik und Hermeneutik 8 (1978).
38 Manches daran ist, wie man weiß, der englischen Verfassung ähnlich (vgl. zuletzt Kunkel, Magistratische Gewalt und Senatsherrschaft, in: Aufstieg... [wie Anm. 23] 1, 2 [1972] 17. Der bedeutendste Unterschied besteht wohl darin, daß die Engländer nicht die römische Form konkreter Gegenwärtigkeit, sondern nur die durch das Parlament vermittelte kannten. Daher konnte die Macht des Volkes nicht angesichts des Wachstums der Bürgerschaft auf Ausnahmesituationen beschränkt werden. Es fanden im Gegenteil immer weitere Schichten dort ihre Repräsentation. Damit war verknüpft, daß das Unterhaus die entscheidende Instanz werden konnte (während dies in Rom bis ans Ende der Republik der Senat war, der noch dazu in der Hand mehr oder weniger der gleichen Familien blieb: er wurde in der späten Republik zugleich Partei, aber eine Partei, die nach allgemeiner Auffassung das Ganze vertrat, also mit Kraft und Starrheit und aus einer Position der Schwäche heraus. Dazu gleich).

39 Vgl. dazu vorläufig die Bespr. Lintott, in: Historische Zeitschrift 213, 1971, 398 f.
40 Vom römischen Recht 6 f.
41 Vgl. Ch. Meier, in: Museum Helveticum 1975 (wie Anm. 15).
42 Wie etwa das Provocationsrecht den Zugriff auf das Leben und den Körper der Bürger aus der magistratischen Kompetenz ausgrenzte, und das nur für den Fall, daß der Betreffende die Provocation einlegte.
43 Ähnlich zur consularischen Vollmacht Lintott in dem Zitat in Anm. 30.
44 Ch. Meier, Res Publica Amissa 48 ff. 57. Vgl. 329. Museum Helveticum 1975 (wie Anm. 15), 204 ff.
45 Zu Folgendem vgl. allgemein Res Publica Amissa sowie: Ch. Meier, Ciceros Consulat, in: Cicero, ein Mensch seiner Zeit (so!), Hrsg. G. Radke (1968), 64 ff.
46 Ch. Meier, Museum Helveticum 1968 (wie Anm. 15), 92 ff. Bleicken, Lex Publica 317. 321 f. 422. 441 u. ö.
47 Es trat eine Extensivierung ein (Res Publica Amissa 151 ff.). Zu parallelen Veränderungen in Gesetzgebung und Gesetzesauffassung Bleicken 396 ff.
48 Kunkel (wie Anm. 38) 18 ff. Praktisch, das heißt entsprechend der Praxis der Republik, also im Rahmen der Eigenart ihrer »Verfassung«.
49 Diese Frage hat, soweit wir sehen, nur Caesar im Jahre 49 gestellt. Da ging es nicht um Gewaltanwendung, sondern primär um den Ausschluß des Vetos (der allerdings durch die Drohung mit Gewalt erst seine volle Wirkung erhielt), sekundär um die Ermöglichung von Rüstungen gegen Caesar. Vgl. Raaflaub 72 ff. 79 ff. 97 ff.
50 Cicero, partitiones oratoriae 104. Ungern-Sternberg 68 ff. Vgl. Ciceros Consulat (wie Anm. 45) 70. 86 ff. 100 ff. Cicero, in Catilinam 4, 9. ad Atticum 3, 15, 5.
51 Mommsen, Römisches Strafrecht (1899) 550 ff.
52 Z. B. in Catilinam 1, 27 f. (Lintott, wie Anm. 5, 157). 4, 10 (eindeutig ciceronische, nicht caesarische Auffassung).
53 Lintott 153. 155 f. Alle Versuche, dem *senatus consultum ultimum* eine implizite *hostis*-Erklärung zu unterschieben (so schon Mommsen 3, 1242) nehmen das Wort entweder metaphorisch: dann besagt es nichts, oder sie sind unbegründet. Dagegen auch Plaumann 343 f.
54 H. Siber, Provocatio, in: Savigny Zeitschrift 62, 1942, 376 ff. Anders Lintott 168, 1; aber es ist ein Unterschied, ob man von *hostis* spricht oder ob wir das nur in eine Argumentation hineinlesen können. Übrigens ist auch gar nicht einzusehen, was sich rechtlich dadurch verändern soll, daß man einen Mann, den man unter Bruch des Provocationsrechts töten will, weil er – vermeintlich – die Ordnung des Gemeinwesens akut bedroht, nun auch noch *hostis* nennt. Das ist doch nur ein Stück greller rhetorischer Klassifikation (wie sie übrigens im Jahre 63 neben Cicero auch Cato angewandt haben soll: Plutarch, Cato minor 23, 2).
55 Plaumann (wie Anm. 28) 342 ff. Ungern-Sternberg 4.
56 Res Publica Amissa 76. 81. 138 f. 147 f.
57 Es gab zwar gewisse Möglichkeiten, die Funktionen einer Polizei wahrzunehmen. Ch. Meier, in: Göttingische gelehrte Anzeigen 216, 1964, 44 ff. Historische

Zeitschrift 213, 1971, 396 ff. Aber die reichten nicht für die Meisterung solcher Fälle.
58 Vgl. die Aufzählung Plaumann 362 ff. mit Anm. 35.
59 So mit Recht Ungern-Sternberg 65, 49. Es ist allerdings zu bedenken, daß seine Gegenargumente gegen meine These nicht stechen. Ein Vernichtungswille braucht natürlich nicht unbedingt zu sein: so daß er eine Aufforderung, sich zu stellen, ausgeschlossen hätte (im übrigen: was sollte dann mit den Aufrührern geschehen? Was konnten sie nach den Verfahren von 132 erwarten? Daß die *lex Sempronia de capite civis* inzwischen ergangen war, bot nicht unbedingt Sicherheit, hat den Consul Opimius dann ja auch nicht gestört). Richtig ist, daß über die Absichten, die hinter dem Coup von 100 standen, nichts überliefert ist: aber es bleibt auffällig, daß er nicht geahndet wurde. Richtig ist auch, daß sich meine These nicht beweisen läßt. Aber wahrscheinlich scheint sie mir gleichwohl zu sein, zumal wenn man bedenkt, daß sich die Gewaltakte gegen große Gesetzgeber in schöner Regelmäßigkeit wiederholten und daß man sich auf diese Eventualität wohl auch von längerer Hand hatte vorbereiten müssen, vgl. z. B. o. Anm. 56 zu den Rittern.
60 Res Publica Amissa 112 f.
61 Ebd. 129 f. 133 f. 145.
62 Ebd. 329 C.f.
63 Ebd. 306.
64 Ebd. 150, 151 ff. 201 ff. Zum Begriff der Krise ohne Alternative s. noch Ch. Meier, Entstehung des Begriffs ›Demokratie‹ (1970) 142 ff.
65 Res Publica Amissa 288 ff.
66 Fragen und Thesen (wie Anm. 2) 11 ff.
67 Ebd. 41.
68 Dieser Neologismus scheint mir sinnvoll zu sein, um einen wichtigen, gefährlichen Komplex politischen Handelns begrifflich zu fixieren. Hostifikationen sind heute überdies besonders aktuell im Rahmen einer Identitätstheorie: da sie für manche Identifikationen die wichtigste Vermittlungsinstanz sind, etwa die Konstituierung des Klassenfeindes zur Rekonstruktion von Klassenidentität.
69 Kunkel, Untersuchungen (wie Anm. 12) 89.
70 Eine Ausnahme bildet das Jahr 88. Da rissen dem Consul Sulla die Nerven, und er erledigte die Sache militärisch (Res Publica Amissa 222 ff.). Es ist, zumal bei der ungewöhnlichen Problematik und Parteiung dieser Jahre, nicht deutlich, ob auch damals Aussichten bestanden hätten, durch Abwarten (*transitum tempestatis exspectare*, Cicero, ad Atticum 2, 21, 2) eine Situation zu erreichen, in der ein *senatus consultum ultimum* sinnvoll gewesen wäre.
71 Ed. Meyer (wie Anm. 23) 416 ff.
72 Res Publica Amissa 281 ff.
73 Cicero, pro Sestio 98. Vgl. Res Publica Amissa 91, 163.
74 Erst in Verbindung mit Pompeius konnte er 53 (s. Anm. 35), 52 und 49 (Plaumann 368 ff.) wieder *senatus consulta ultima* erlassen.
75 Daher kannten die Griechen keine solche Ernstfall-Problematik, sondern nur die von Umsturz und Bürgerkrieg. Dem aber war nicht zu wehren außer in aktiver

Verteidigung der jeweiligen Verfassung. Auch hier kein Gedanke an eine Normierung, aber es ging ja auch nicht nur um »Normalitätsstörungen, von denen angenommen wird, daß sie normativ beherrschbar sind« (E. Forsthoff, Der Staat der Industrie-Gesellschaft [1971] 58).

76 Das Gegenteil formuliert J. Burckhardt, Weltgeschichtliche Betrachtungen, Hrsg. R. Stadelmann 1949, 174: »Der Staat soll also einesteils die Verwirklichung und der Ausdruck der Kulturideen jeder Partei sein, andernteils nur das sichtbare Gewand bürgerlichen Lebens und ja nur ad hoc allmächtig! Er soll alles mögliche können, aber nichts mehr dürfen, namentlich darf er seine bestehende Form gegen keine Krisis verteidigen – und schließlich möchte man doch vor allem wieder an seiner Machtübung teilhaben.« (175: ... »das Ende vom Liede ist: irgendwo wird die menschliche Ungleichheit wieder zu Ehren kommen. Was aber Staat und Staatsbegriff inzwischen durchmachen werden, wissen die Götter.«) Auch 237: »Neu ist die Schwäche der den Krisen gegenüberstehenden Rechtsüberzeugungen. Frühere Krisen hatten sich gegenüber ein göttliches Recht, welches im Falle seines Sieges zu den äußersten Strafmitteln berechtigt war. Jetzt dagegen herrscht das allgemeine Stimmrecht, welches von den Wahlen aus auf alles ausdehnbar ist, die absolute bürgerliche Gleichheit usw. Von hier aus wird sich dereinst gegen den Erwerbsgenius unserer Zeit die Hauptkrisis erheben.« Dazu 243 f.

77 Das gilt, welches persönliche Verdienst auch immer die beiden Dictatoren daran gehabt haben mögen. Denn damals war die Macht der *plebs* so groß, daß kräftiges Zupacken wohl die Gefahr des Bürgerkriegs heraufbeschworen hätte.

PAUL CARELL
Der tabuierte Ernstfall Krieg

Alte Volksweisheit hat das Wort geprägt: »Im Hause des Gehenkten spricht man nicht vom Strick.« Eine Tabu-Regel! Allerdings eine rein protokollarische. Sie beinhaltet nicht, daß man an den Strick auch nicht denken dürfe. Wenn man hingegen in einem vernichtend geschlagenen Lande nichts mehr vom Krieg wissen will, jedenfalls nicht von einem neuen, so ist das ein begreifliches traumatisch bedingtes Tabu. Nach jedem Krieg triumphiert die Parole: »Nie wieder«. Pazifismus bewegt die Herzen. Pazifismus ist ein legitimes Kind der Niederlage. Wodurch er aber nicht vom Odium des Irrtums befreit ist. Die Parole, keines Deutschen Hand soll jemals wieder eine Kriegswaffe führen, war nicht auf 1918 beschränkt. Sie wurde auch nach 1945 geprägt, und keineswegs von Schwächlingen, sondern von Vollblutpatrioten.

Soll der Besiegte dann doch zur Verteidigung seiner Resthabe rüsten, tut er es zwiespältigen Herzens. Denn: Gut, Blut, Tapferkeit für nichts, was sage ich, für Nichtswürdiges geopfert und das Land und die Welt durch die erhobene Waffe in eine Katastrophe gestürzt zu haben, ist eine böse Erfahrung. Noch nicht einmal der Heldentod ist geblieben; weder der Held noch der ehrenvolle Tod. Logisch, daß es in Deutschland keine Kriegerdenkmäler für die Soldaten des zweiten Weltkriegs gibt, sondern nur Gedenkstätten für die Opfer. Und wenn ein deutscher Lateinlehrer das Thermopylen-Zitat als vorbildliche vaterländische Regel behandeln wollte, würde er in Schwierigkeiten kommen. Denn Stalingrad ist noch immer nichts als ein Verbrechen. Obwohl die Thermopylen-Funktion, die Stalingrad für die Heeresgruppe Süd hatte, heute unter Fachleuten der ganzen Welt – insbesondere auch der russischen – eine unumstrittene Tatsache ist. Und doch haben wir wieder eine Armee. Selbst die Japaner haben wieder eine; obwohl sie dieser Einrichtung sogar in ihrer Verfassung abgeschworen hatten. Die Angst und die Macht des Faktischen waren stärker als der Schwur. Wir haben eine Armee – doch mit Bedacht leugnen wir die Grundwahrheit, daß der Ernstfall, für den der Soldat und die Armee da sind, Krieg heißt. So dekretierte der ehemalige Bundespräsident Heinemann vor den Offizieren der Bundeswehr:[1] Der Ernstfall ist der Frieden. Logische Fortsetzung: Die Bundeswehr hat versagt, wenn der erste Schuß fällt.

Es war der amtierende Bundespräsident Walter Scheel, der kürzlich das Dilemma der traumatischen Tabuierung von Soldat, Armee und Krieg angesprochen und damit möglicherweise einen Wandel in der psychologischen Landschaft Deutschlands eingeleitet hat. Als er im April 1978 vor der Kommandeurstagung der Bundeswehr in Saarbrücken[2] die ersten zehn Sätze gesprochen hatte, ging jene knisternde Spannung durch den Saal, die sich einstellt, wenn an Tabus gerüttelt wird. »Wir haben«, so sagte der Präsident, »irgendwie ein schlechtes Gewissen, wenn wir an das Militär denken. Wir fürchten, in den Geruch des Militarismus zu kommen, wenn wir uns um die Bundeswehr kümmern. Und weil wir an den Krieg nicht denken mögen, möchten wir auch nicht an den Soldaten denken. ... eine positive Beziehung zur Bundeswehr schädigt in manchen Berufen – und das gilt auch für Politiker und Journalisten – das Sozialprestige. Ein Schriftsteller, der sich für die Bundeswehr einsetzt, wird von seinesgleichen in diesem Lande nicht für voll genommen.«

Die Aufmerksamkeit der Offiziere wurde körperlich spürbar, als dann die Worte fielen: »... die Bundeswehr kann ihre Funktion nur erfüllen, wenn sie für den Ernstfall gerüstet ist. Das heißt, wenn wir den Frieden erhalten wollen, dann müssen wir unsere Soldaten im Hinblick auf einen möglichen Krieg ausbilden. Der Soldat kann nur den Frieden sichern, wenn er für den Krieg bereit ist. Der Krieg aber hat mit dem Tode zu tun.« Das war der Augenblick, als ein Zuhörer, noch durchs humanistische Gymnasium gegangen, seinem Nachbarn zuflüsterte: »Mein Gott, er wird doch nicht auch noch Vegetius zitieren.« Keine Angst – er tat es nicht! Walter Scheel kennt zwar das »Si vis pacem para bellum«[3] und sehr wahrscheinlich auch das noch konsequentere Wort von Cicero;[4] doch er hütete sich, die Zeiten zu beschwören, in denen diese Zitate zum großbürgerlich-vaterländischen Brevier gehörten. Es war schon kühn und wurde auch so empfunden, daß er den Satz aussprach: »Sprüche wie, wenn ein Krieg ausbricht, dann hat die Bundeswehr eben versagt, sind wenig hilfreich.«

Natürlich engt auch Präsident Scheel den militärischen Ernstfall auf einen reinen Notwehr-Akt ein: den Betriebsunfall beim Friedensdienst. Krieg als eine Form des Behauptungswillens einer Nation? Legitimierte und normierte Machtausübung eines Volkes zur Abwehr physischer Bedrohung?

Die militärische Verteidigung der Lebensansprüche der Nation als zwingende Existenzäußerung des Menschen – wie es Arnold Gehlen formulierte?[5] Nein!

Die Bundeswehr ist nur der Form nach ein nationales Instrument; sie ist in die NATO integriert, untersteht im Kriege NATO-Befehl, und die NATO ist ein uneingeschränktes Verteidigungsbündnis, ein Notstands-Instrument mit kompliziertem politischen Krisenmanagement, sogar ohne präzise und zwingende militärische Beistandspflicht eines jeden Partners.

Wir haben einen Verteidigungsminister, eine Verteidigungsstrategie. Eine Verteidigungslogistik. Eine Verteidigungsrüstung mit Verteidigungswaffen – und Verteidigungsweltanschauung. Wir kennen keine »drohende Kriegsgefahr«, sondern nur Spannungsfall; und im Falle der Kriegsgefahr wird nach erfolgtem Angriff der Verteidigungsfall verkündet. Nach parlamentarischer Mehrheitsfindung. Unsere Waffensysteme und unsere logistische Organisation sind nicht geeignet, in Feindesland zu marschieren. Jeder russische General weiß das. Rußland war zu keinem Zeitpunkt seiner modernen Geschichte vor einem Angriff mit konventionellen Waffen von Europa her so sicher wie heute! Wir haben eine Vorne-, aber keine Vorwärtsstrategie.[6] Das ist nicht operative Regel, sondern Strategie-Doktrin, so wie unser Feindbild frei von Emotionen, frei von Haß oder Vernichtungswillen ist. Man könnte sagen, wir kehren damit zum Feindbild der Kabinettskriege zurück; jenes Feindbild, das Clausewitz[7] getadelt hat, als er sagte: Unwahr sei es, wenn man den Krieg von Leidenschaften losgelöst denken wollte, wenn man ihn als einen Verstandesakt der Regierungen sähe, eine Art Algebra des Handelns.

Aber muß man das nicht im Zeitalter der Nuklearwaffen? Clausewitz ist eben einer der Väter des Volkskrieges, den Lenin zum revolutionären Krieg entwickelt hat. Clausewitz ist deshalb heute mit Recht drüben beheimatet! Wir versuchen, militärischen Ernstfall ohne Haß, ohne absolute Feindschaft, zu konzipieren. Im Gegensatz zum Krieg der absoluten Feindschaft, zum revolutionären Vernichtungskrieg. Unser Kriegsziel im Falle eines Angriffs ist nicht die Vernichtung des Feindes, sondern die Zurückwerfung des Angreifers über unsere territoriale Grenze. Der Angreifer ist Friedensstörer, Friedensbrecher. Nicht absoluter Feind. Das ist wichtig; denn in der Theorie und in der Praxis des Krieges geht es seit eh und je um die Unterscheidung der Feindschaft, die dem Krieg ihren Charakter gibt.

Deshalb ist es so bedeutsam, daß nach unbestreitbar gültiger militärwissenschaftlicher Analyse[8] die sowjetische Militärstrategie geprägt ist durch ihren Offensivcharakter und ihren absoluten Feindbegriff, womit sie zur Strategie des Bolschewismus wird. Die sowjetische Militärstrategie akzeptiert ein militärisches Gleichgewicht nur in Teilbereichen, ist auf Überraschung – mit hoher Gefechtsbereitschaft –, auf Initiative – mit hoher Beweglichkeit – aufgebaut und geht davon aus, einen drohenden Angriff durch einen präemptiv geführten Vernichtungsschlag abzuwehren und sofort die Initiative zu ergreifen. Die präemptive Option, das heißt, die Maxime des militärischen Überraschungsschlages aus politischer Motivation und kraft politischer Entscheidung, ist essentieller Bestandteil der sowjetischen Strategie. Und außerdem das Wesensmerkmal des Revolutionskrieges, nachdem der Krieg kein vom Frieden mehr klar abgrenzbarer Ausnahmezustand ist.

Bei einem potentiellen Gegner mit so aggressiver Strategie-Doktrin und ebensolcher Rüstung muß für den auf Defensive programmierten »Legitimisten«, wenn Sie mir diese Neuschöpfung gestatten, die Kernfrage darin bestehen, mit Sicherheit zu erkennen, wann der Augenblick der militärischen Notwehr gekommen ist. Wann muß, wann darf der Krieg gemacht, das heißt, wann darf geschossen werden, wann muß geschossen werden?

Unser politisch-militärischer Instanzenweg, der diese Fragen beantwortet, ist kompliziert. Das gilt für die Bündnisorgane wie für die Entscheidungsgremien für den Fall nationaler Selbstverteidigung. Im nationalen Bereich beginnt der Verteidigungsfall damit, daß der Oberbefehlshaber der Bundeswehr – der Verteidigungsminister – seine Funktion abgibt und der Bundeskanzler den Oberbefehl übernimmt. Einen militärischen Oberbefehlshaber hat die Bundeswehr nicht. Der Generalinspekteur ist Führungsgehilfe des Verteidigungsministers beziehungsweise des Bundeskanzlers. Der Primat der Politik ist total. In den elf Artikeln des Grundgesetzes zum Verteidigungsfall kommt das Wort Krieg und Bundeswehr nicht vor.

Natürlich gibt es fixierte militärische Regeln, die besagen: Überschreiten militärische Kräfte in bestimmtem Umfange mit erkennbar feindseliger Absicht unsere Grenze – oder dringen in unseren Luftraum ein, dann treten militärische Maßnahmen in Kraft. Sie sind streng von der Verhältnismäßigkeit bestimmt und sollen geeignet sein, die Friedensstörung zu beseitigen, den Angreifer zu stoppen und zurückzuwerfen. Wird ein auf Angriff angelegter Aufmarsch vor unserem Territorium ausgemacht, können abgestufte Abwehrvorbereitungen und Abwehrmechanismen in Gang gesetzt werden. Die Entscheidung darüber liegt bei politischen und militärpolitischen Gremien des Bundes und der Allianz. Dabei ist die Bestimmung im Artikel 5 des NATO-Vertrages wichtig, daß diejenigen Maßnahmen getroffen werden, die jeder einzelne für erforderlich hält, und daß nicht jeder bewaffnete Angriff die automatische Erklärung eines allgemeinen Krieges verlangt. Und daß nicht alle Mitglieder die gleiche Art von Hilfe zu leisten brauchen.

Im Zeitalter der vorrevolutionären, der nationalen Kriege war das Reglement einfacher. Konnte eine politische Krise auf dem diplomatischen Parkett nicht bereinigt werden und versagten die Drohgesten, um dem Gegner den politischen Willen aufzuzwingen, dann wurde mobilisiert und damit signalisiert, daß der Entschluß gefaßt war, die militärische Machtprobe ins Auge zu fassen. Die Mobilmachung, das heißt Einberufung der Reserven, und der militärische Aufmarsch waren der Schritt in den Kriegszustand. Die Frist des folgenden Ultimatums und die Kriegserklärung terminierten dann nur noch die Uhrzeit für den ersten Schuß. Das Ganze erinnerte an die Etikette des Duells. Für die diplomatische und moralische Verantwortung, die Schuldfrage gewissermaßen, wie auch für die Möglichkeit, schon das Wettrennen um den Aufmarsch nicht zu verlieren, war es von größter Bedeutung zu erkennen, wer zuerst mobil macht, um ihm dann sofort zu folgen.

Welche Sorgfalt auf diesen Punkt gelegt wurde, zeigt das Taktieren bei den Mobilmachungen zum ersten Weltkrieg. Eine bisher nicht publizierte kriegsgeschichtliche Kostbarkeit belegt das aufs beste. Ich verdanke sie dem Generaloberst Hermann Hoth, der mir das Dokument zur Verfügung stellte.[9]

Hoth, 1914 als Oberleutnant zum Großen Generalstab kommandiert, war in der Nacht vom 30. zum 31. Juli, als die politische Krise auf dem Höhepunkt angekommen war, Offizier vom Dienst bei III b, Fremde Heere Ost, und erhielt gegen sieben Uhr morgens aus Allenstein die chiffrierte Mitteilung, daß Rußland die roten Zettel zur allgemeinen Mobilmachung in den Grenzorten von Russisch-Polen angeschlagen habe. Als Hoth der Operationsabteilung des Generalstabes die Nachricht übermittelte, fragte ihn Generaloberst von Moltke, der Chef des Generalstabes, ob es sich bei der Meldung nicht um einen Irrtum handeln könne; vielleicht nur eine Einberufung von Reservisten zu einer Übung oder eine Probemobilmachung? Hoth bestand auf der Richtigkeit seiner Information, und Moltke sagte darauf: »Dann müssen wir auch mobilmachen.« Und eilte zum Kaiser. Doch im Laufe des Vormittags bekam Hoth Mitteilung: »Seiner Majestät reichten die vorliegenden Meldungen nicht aus, um Gegenmaßnahmen zu befehlen.« Hoth möge seine Meldung sicher belegen.

Dem Nachrichtenoffizier Allenstein, Hauptmann Volkmann, gelang es, durch einen Agenten noch im Laufe des Vormittags einen Original-Anschlagzettel von der Anschlagtafel aus einem russischen Grenzort zu beschaffen. »Mit dem roten Zettel in der Hand« – berichtet Hoth – »diktierte mir Volkmann den Wortlaut des Anschlages durch den Fernsprecher. Es war zweifelsfrei, daß die russische Totalmobilmachung am Abend des 30. Juli 1914 befohlen war.«

Erst daraufhin wurde in Berlin am Mittag des 31. Juli »drohende Kriegsgefahr« befohlen und am 1. August die Mobilmachung in Gang gesetzt. Der Aufmarsch rollte. Jetzt kam es darauf an, den geeigneten Raum zur Verteidigung zu gewinnen, eine operative Frage, die von den verfügbaren Kräften bestimmt wurde. Rußland oder Frankreich? Moltke entschied sich, nach Frankreich zu marschieren. Die Russen rollten gen Ostpreußen. Es ist der alte Grundsatz, den Krieg in Feindesland zu tragen.

Übrigens auch die Militär-Doktrin des *zweiten deutschen Staates* steht unter dieser Devise: »Militärische Auseinandersetzungen finden auf dem Territorium des Feindes statt.« Unsere strategische Defensiv-Doktrin hingegen schließt ein Konzept aus, das den Präventivschlag gegen die zum Angriff bereitgestellten feindlichen Verbände vorsieht. Auch Operationen in das Gebiet des Gegners zu tragen, um Raum für die Verteidigung zu gewinnen, ist kein erlaubtes Konzept für die NATO. Der Gegner bestimmt Art, Umfang und Zeitpunkt des Angriffs. Wir müssen bereit sein, auf alle Formen der Aggression zu reagieren. Terminierte Kriegserklärung ist nicht mehr zu erwarten. Begreiflich also, daß das Problem der sicheren Erkennung tatsächlicher Angriffsabsichten und Angriffsmaßnahmen zum Kernproblem unseres Ernstfallmodells wird. Nicht zu früh, aber auch keineswegs zu spät militärische Abwehrmaßnahmen in Gang zu setzen, das ist die Gretchen-Frage.

Die Diskussionen über das Wann sind hitzig. Die technischen Hilfseinrichtungen zur Früherkennung drohender Gefahr werden immer komplizierter und teurer. Und doch schaffen sie nur Annäherungswerte. Man mag über den Stand der Vorbereitungen informiert sein, oft jedoch zu spät über den wirklichen Zeitpunkt des Angriffs. Welche Konsequenzen daraus zu ziehen sind, wann, wie, was im Vorraum der Gefahr zur Meisterung des drohenden Ernstfalls politisch und militärisch getan werden muß, das ist ein Kernproblem unserer Tage. Simpler gesprochen: Wann müssen, wann dürfen bei der uns so lieb gewonnenen Krisen-Managerei die militärischen Abwehrvorbereitungen in Gang gesetzt werden? Diese Frage nach der Vorbereitungszeit wird bei uns bedenklich verdrängt. Wir sind gefesselt von der Frage nach der verfügbaren Vorwarnzeit, die ständig hin- und hergerechnet wird: Wann wissen wir es ganz genau, daß ernste Gefahr droht? In Wahrheit ist die Frage nach der Vorbereitungszeit viel wichtiger. Denn die ersten Meldungen über gegnerische Vorbereitungen werden immer mehrdeutig sein. Wer wartet, bis die gegnerische Absicht klar und zweifelsfrei erkennbar ist, der wird zwangsläufig dem Überraschungseffekt ausgesetzt. Vorbereitungszeit brauchen wir, und Vorbereitungszeit werden wir nur haben, wenn rechtzeitig politische Entscheidungen fallen; auch wenn der letzte Beweis für die gegnerischen Absichten noch nicht besteht.

Hier muß das Tabu fallen, das von der politischen Führung aus Überschätzung des Krisen-Managements und aus Mißtrauen gegen das Militär errichtet worden ist. Hier fehlen Normen, Regeln, Voraussetzungen. Die spektakuläre Erhöhung der eigenen Abwehrbereitschaft als Demonstration unserer Wachsamkeit und Entschlossenheit sollte endlich von der politischen Führung als Mittel zur Entschärfung einer Krise erkannt werden, anstatt darin eine solange wie möglich zu vermeidende Eskalationsgefahr zu sehen und damit die Vorbereitungszeit gefährlich zu verkürzen.

Auch die frühzeitige Heranführung überseeischer Verstärkungen durch die Führungsmacht – vor Ausbruch von Feindseligkeiten – sollte endlich als deeskalierendes Mittel anerkannt und normiert werden. Die Beendigung des Vietnamkrieges hat dafür die Möglichkeiten geschaffen. Die Zahl der US-Streitkräfte könnte jetzt in drei Wochen verdoppelt werden (vor zehn Jahren wären dafür noch zwei Monate nötig gewesen). Die amerikanischen Luftstreitkräfte in Europa könnten in vierzehn Tagen verdreifacht werden. Und wenn die zivilen Luftreserven aller Partnerstaaten erfaßbar gemacht würden, könnte die NATO heute täglich über fünfzehntausend Soldaten nach Europa fliegen. Von den Schiffen gar nicht zu reden. Ich wähle den Konjunktiv mit Bedacht; denn es bedürfte einer Reihe von Maßnahmen, um die Möglichkeit zur Verfügbarmachung von Transportraum, Flugzeugen des privaten Luftverkehrs, Schiffen und Dienstleistungen zu schaffen.

Der europäische Westen verschließt davor leider die Augen. Aber gerade das wäre ein Indiz für unsere Ernsthaftigkeit und Entschlossenheit, den Krieg zu verhüten, doch notfalls auch mit Entschlossenheit zur Abwehr anzutreten. Nicht zuletzt müßten aber auch wir Bürger mehr Engagement in Fragen der Verteidigungsbereitschaft entwickeln und uns angekündigten Unbequemlichkeiten nicht immer gleich mit der Berufung auf persönliches Wohlbefinden und Bequemlichkeit begegnen. Mit der ständigen Wiederholung der These – eine der wenigen, die heute von rechts bis links unwidersprochen vertreten werden kann –, es darf keinen Krieg mehr geben, denn das wäre das Ende der Menschheit, ist nichts getan. Der Satz hat ohnehin nicht dazu geführt, daß der Krieg in der Welt schlechthin zu einer unmoralischen Denk-Kategorie geworden ist.

In der politischen Diskussion wimmelt es von Bekenntnissen zum Befreiungskrieg. Zum antiimperialistischen Krieg. Zum gerechten Krieg. Zum revolutionären Krieg. Da knallen uns die Spruchbandparolen entgegen: »Die politische Macht kommt aus den Gewehrläufen.« Oder: »Das Gewehr ist eine gute Sache, wenn es für eine gute Sache ist.«[10] Und es wird nicht nur geredet, sondern fleißig scharmütziert, geschossen, Feldzüge veranstaltet. Für die Befreiung gegen die Unterdrückung Krieg geführt und gestorben. Expeditionskorps marschieren. Guerillas operieren in Busch und Städten. Und die europäischen Terroristen-Kommandos kämpfen vor ordentlichen Gerichten durch ihre beredten rechtskundigen Advokaten darum, den gültigen völkerrechtlichen Grundsatz außer Kraft setzen zu lassen, wonach der Rebell kein justus hostis ist und kein Kriegsrecht hat. Sie wollen – ganz im Sinne von Lenins Theorie vom revolutionären Krieg – als kriegführende Partei anerkannt werden und den Status von Soldaten haben.

Nur ein Krieg ist uneingeschränkt auf der Verdammungsliste; dennoch werden auch für ihn ständig neue mörderische Waffensysteme entwickelt. Seine tod- und verderbenbringenden Sprengköpfe lauern auch in diesem Augenblick abschußbereit auf den U-Booten in den Weltmeeren; rund um die Uhr werden sie von Flugzeugen über die Wolken geschleppt; und überall zwischen San Francisco und Wladiwostok sind in Wäldern und Feldern, unter dick betonierten Silodeckeln diese Sprengköpfe auf den Spitzen von Raketen montiert auf ihre Ziele gerichtet: Der atomare Krieg ist das Gespenst unserer Zeit. Er hält uns in Furcht und Schrecken; die Kriegsangst unserer Zeit ist ganz offensichtlich zur Atomkriegsangst verengt.

Was ein atomarer Krieg bedeutet, können wir uns nicht vorstellen; denn wir haben keine echte militärische Erfahrung mit den Waffen der nuklearen Generation. Testfälle sind – wie auch Manöver – keine ausreichende Erfahrungsgrundlage. Die einzigen Erfahrungen bieten Hiroshima und Nagasaki. Doch was sind das für Erfahrungen? Die Sprengkraft der Bombe, die diese unglücklichen Städte 1945 zerstampfte und verbrannte, betrug nur ein Dreißigstel von dem, was heute eine einzige Polaris-Rakete mit ihren drei Sprengköpfen zu bewirken vermag. Und ein englisches Atom-U-Boot hat sechzehn davon an Bord! Und das ist wiederum nichts gegen die neuesten sowjetischen Kontinental-Raketen wie die SS 20, die auf Europa, Afrika und den Nahen Osten gerichtet sind: Transportmittel für drei bis vier Sprengköpfe mit je ein bis drei Megatonnen Zerstörungskraft. Das ist je Rakete dreihundertmal die Spreng- und Hitzekraft der Hiroshima-Bombe und zehntausendmal ihre Strahlungskraft.

Durch diese monströsen Nuklear-Waffen wird dem Krieg nicht nur eine neue Vernichtungsdimension eröffnet, sondern er hat auch einen Sinnenwandel, eine irrationale Qualität erhalten. Man hat zwar auch nach der Erfindung der Armbrust und des Schießpulvers vom nicht mehr denkbaren Krieg gesprochen. Als das Dynamit da war, hielt man Kriege für ad absurdum geführt. Setzt die Atombombe nur diese Kriegsschrecken-Gewöhnung fort? Die menschliche Vernunft und die kosmische Ordnung sprechen dagegen. Der nukleare Vernichtungskrieg hat mit den Nachfolgewaffen der Hiroshima-Bombe die Grenze für militärische Waffenwirkung überschritten; das sind keine militärischen Waffen mehr; denn die Feindvernichtung wird zur Inkaufnahme auch der eigenen Vernichtung und der Menschheitsvernichtung. Dabei sollte man aber nicht übersehen, daß auch konventionelle Waffenwirkung intensiver Art, besonders unter Einschluß ziviler Ziele, die Grenze militärischer Kalkulation sprengt.

Als am Morgen des 16. Juli 1945 auf dem amerikanischen Testgelände in New Mexico die erste Atombombe gezündet wurde, saßen die Militärs und Wissenschaftler in den Unterständen, um das apokalyptische Feuerball-Spektakel durch geschwärzte Gläser zu beobachten. Sie saßen im ersten Rang, als die neue, schreckliche Sonne über der Wüste aufging. Der Countdown lief auch für eine bezeichnende Wette, die der führende Atomforscher Enrico Fermi in der Nacht mit Kollegen abgeschlossen hatte: Ob die Bombe im Zaume bleiben würde, oder ob die zwanzig Kilotonnen atomspaltender Explosionsenergie auf die Atmosphäre übergreifen und – wenn ja – ob dann nur New Mexico oder die ganze Welt zerstört würde.[11] Daß nicht New Mexico, sondern nur Hiroshima und Nagasaki zu Bruch gingen, widerlegt nicht die Wahrheit, daß selbst nur zwanzig Kilotonnen atomarer Sprengkraft keine militärische Waffe mehr darstellen. Ihre Väter wußten das 1945 schon ganz genau. Das Monstrum wurde ja auch nicht auf den japanischen Kaiserpalast, nicht auf ein Heerlager, nicht auf ein Hauptquartier, nicht auf ein Rüstungszentrum geworfen. Sondern auf eine simple City vollgepfropft mit Zivilisten, mit Nichtkombattanten. Der Abwurf war militärisch sinnlos. Der Krieg gegen Japan bereits entschieden, die Regierung in Tokio und die japanischen Militärs schon kapitulationsbereit. Nein, Hiroshima war keine Entscheidungsschlacht. Cannae war eine Entscheidungsschlacht; Solferino; Leuthen; Königgrätz und Sedan; Verdun; Pearl Harbour; Stalingrad; Kursk und Berlin. Hiroshima und Nagasaki waren keine Schlachten. Sie waren die Fortsetzung von Dresden ins Irrationale oder, wenn die Formel passender scheint, ins Transzendentale. Die Bombe von Hiroshima war ein Signal. Exempel für das Fegefeuer einer modernen politischen Inquisition gegen Friedenslästerer.

Die Weltfriedensideologie der USA hatte durch das Nuklear-Waffen-Monopol ihre wirksame Beschwörungsformel bekommen. Sie hieß: Kriegs-Abschreckung durch atomare Vergeltungsdrohung, durch vernichtende Strafexpedition. Der Kernsatz dieser Vergeltungsstrategie fand in der NATO-Doktrin seinen Niederschlag und lautete: »Jede Verletzung der Integrität des NATO-Gebietes« – jede wohlgemerkt – »wird mit der Auslösung eines massiven weitreichenden nuklearen Gegenschlages beantwortet.« Versuche, diese nukleare Strafexpedition zu normieren, sind anscheinend insgeheim angestellt worden: General Steinhoff berichtet[12], daß zu keinem Zeitpunkt die Wiederholung Hiroshimas ins Auge gefaßt gewesen sei, sondern immer das militärische Potential, Rüstung und Verkehr, die Ziele bestimmt haben.

So unfaßlich der Gedanke war, auch bei einer verhältnismäßig geringfügigen Verletzung des NATO-Gebietes die Hölle zu entfesseln, er wirkte – solange die Amerikaner das Atommonopol besaßen. Das änderte sich freilich, als die Sowjets Atommacht wurden und ihrerseits sowohl taktische wie strategische Nuklearwaffen in großem Umfange entwickelten und ihrem Waffenarsenal einverleibten. Dabei leiteten die Russen eine Entwicklung ein, die den infernalischen Charakter des atomaren Krieges noch vergrößerte und die Normierungsversuche der Amerikaner ad absurdum führte: Ihre bis in die SALT-Epoche hinein geltende Maxime lautet: Immer größere, immer stärkere, immer vernichtendere nukleare Sprengköpfe zu konstruieren und zu produzieren. Die Russen versuchen damit, ihre nuklearen Inbalancen auszugleichen und auch ihr eigentliches Handicap auszubügeln: die Unterlegenheit auf dem Gebiet der Elektronik – und damit natürlich auch der Zielpräzision. In den letzten Jahren hat die Sowjetunion auf diesem Gebiet erheblich aufgeholt. Nicht zuletzt deshalb bereiten die SALT-Verhandlungen den Amerikanern außerordentliche Schwierigkeiten.

Mit dem sogenannten atomaren Patt war also plötzlich die simple Rechnung der massiven Vergeltungsstrategie Admiral Radfords vom Tisch der Weltpolitik. Würde doch die atomare Katastrophe nun nicht mehr nur als Vergeltung den Angreifer treffen, da nun dieser seinerseits die Dämonen aussenden konnte. Amerika war nicht mehr unverwundbar und lag nun im Wirkungsbereich sowjetischer Interkontinental-Raketen. Angesichts einer solchen Lage muß man dem ehemaligen Direktor der amerikanischen Rüstungskontrolle, Fred Ickle, wohl zustimmen, der meinte, die Nuklearstrategie sei eine Theologie geworden, mit Sicherheit aber keine Kriegswissenschaft mehr. Man könnte ergänzen: Der militärische Ernstfall ist im Zuge der nuklearen Vergeltungsstrategie zur transzendentalen Dimension geworden, der Waffengang zum Gottesurteil.

Der 13. August 1961, der Bau der Mauer, fällt in die Testphase der Vergeltungsstrategie. Wurde hier im Grunde nicht auch der westliche Verteidigungswille getestet? Was war zu tun? Sollte die massive Vergeltung in Gang gesetzt, zumindest in Gestalt eines Signalschusses mit ihr gedroht werden? Amerika entschied: Nein. Spätestens hier wurde deutlich, daß die Strategie der massiven Vergeltung ihre Abschreckung verloren hatte. Vernichtungsprinzip und Vernichtungsprivileg wurden auf die Supermächte reduziert. Die Hemisphärenteilung mit Vorgelände, Satellitenterrain und Führungsmacht fand auch in der strategischen Doktrin ihren Ausdruck. Sie mußte deshalb modifiziert werden.

Es wird immer noch zu wenig beachtet, daß durch den Berliner Mauerbau ein wichtiger Anstoß gegeben wurde, die Strategie des Alles oder

Nichts in eine differenzierendere Ernstfall-Vorsorge zu verwandeln: in die Strategie der flexiblen Reaktion. Was heißt das? Das strategische Ziel der flexiblen Reaktion ist Abschreckung und – wenn sie nicht wirkt – Verteidigung. Ihr operatives Konzept besteht aus der Bereitschaft zum Kampf mit konventionellen Waffen, der Bereitschaft zum Einsatz von taktischen Nuklearwaffen (Gefechtsfeldwaffen) und der Drohung, strategische Kernwaffen ins Spiel zu bringen. Das ist, was die NATO-Fachleute die Triade nennen. Mit dieser dreischichtigen Strategie soll der militärische Ernstfall Krieg – falls er ausbricht – vor der sofortigen hemmungslosen nuklearen Ausuferung bewahrt, auf jeder Stufe beherrschbar, in seinem Waffeneinsatz berechenbar und in seinem Verlauf kanalisierbar gemacht werden, um die globale Menschheitsvernichtung zu verhindern und dem Angreifer auf jeder Stufe die Chance zur Aufgabe zu geben.

Doch auch diese Strategie der flexiblen Reaktion steht unter dem Hauptauftrag, einen potentiellen Aggressor abzuschrecken, indem ihm durch die kombinierte Abwehrbereitschaft von konventionellen und atomaren Waffen signalisiert wird, daß keine Form einer Aggression – keine –, also auch die mit konventionellen Waffen nicht, Aussicht auf Erfolg hat. Die Drohung mit der Nuklearwaffen-Eskalation und die Bereitschaft zum Krieg mit konventionellen Waffen sollen den Aggressor zähmen. Wie sieht das in der rauhen Wirklichkeit aus? Wir wollen es an einem Exempel aufzeigen.

Seit der belgische NATO-General Robert Close 1976 seine Schrift »L'Europe sans Défense«[13] erscheinen ließ, herrscht in der europäischen Öffentlichkeit Unruhe darüber, ob die nukleare Kriegsabschreckung für Europa überhaupt noch wirksam ist. Der aufreizende Untertitel der Schrift »48 Stunden, die das Gesicht der Welt verändern können« hat Alarm ausgelöst. Close unterstellt einen Überraschungsangriff des Warschauer Paktes auf die Bundesrepublik mit konventionellen Waffen, um gefährlichen innenpolitischen Entwicklungen in den Satellitennationen und in ganz Europa entgegenzuwirken. Begründung: Die Sowjetunion sieht sich durch die aggressive Politik der NATO dazu gezwungen, einen Präventivschlag zur Rettung der Menschheit zu führen. Moskau versichert, daß die Schaffung einer demilitarisierten, neutralen Bundesrepublik dem Weltfrieden nütze.

Die Sowjetunion erklärt sich bereit, sofort zu verhandeln, und verspricht, alles in die Wege zu leiten, um die nukleare Eskalation zu verhindern. Die Jugend der Welt wird dazu aufgerufen, ihren unerbittlichen Kampf gegen die Anwendung nuklearer Waffen durch Massendemonstrationen vor den Botschaftsgebäuden der Vereinigten Staaten auszudrücken. Die Sowjetunion geht davon aus, daß sie den Einsatz atomarer Waffen, die der Präsident der USA freigeben müßte, unterlaufen kann, da der Angreifer mit einer Entscheidungsdauer von mindestens zwei Tagen rechnet. In zwei

Tagen will – und muß – er deshalb sein begrenztes militärisches Ziel, den Rhein, erreicht haben. Außerdem sieht es der Angreifer überhaupt als fraglich an, daß die zuständigen deutschen Führungs- und Kommandostellen den selbstzerstörerischen Einsatz taktischer Atomwaffen vom US-Präsidenten fordern werden.

Darüber hinaus rechnet Moskau mit Appellen der UNO an die USA, keine Atomkatastrophe in Gang zu setzen, sondern mit dem Kreml über eine atomwaffenfreie, neutralisierte Bundesrepublik zu verhandeln. Und mit Verhandeln wäre alles gewonnen. Das Hauptziel des Überraschungsangriffs aus dem Stand ist – nach Close – der Rhein zwischen Wiesbaden und der Ruhr. Der Flankenschutz nach Norden und Süden erfordert die Einnahme von zwei Nebenzielen, nämlich die Regionen Bremen-Hamburg und Nürnberg-Regensburg. Im Norden geht die bequemste Strecke nach der Ruhr von Magdeburg Richtung Köln-Duisburg über Hannover, Bielefeld und Dortmund. Das Gelände ist für Panzerfahrzeuge günstig. Die Zielentfernung beträgt dreihundert Kilometer. Im Süden geht die Achse von Erfurt über Eisenach direkt nach Frankfurt und Mainz. Die Entfernung ist gering – hundertachtzig Kilometer. Beide Achsen verfügen über eine Autobahn.

Die Durchführung stellt General Close dramatisch dar: Die Verteidigung wird überrascht. Die politische Führung hat keine Alarmmaßnahmen gestattet, um nicht zu eskalieren. Reserven sind nicht zur Stelle. Europa stürzt in Panik. Überall wird für den Frieden demonstriert. Für den Frieden, nicht für den Krieg, das heißt, nicht für Verteidigung, sagt Close. Von besonderer Bedeutung ist die Rolle, die Close den Untergrundkämpfern, eingeschleusten Partisanen und Schweige-Agenten in der Bundesrepublik zuweist.

Ich habe selbst einmal Untersuchungen über diese Frage angestellt und muß General Close bestätigen, daß er in dieser Hinsicht ein sehr realistisches Bild des modernen Einsatzes von sechzehn- bis zwanzigtausend Mann der 5. Kolonne und der Anwendung moderner psychologischer Kriegsführung entrollt. Die Störung der Fernmeldeverbindungen, die Besetzung von Rundfunk- und Fernsehstationen; Sabotage gegen die Stabsquartiere der NATO; Zerstörung des Radar-Meldesystems; Neutralisierung wichtiger militärischer oder politischer Persönlichkeiten; Angriffe auf Nuklearwaffen-Depots, E-Werke, Wasserwerke und alles, was das Verteidigungssystem des Westens lähmen oder stören könnte, ist in die Darstellung einbezogen. Nicht zuletzt der Terror mit der Besetzung von Schulen, in denen die Kinder zu Geiseln für die Kapitulation der jeweiligen Garnisonen benutzt werden.

Ist dieses Ernstfall-Modell General Closes realistisch? Da gibt es zuerst die Kritiker, die bezweifeln, ob heute angesichts der Entwicklung der modernen, leicht zu handhabenden panzerbrechenden Waffen überhaupt noch ein Panzerblitz alten Stils möglich ist. Auch die russische Fachliteratur läßt vor allem im Hinblick auf die »klugen Waffen« neuerdings solche Zweifel erkennen. Der Haupteinwand von Sachkennern richtet sich jedoch gegen Closes These, die Sowjets könnten einen solchen Überraschungsangriff aus dem Stand mit Aussicht auf Erfolg gegen die sehr starke panzerbrechende Abwehr und unsere einsatzstarken Luftstreitkräfte starten. Ohne beachtliche Artillerie-Konzentration und Bereitstellungen von Kampfverbänden dicht hinter den Angriffsspitzen, sagen Experten, ist das mit Aussicht auf Erfolg nicht zu machen. Der Warschauer Pakt hat in den letzten zehn Jahren zweifellos sein Potential zum »Angriff ohne Verstärkung« (der Terminus, der heute statt Überraschungsangriff gewählt wird) beträchtlich gesteigert.

Trotzdem sind für eine Operation zum Rhein zusätzliche Kräftekonzentrationen nötig, die heute bei der enorm verbesserten Aufklärungspotenz der NATO nicht mehr unbemerkt vorgenommen werden können. Damit entfiele das entscheidende Moment der Überraschung und Überrumpelung der Verteidigungskräfte. Das ist zweifellos richtig.

Auch ich habe ein solches Angriffsspiel einmal mit allen zuständigen Institutionen durchgespielt und bestätigt gefunden, daß bestimmte Vorbereitungsmaßnahmen von unserer elektronischen Abwehr nicht unbemerkt bleiben können.

Aber ob die deutsche politische Führung und die entsprechenden Gremien und Befehlshaber der Bündnispartner der Allianz aus einer solchen – bemerkten – Konzentration die richtigen Schlüsse ziehen und rechtzeitig kühne, abschreckende Abwehrbereitschaft verfügen – das scheint mir eine sehr berechtigte Frage zu sein. Richtige Aufklärungsergebnisse haben, ist eine Sache; die richtigen – auch politisch und militärisch relevanten – Schlüsse daraus ziehen, ist eine andere. Bei unserer zum politischen Dauerbrenner gewordenen Devise: Nur nichts hochspielen, nur nicht zur Eskalation beitragen, nochmal im Krisenstab diskutieren, kann man zweifeln, ob nicht eine plausible, zur Täuschung bestimmte Erklärung gern akzeptiert würde. Wir sind damit wieder beim schon erwähnten Punkt: Mut zur Bereitschaft – was politische Entscheidungen verlangt – statt warten auf zweifelsfreie Früh- und Vorwarnung. Der Zweifel ist meist erst weg, wenn die Überraschung da ist.

Für die grundsätzliche Haltung zur Gefahrenlage, in der wir uns in der Epoche des bewaffneten Friedens und der permanenten Kriegsbereitschaft befinden, ist folgender Gefahren-Katalog ein Anhaltspunkt. Er gründet sich auf fachmännische Urteile und bezieht sowjetische Denk- und Urteilsgewohnheiten ein. Da ist die Frage eines viel und oft diskutierten Großangriffs auf Westeuropa. Erwägt man alle militärischen und politischen Konsequenzen, dann muß man zu der Auffassung kommen, daß ein massiver konventioneller Angriff des Warschauer Paktes in Westeuropa so viele und so große Risiken für den Angreifer bietet, daß er – zur Zeit – schwerlich in Betracht gezogen werden kann. Und wie steht es mit einem präemptiven Großschlag gegen den Westen? Sagen wir, ein Angriff mit strategischen Nuklearwaffen gegen die Vereinigten Staaten und Europa – samt überraschendem Präventivschlag? Er wäre bei der gegenwärtigen nuklearen Rüstungs- und Zweitschlagfähigkeit der USA ein Lebensrisiko für Rußland und muß deshalb – halbwegs normale Vernunft unterstellt – zur Zeit nicht befürchtet werden. Und ein geographisch begrenzter Angriff mit nuklearen Waffen gegen Europa? Bei der ins Rutschen gekommenen Balance im taktisch-nuklearen Bereich Europas ein Angsttraum. Haben doch die Russen mit dem Back-Fire-Bomber und ihren schon auf dem Marsch in die Einsatzorte befindlichen SS-20-Raketen die westlichen Experten in Alarmzustand versetzt. Schon sind SS 21 und SS 22 in Sicht. »Grauzonen-Waffen«, das heißt Systeme, von denen wir wenig wissen.[14]

Trotzdem würde ein Nuklearschlag gegen Europa nach menschlichem Ermessen nicht akzeptable Risiken für den Angreifer bringen. Er kann daher heute als kaum aktuelle Drohung angesehen werden. Bliebe ein überraschender, begrenzter, konventioneller Angriff in Zentraleuropa gegen die Bundesrepublik oder an den Flanken im Norden beziehungsweise im Mittelmeerraum. Hier könnte sich vielleicht heute noch der Warschauer Pakt, von zwingenden politischen oder militärischen Motiven getrieben, einen Erfolg versprechen. Wenn die sowjetische Führung davon ausgeht, daß ihr die politische Überraschung gelingt, das heißt davon ausgeht, daß die politische Sorglosigkeit oder Zaghaftigkeit Bonns die rechtzeitige massive, machtvolle – auch demonstrative – militärische Bereitschaft verhindert. Ich sage allerdings »könnte«, und ich sage »vielleicht heute noch«. Und ich unterstelle bestimmte politische Voraussetzungen: Daß nämlich die Erosion der NATO fortschreitet; die sinnvollere Dislozierung der Streitkräfte in der Bundesrepublik weiter vernachlässigt wird; die Standardisierung der Waffen im argen bleibt und die effektivere Ausrüstung weiter vom nationalwirtschaftlichen Konkurrenzdenken der Rüstungsindustrien behindert wird.

Man muß aber auch sagen, daß in jüngster Zeit von energischen atlantischen Politikern, NATO-Befehlshabern und Bundeswehr-Generalen dieses Problem im militärischen wie im politischen Raum sehr entschieden angegangen wird. Wenn die von ihnen verfochtenen Maßnahmen voll greifen, wozu übrigens, um es gleich zu sagen, auch sowohl das AWACS-System wie die Neutronenwaffe gehört, könnte die skizzierte Gefahr, der Close-

Krieg, wie ich es einmal nennen will, für den Angreifer mit so vielen Risiken behaftet werden, daß dessen Erfolgschancen über die zulässige militärische Gefahrengrenze steigen. Und vergessen wir nicht, die Russen sind keine Vabanquespieler; sie sind auf Sieg ohne Risiko aus. Ihre Geschichte der letzten fünfzig Jahre belegt das.

Der Zentralpunkt jeder deutschen Verteidigungsstrategie lautet (und damit für unser Ernstfall-Modell): Im Falle eines gegnerischen Angriffs muß unser Territorium so weit ostwärts wie möglich auf deutschem Boden verteidigt werden. Das heißt: Die Bundesrepublik muß und wird vorne verteidigt. Der NATO-Befehlshaber Mitte, der Viersternegeneral Franz J. Schulze, läßt keine Gelegenheit aus, um diese Prämisse als Axiom hinzustellen. Sein Thesen-Wort lautet: »Die Vorneverteidigung ist die politische Voraussetzung für jeden deutschen Verteidigungsbeitrag.« Für jeden, das heißt auch für die Allianz. Die Vorneverteidigung ist Gebot Nummer Eins. Mit Fug und Recht. Denn Preisgabe eigenen Raumes und eigener Bevölkerung mit dem Ziel, den Gegner in einen Abnutzungskrieg zu zwingen, wäre, man muß das einmal ganz hart sagen, eine sträflich verhängnisvolle Strategie gegenüber der Bundesrepublik.

Wer das vertritt, sollte auch wissen, daß kein Bündnisparagraph dies legitimiert – allerdings auch nicht ausdrücklich untersagt. Aber die geringe Tiefe unseres Gefechtsfeldes verbietet die Aufgabe von Raum, nur um Zeit zu gewinnen. Die gegnerische Angriffsmacht muß gepackt werden, wenn sie am verletzlichsten ist, das heißt, bevor der Angriff Schwung bekommt. Hat er den erstmal, muß man wissen, daß auch stärkere Kräfte den Angriff nur noch schwer auffangen können. Ein Angreifer darf auch keinen psychologischen Auftrieb mit Hilfe erster Erfolge bekommen (wie Close unterstellt). Die Folgen für die eigene Truppe und unsere Bevölkerung wären bei ihrer labilen Einstellung gegenüber militärischen Erfordernissen verheerend. Aber noch ein anderes: Könnten die Sowjets am Abend eines ersten Angriffstages melden, daß ihre Angriffsspitzen Hamburg, Hannover, Kassel, Nürnberg genommen haben, brauchten sie sich um die Verläßlichkeit ihrer Satellitenverbände keine Sorge mehr zu machen. Tritt das nicht ein, sieht es in diesem Punkt ganz anders aus. Das hat mit Rußlands Kolonialreich zu tun. Und ich glaube, daß die Russen die Gefahr kennen, die darin besteht, in einem schlecht laufenden Krieg ihr Kolonialreich einzubüßen.

Ich weiß, daß bei dem Wort Vorneverteidigung mancher Neu- und Altstratege abwinkt: Wo sollen wir denn die Truppen für eine starke Verteidigungsfront von achthundert Kilometern hernehmen. Und wenn Massierungen vorne, welche Gefahr ergibt sich daraus? Haben die Sowjets nicht die neue Taktik des kühnen Stoßes? Nämlich Durchbruch aufgelockerter Panzerverbände auf breiter Front durch die Lücken der Vorneverteidigung, die dann hinten zusammenfließen und in großen Strömen weiterstoßen. Vorne wäre dann hinten, und unsere Truppen wären ausmanövriert. Die Studie des US-Militärwissenschaftlers Philip Karber[15] hat in sorgfältiger Weise Bewaffnungskonzepte, Strukturen und Ausbildungsvorhaben sowjetischer Streitkräfte analysiert und weist diese neue Taktik schlüssig nach.

Einwände gegen die Vorneverteidigung werden nicht selten mit plausiblen Beispielen aus dem zweiten Weltkrieg belegt: Die deutschen Durchbrüche, dann die der anderen Seite, zum Beispiel die Invasion an der befestigten Normandie-Küste. Doch die Zeiten haben sich geändert. So ganz allmächtig sind der Panzer und die motorisierte Infanterie nicht mehr. Waffen, Führungssysteme, Taktik und operative Kunst der Waffenzusammenwirkung haben sich weiter gewandelt. Vorneverteidigung wird zum Beispiel im engsten Zusammenwirken zwischen Land- und Luftstreitkräften erfüllt werden. Zwar gilt die Wahrheit: »Nur Landstreitkräfte können Raum gewinnen und Raum behaupten.« Aber Landstreitkräften allein gelingt es heute nirgends, trotz noch so guter Panzerabwehrfähigkeit, nicht zuletzt mit den »klugen Waffen« (ihr Ziel selbst suchende Panzerabwehrwaffen), die Wucht massierter Panzerangriffe zu brechen. Es kommt darauf an, der zweiten Staffel des Gegners die operative Handlungsfreiheit und die Stoßkraft zu nehmen. Das ist die Stunde einer anderen Waffe: Die Stunde der modernen Luftstreitkräfte mit ihrer schnellen Reaktionsfähigkeit, ihrer immensen Feuerkraft, ihrer Flexibilität und ihrer großen Reichweiten und vor allem – mit ihren elektronischen Führungs- und Aufklärungssystemen. Es ist ihre Stunde, den Angriffsschwung des überraschend angreifenden Gegners zu brechen, die Angriffsspitzen von den nachfolgenden Verbänden zu isolieren.

Das Entscheidende für die Vorneverteidigung ist jedoch einer der tabuiertesten Tatbestände, eine Sache, von der man nicht gerne spricht oder in irriger Auffassung befangen ist: Die Strategie der »flexiblen Reaktion« steht und fällt mit der Doktrin, daß auf jede Aggression nach dem Grundsatz der Verhältnismäßigkeit der Mittel zu reagieren ist. Es ist eine gängige und gepflegte Auffassung, die man vor allem in der deutschen Publizistik vertreten findet, daß Nuklearwaffen zur Verteidigung erst dann eingesetzt werden dürfen, wenn die konventionellen Streitkräfte aufgerieben sind. Daß strategisch-nukleare Waffen erst zum Zuge kommen, wenn der Einsatz taktischer Nuklearwaffen auf dem Gefechtsfeld nicht zum erhofften Erfolg geführt hat.

Das ist falsch. Das strategische Konzept der NATO – schriftlich niedergelegt in einem verbindlichen Dokument – stützt eine solche Auslegung nicht. Im Sinne der Abschreckung und der militärischen Effizienz wird, wie gesagt, eine Reaktion mit angemessenen Mitteln verlangt. Mittel, Waffen, die wirken, das heißt, eine Lage meistern können. Die Wahl kann deshalb frühzeitig auf atomare Gefechtsfeldwaffen fallen. Dabei hat die Atomschwelle nichts mit der Wirkungsweise nuklearer Waffen zu tun, sondern ist eine Funktion der Wirksamkeit oder Nichtwirksamkeit der konventionellen Verteidigung.

Das ist eine ganz entscheidende Maxime der Vorneverteidigung, ein Punkt, an dem deutlich wird, wie die Verteidigung in die Abschreckung integriert ist. Freilich: Die Entscheidung liegt beim Präsidenten der Vereinten Staaten. Und gerade diese Frage des Einsatzes taktischer Nuklearwaffen zur Vorneverteidigung war ja der Anlaß für die jahrzehntelangen Bemühungen der NATO:

1. Endlich verbindliche Prinzipien, Regeln, Normen zu entwickeln, wie taktische Nuklearwaffen überhaupt als Mittel der Abschreckung oder der Wiederherstellung der Abschreckung eingesetzt werden sollen und können und
2. für diesen eventuell nötigen Einsatz atomare Waffen zu entwickeln, die nicht den Selbstmordeffekt haben, sondern glaubhaft und militärisch vertretbar einzusetzen sind.

Sie ahnen schon, worauf ich abziele: auf die Neutronenwaffe. Um es gleich zu sagen, das Argument von der Neutronenwaffe als Panzerkiller ist bestechend und einleuchtend. Aber es gibt der Sache einen falschen Akzent. Die Schwächen einer entschlossenen Vorneverteidigung – zuwenig präsente Kräfte, zu mangelhafte Dislozierung der verbündeten Kontingente, zuwenig konventionelle Panzerabwehrmittel gegen die massive Panzerüberlegenheit des Warschauer Paktes – haben schon immer zu der Einsicht geführt, daß zur effektiven militärischen Abwehr und damit zum Effekt der Abschreckung der Einsatz taktischer Atomwaffen ins Kalkül gezogen werden mußte. Es will das bei uns in der Öffentlichkeit nur niemand so recht wissen. Aber es ist so. Und ebenso ist es eine Wahrheit, daß der Einsatz herkömmlicher nuklearer Gefechtsfeldwaffen auf unserem Gebiet einem medizinischen Eisenbart-Rezept gleichkäme: den Patienten mit zu töten, um den Krankheitserreger zu vernichten.

Und – sehen Sie, hier wurzelt ja die gefährliche Kalkulation eines möglichen Angreifers; die Erwägung, der Verteidiger werde die (herkömmliche) Atomwaffe auf seinem eigenen Gebiet eben nicht zur Abwehr eines mit konventionellen Waffen geführten Durchbruchs einsetzen. Er werde, wegen der schrecklichen Nebenwirkungen, vor ihrem Einsatz zurückschrecken beziehungsweise ihre Freigabe vom amerikanischen Präsidenten gar nicht fordern – und der würde froh sein, sie nicht geben zu müssen, um nicht im Zuge einer Eskalation Boston zu gefährden, um Bremen zu retten.

Das ist es doch, was es so problematisch, so gewissensbelastend macht, die jetzigen taktischen Atomwaffen als Notbremse gegen einen die konventionelle Vorneverteidigung überrollenden Panzerangriff anzuwenden. Es müßten ja schon ein paar Dutzend jener verfügbaren taktischen Atomwaffen eingesetzt werden, die mindestens die Sprengkraft der Hiroshima-Bombe haben – die Pershing-Rakete hat beträchtlich mehr –, um die Kampffähigkeit der dreißig bis vierzig Panzerbataillone im vorderen Verteidigungsraum entscheidend zu treffen, vor allem, wenn sie weit auseinandergezogen in der »kühnen Stoß-Manier« durchbrechen. Am Schluß eines, sagen wir, zweitägigen atomaren Raketenbeschusses bräche vielleicht der Angriff zusammen, aber die Zivilbevölkerung im Umraum des Gefechtsfeldes und außerhalb des eigentlichen Zielgebietes hätte eine Million Tote und zweieinhalb Millionen Verwundete und Verstrahlte zu beklagen. Und ein beachtlicher Teil der Bundesrepublik wäre zertrümmert, verbrannt, strahlenverseucht. Ist das sinnvolle, akzeptable operative Option? Ist ein solcher Waffeneinsatz vertretbar? Woraus sich eben die Frage ergibt: ist er glaubhaft?

Das ist die Frage, die sich auch der Gegner stellt. Und verneint er sie überzeugten Sinnes, aus guter Kenntnis unserer psychischen, politischen und militärischen Konstitution, dann wird eben realistisch, was in den strategischen Lehrbüchern der Sowjets nachzulesen ist: »Konventionelle Entscheidung ist nach Herstellung der atomaren Parität wieder möglich.«

Die Lösung des Problems ist die Neutronenwaffe. Sie ist das Produkt der seit zwei Jahrzehnten laufenden Modernisierungsversuche zur Verkleinerung und Säuberung der taktischen Nuklearwaffen. Ich weiß, daß ich einen Nerv treffe. Aber lassen Sie mich nüchtern und technisch referieren: Das entscheidende Merkmal der Neutronenwaffe besteht in der radikalen Einschränkung jener Nebenwirkungen der bisherigen taktischen Atomwaffen, die zu den hohen Verlusten bei der Zivilbevölkerung und zu den Zerstörungen im Umland des Gefechtsfeldes führen. Das ist das zentrale Charakteristikum der Neutronenwaffe; nicht die Populärformel vom Töten der Menschen und Schonen der Fabriken. Die Druck- und Hitzewirkungsradien, die bei bisherigen taktischen Nuklearwaffen die Strahlwirkung um ein Mehrfaches übersteigen, können bei der neuen »enhanced radiation reduced blast weapon« auf den Wirkungsradius der Strahlung beschränkt werden. Die Neutronenwaffe tötet also nicht mehr, sondern weniger Leben. Und die notwendige militärische Wirkung kann mit einem Zehntel der Sprengkraft bisheriger taktischer Nuklearwaffen erzielt werden. Die dadurch mögliche Beschränkung der Wirkung auf militärische Ziele erhöht für den Gegner das Risiko des Einsatzes dieser Waffen und erhöht damit die Abschreckung und die militärische Effektivität.

Angesichts der unabdingbaren Vorneverteidigung ist also die Neutronenwaffe die fällige, dringend notwendige Modernisierung der taktischen Atomwaffe. Sie schont Leben. Schränkt Opfer und Schäden für die Zivilbevölkerung drastisch ein und macht diese wieder zu Nichtkombattanten, wodurch die unheilvolle Verzahnung von Kombattanten und Nichtkombattanten aufhört. Die Neutronenwaffe ist also keine Perversion des Denkens. Sie senkt auch nicht die Atomschwelle, sondern hebt sie an, weil ihr Einsatz glaubwürdiger und damit der Abschreckungscharakter der Strategie der flexiblen Reaktion größer wird.

Natürlich ergeben sich Fragen der atomaren Eskalation. Aber die bestanden vorher auch und bestehen noch immer. Selbstverständlich ist die Neutronenwaffe ein politisches Instrument, denn sie ist eine Nuklearwaffe. Und es ergeben sich Probleme ihres Einbaus in das Signalement-System. Ich muß es mir leider versagen, diesen Fragenkreis hier zu erörtern. Eins ist klar: Der große Alptraum Krieg, die vielbeschworene Apokalypse, daß sich über Polen die interkontinentalen Großraketen zum »Strike« und »Counterstrike« eines atomaren Großkrieges begegnen, bei dem in Minutenschnelle Hunderte von Millionen Menschen sterben, Städte verglühen und riesige Landstriche verwüstet werden, ist also solange unwahrscheinlich, solange man auf die Wirkung der Rationalität in den Zentren der Großmächte vertrauen kann und auf beiden Seiten überzeugt ist, daß keine Seite durch einen Präventivschlag die andere so treffen kann, daß sie nicht doch zu einem schweren, den Angreifer lebensbedrohenden Zweitschlag, dem Counterstrike, in der Lage wäre.

Warum aber, so fragt man sich, warum treiben die Supermächte dann ihre atomare Rüstung immer weiter voran (auch wenn sie den atomaren Wettlauf aus dem quantitativen in den qualitativen Bereich verlagert haben)? Ihre atomaren Arsenale haben längst einen gigantischen Overkill erreicht, und das Patt wird immer nur auf höhere Ebene mit kostspieligeren Waffensystemen gehoben. Warum? Amerikas Admiral La Rocque, Atomwaffen-Experte, hat nach Zeitungsmeldungen vor der UNO festgestellt[16], in einem Nuklearkrieg könnte jede Supermacht die andere in dreißig Minuten vernichten. Zweihundertfünfzig Millionen Tote wären das Fazit dieser halben Stunde. Fünfunddreißig strategische Raketen haben die USA für jede russische Stadt mit über hunderttausend Einwohnern zielprogrammiert, die Sowjets achtundzwanzig für jede entsprechende amerikanische Stadt. Was soll da noch die ständig steigende Verbesserung und Erweiterung des kostspieligen nuklearen Potentials? Eine Rüstung, die die Sowjetunion an den Rand des wirtschaftlichen Ruins bringt?

In den Medien der Welt werden die merkwürdigsten Antworten aus diesem Geheimnis herausdestilliert: Da wird die traumatische Angst der Russen als atomares Rüstungsmotiv genannt. Da werden die Automatismen der Rüstungsindustrie ins Feld geführt, da wird mit den nuklearen Inbalancen der Russen vor allem auf elektronischem Gebiet argumentiert. Aber sind es wirklich die Rechenexempel der Generale und Admirale, die Meldungen der Oberverdachtschöpfer in den Geheimdiensten, die das nukleare Karussel antreiben? Ist es wirklich nur der verrückte Automatismus des Wettrüstens: Der hat das, ich muß es auch haben? Oder muß man zu Hegels Ausspruch Zuflucht nehmen, wonach die Menschheit des Schießpulvers bedurfte, und es alsobald da war.[17] Sind auch die nuklearen Vernichtungsmittel erschienen, weil die moderne Menschheit ihrer bedurfte? Bliebe allerdings die Frage: zu wessen Behufe?

Eine Antwort auf die Frage nach dem Warum des atomaren Wettrüstens ist unpopulär. Sie wird nur geflüstert und besteht aus einem Wort. Es scheint, daß ein verstecktes Ziel in den Planungsstäben umgeht und in den geheimen Studien der militärischen Sicherheits- und Rohstoffexperten seinen festen Platz hat: Das Stichwort heißt »Erstschlagfähigkeit«. Das Wort sagt uns, um was es geht: Nämlich um die Fähigkeit, mit der eigenen atomaren Potenz das gesamte strategische und operative Nuklear-Potential des Gegners mit einem einzigen Strike, dem Erstschlag, zerstören oder außer Funktion setzen zu können, so daß dem Angegriffenen für den Zweitschlag, den Counterstrike, keine Rakete in einem seiner Silos oder auf einem seiner U-Boote mehr bleibt.

Ein solches Erreichen der sicheren Erstschlagfähigkeit müßte nicht die Auslösung des Vernichtungsschlages gegen den Gegner zur Folge haben; es würde die Chance zum Sieg ohne Schuß schaffen. Man braucht die Höllenhunde gar nicht loszulassen, man braucht nur damit zu drohen; und wenn der Bedrohte weiß, daß er der Unterlegene ist, wird er der Drohung weichen. Da allerdings liegt das Problem: weiß er es? Nun, die Anzeichen wären nicht zu übersehen:

Wenn zum Beispiel genug überlegene sowjetische Killer-Satelliten im Weltraum kreisen, die die amerikanischen Navigations-Satelliten für die ansonsten nicht erfaßbaren amerikanischen und britischen Atom-U-Boote zerstören können;

wenn Killer-Satelliten in Stellung sind, die die US-Satelliten für Feuer- und Leitsysteme und für die elektronischen Frühwarn- und Führungssysteme außer Funktion setzen können;

wenn superstarke Langstreckenraketen in solcher Zahl und so treffsicher in unangreifbaren Anlagen stehen, daß die auf Rußland gerichteten gefährlichen, präzisen, wirkungsstarken amerikanischen Minuteman-Raketen in ihren Silos zerschlagen werden können;

wenn die Fähigkeit zum Auffangen der nuklear bestückten Flugzeuge –

wie zum Beispiel der Mirage der französischen Force de frappe – durch die in der Entwicklung stehenden Marschflugkörper Cruise Missiles, oder auch Bummelrakete genannt, und so fort perfekt ist;

wenn noch ein paar andere zu meisternde Dinge ins Werk gesetzt sind...

dann wäre für die Russen das, was man Erstschlagfähigkeit nennt, erreicht.

Ich weiß nicht, ob die Sowjetunion dieses Ziel anstrebt. Aber man weiß: Moskau baut kostspielige Killer-Satelliten und ungeheuer starke, präzise Mittel- und Langstreckenraketen; baut riesige atomare Schutzeinrichtungen für die Zivilbevölkerung und verbunkert ganze Industriezweige atomsicher unter der Erde.[18] Gerade das beunruhigt westliche Beobachter und läßt sie fragen, warum: Um gegen nukleare Kurzschluß-Katastrophen beim Droh-Poker gesichert zu sein? Oder um Zweitschlag-Rest-Potenzen aushalten zu können? Oder, was mir am wahrscheinlichsten vorkommt, als Signal, daß Rußland nuklear überlebensfähig ist, in keinem Fall zerstörbar, in keinem Fall überwindlich.

Die Erstschlagfähigkeit mit einem Zivil- und Industrieschutzsystem, das die Überlebensfähigkeit des Zentralreiches für jede nukleare Konfrontationssituation garantiert, wäre die Carte blanche zum ungenierten Griff nach den Rohstoffräumen und Rohstoff-Routen der Welt, vor allem in Afrika, wäre für lange Zeit Aufhebung des Patts und damit Hegemoniezustand für eine Supermacht und ihre Hemisphäre. Das militärische Ernstfall-Modell wäre damit für lange Zeit wieder auf Freiheitskriege und Revolutionskriege reduziert. Das könnte trostreich klingen. Was das aber vom Glück des Menschen her gesehen, von seiner Freiheit, seiner Würde aus betrachtet, für eine Welt wäre, muß hier und heute außer Betracht bleiben. Auf alle Fälle aber macht dieser Ausblick klar, wie bedeutsam ein wirksamer atomarer Rüstungsstop für strategische Nuklearwaffen wäre, welche Motive, Automatismen und Risiken ihm aber auch im Wege stehen. Ich glaube deshalb nicht daran.

Ich könnte hier schließen. Doch ich habe nach all dem strategischen Für und Wider, nach den Erörterungen von Waffensystemen, Kriegstechnik und operativen Grundsätzen, nach Vernichtungskapazitäten und machtpolitischen Unwägbarkeiten einfach das Gefühl, daß ich das alles nicht ohne ein Wort über den Menschen beenden darf – welches ihn nicht nur als Opfer wertet: Die Kraft, die Tugenden, die Leistungen, die ihm im Kampf um den Frieden abverlangt werden, besonders der Tod, der immer beim Krieg im Spiel ist, auch in all den Systemen und all den Mechanismen, die wir dargestellt haben, sollten nicht übergangen werden. Ich habe nicht davon gesprochen, daß die Technik die Moral nicht außer Kraft setzt. Und nicht geprüft, ob Napoleon nicht auch heute noch recht hat, wenn er sagte: »Im Krieg ist die Moral der Truppe dreimal soviel wert wie das Material.« Ein Wort, das ein großer Trost sein könnte.

Von der Tapferkeit haben wir gar nicht gesprochen; womit ich keinesfalls der These Vorschub leisten möchte, die Tapferkeit sei überholt. Tapferkeit ist – wieder nach Napoleon – die einzige Tugend, die man nicht vortäuschen kann. Und der moderne Truppenführer weiß, daß die beste Technik nichts nützt ohne Tapferkeit. Doch die Tapferkeit ist wertlos, wenn der Apparat kaputt ist.

Und dann die Macht der Ideen und Ideologien. Der Glaube an eine Sache, für die es zu kämpfen lohnt. Und der Zweifel an der, für die man kämpfen soll. Wie steht es damit? Professor Schelsky hat in einem Vortrag im Jahre 1978 über diese Frage den pessimistischen Satz geprägt: »Glaubt man hierzulande wirklich, daß in einer ernsthaften Krise des politischen Glaubenskampfes in der Welt, in einer bedrohlichen außen- oder innenpolitischen Sicherheitskrise, die dafür entscheidenden Jahrgänge unserer Staatsbürger noch zu gewichtigen persönlichen Opfern oder gar zum Einsatz ihres Lebens bereit wären? Für die soziale Marktwirtschaft oder für die Verfahren des Rechtsstaates zu sterben, dies zu erwarten wäre ähnlich absurd, wie es einmal das französische ›Mourir pour Danzig‹ war.«[19]

Unterstellt man einen Krieg, bei dem der Warschauer Pakt mit konventionellen Waffen die Bundesrepublik angreift, diese ohne Bündnishilfe bleibt und die Vorneverteidigung mangels klarer und bindender Normen und wirksamer Waffen nicht erfolgreich betreiben kann; würde dieser Krieg als revolutionärer Befreiungskampf mit sozialistischem Glaubenseifer über unser Land hereinbrechen, könnte Schelsky möglicherweise recht haben. Ich will darüber nicht rechten. Doch ich erinnere daran, daß in Deutschland im Jahre 1939 über die Kampfmoral der jungen Generation Englands ähnliche Vorstellungen herrschten. Und dann entstand unter der aggressiven Herausforderung blitzschnell eine todesmutige, disziplinierte Royal Air Force und besiegte die deutsche Luftwaffe in der erbitterten Schlacht um England. Ich will es bei diesem einen Exempel belassen.

Die Gefahr, die uns heute droht und die aus einer gigantischen Machtausübung in Hemisphärenbereichen erwächst, geht weit über nationale Lebensfragen und vaterländische Motivationen hinaus. Ihre Folgen, ihre Komplikationen treffen immer gleich die Menschheit und den Menschen. Nicht nur die militärischen Folgen, sondern auch die wirtschaftlichen und die geistigen. Ein Zitat gibt dem gültige, zeitgemäße Deutung:

»Die Menschenmassen, die sich der Wirkung moderner Vernichtungsmittel machtlos ausgesetzt fühlen, wissen vor allem, daß sie ohnmächtig sind. Die Wirklichkeit der Macht geht über die Wirklichkeit des Menschen hinweg... Ich würde mich als denkender Mensch schämen zu sagen, daß die Macht dann gut ist, wenn ich sie habe, und böse, wenn mein Feind sie hat. Ich sage nur, daß sie jedem, auch dem Machthaber gegenüber eine eigenständige Wirklichkeit ist und ihn in ihre Dialektik hineinzieht. Die Macht ist stärker als jeder Wille zur Macht, stärker als jede menschliche Güte und glücklicherweise auch stärker als jede menschliche Bosheit. Mensch zu sein bleibt trotzdem mein Entschluß.«[20]

ANMERKUNGEN

1 Gustav Heinemann am 10. Juni 1974 in München: »Nicht der Krieg ist der Ernstfall, in dem der Mann sich zu bewähren hat, wie meine Generation in der kaiserlichen Zeit auf den Schulbänken lernte, sondern der Frieden ist der Ernstfall, in dem wir uns alle zu bewähren haben.«
2 Walter Scheel, 22. Kommandeurstagung der Bundeswehr am 5. April 1978.
3 Wenn du den Frieden haben willst, mußt du zum Kriege rüsten (Vegetius, Ende des 4. Jahrhunderts: Qui desiderat pacem, praeparet bellum).
4 Cicero: Quare si pace frui volumus, bellum gerendum est – wenn wir uns des Friedens erfreuen wollen, müssen wir Krieg führen.
5 Arnold Gehlen, Moral und Hypermoral, Frankfurt/Bonn ³1973.
6 General Franz-Joseph Schulze, »Abschreckung und Verteidigung in Mitteleuropa«, Vortrag vor der Gesellschaft für Wehrkunde, Wuppertal, 9. Dezember 1977. »Strategiediskussion in der NATO«, Vortrag Haus Rissen, Hamburg, 25. Mai 1978.
7 C. v. Clausewitz, Vom Kriege, Bonn 1966.
8 Generalmajor Heinz von zur Gathen, »Änderungen in der Militärdoktrin der Sowjetunion?« Vortrag Haus Rissen, Hamburg, 25. Mai 1978.
9 Memorandum vom 25. September 1929 an Generalmajor Gempp, Berlin; Abschrift auch im Archiv von Professor Gerhard Ritter.
10 Karl Heinz Brokerhoff, Mit Liedern und Granaten. DDR-Schullesebücher über Soldaten in Ost und West, Bonn-Bad Godesberg 1972.
11 Charles L. Mee jr., Die Teilung der Beute. Die Konferenz von Potsdam 1945, München 1976.
12 Johannes Steinhoff, Wohin treibt die NATO? Probleme der Verteidigung Westeuropas, Hamburg 1976.
13 Robert Close, Europa ohne Verteidigung? 48 Stunden, die das Gesicht der Welt verändern, Bad Honnef/Erpel und Saarbrücken 1977. Originalausgabe: L'Europe sans Défense? Brüssel 1976.
14 The Military Balance 1977/78. The International Institute for Strategic Studies London.
15 Philip A. Karber, Stellvertretender Vizepräsident für Nationale Sicherheitspro-

gramme und Direktor für Strategische Studien der Washingtoner BDM Corporation, »Die taktische Revolution in der sowjetischen Militärdoktrin«, Teil 1 u. 2, Sonderdruck aus *Europäische Wehrkunde* Nr. 6, 7/1977.
16 Im Juni 1978.
17 »Es ist alsdann gegen jene Übermacht der Bewaffnung noch ein andres technisches Mittel gefunden worden – das Schießpulver. Die Menschheit bedurfte seiner, und alsobald war es da.« Georg Wilhelm Friedrich Hegel, Vorlesungen über die Philosophie der Geschichte, Stuttgart 1961, S. 542.
18 Leon Gouré, »War Survival in Soviet Strategy – USSR Civil Defence«, *International Affairs, Current Affairs Press*, University Miami, 1977.
19 Helmut Schelsky, »Sind wir eigentlich noch frei?« Vortrag vor dem Arbeitgeberverband der Metallindustrie; herausgegeben in der gesellschaftspolitischen Schriftenreihe des AGV Metall, Köln 1978.
20 Carl Schmitt, Gespräch über die Macht und den Zugang zum Machthaber, Pfullingen 1954.

Josef Isensee
Verfassung ohne Ernstfall: der Rechtsstaat

I. Vorüberlegungen zur unjuristischen Kategorie »Ernstfall«

1. Unvereinbarkeit mit dem Begriffssystem des Rechtsstaats
»Ernstfall« ist keine verfassungsrechtliche Kategorie. Der Begriff ist schlechthin ungeeignet, jemals Eingang in eine Verfassung des Rechtsstaats zu finden.

Der Rechtsstaat herrscht durch Gesetz. Gesetze aber sind auf reguläre Lebensvorgänge abgestellt. Nur das Normale läßt sich normieren.[1] Der Rechtsstaat gründet also auf Normalität. Der Ernstfall dagegen ist das schlechthin Abnorme. Er spottet dem Kalkül des Gesetzgebers, der auf typische, wiederholbare, allgemeinbegrifflich umschreibbare Situationen fixiert ist. Rechtsstaatliche Gewalt ist angelegt auf Regelhaftigkeit, Berechenbarkeit, Mäßigung.

Der Ernstfall hingegen ist irregulär und unberechenbar. Er fordert die äußerste Anspannung. Ernstfallkonform ist die »Maßnahme«: die einmalige, situationsspezifische, normsprengende Reaktion der Staates.[2] Allein dem Rechtsstaat sind Maßnahmen verwehrt, die den Kriterien der Allgemeinheit und Vorhersehbarkeit nicht genügen.[3]

Die Feststellung, daß sich der Ernstfall nicht mit dem Netz rechtsstaatlicher Begrifflichkeit einfangen läßt, besagt nicht, daß es den Ernstfall für den Rechtsstaat überhaupt nicht gebe.

Die Überlegungen mündeten sogleich in die Bahnen konventioneller staatsrechtlicher Thematik, wenn der »Ernstfall« deckungsgleich wäre der Figur des »Notstandes«, wie ihn zahlreiche Verfassungen in Geschichte und Gegenwart als Möglichkeit vorsehen.[4] Die Verfassung weist im Notstand (Belagerungszustand, Ausnahmezustand) bestimmten Staatsorganen

Sonderbefugnisse zu, um eine außerordentliche Gefährdung des Gemeinwesens abzuwehren, die sich auf der Grundlage der regulären Kompetenzen nicht bannen läßt. Klassische Tatbestände sind der Bürgerkrieg als »innerer« und der Staatenkrieg als »äußerer« Notstand. Das Notstands-Reglement läßt sich seiner Anlage nach als Typisierung von Ernstfall-Konstellationen und Institutionalisierung der Ernstfall-Abwehr deuten. Gleichwohl braucht nicht jeder formalisierte Notstand auch ein Ernstfall der Republik zu sein. Die Naturkatastrophe – ein möglicher Notstandsfall – läßt den Bestand des politischen Systems unberührt. Im übrigen kann eine noch so sorgfältige Regelung des Ausnahmezustandes die Möglichkeit des Mißbrauchs nicht völlig ausschließen: daß ein Staatsorgan den Notstandsmechanismus in Gang setzt, ohne daß der Zwang der Umstände es rechtfertigt. (Allerdings könnte ein solcher Kompetenzmißbrauch seinerseits den Ernstfall der Verfassungsordnung auslösen.)

Auf der anderen Seite ist nicht jedweder Ernstfall formalisiert oder auch nur formalisierbar. Darin zeigt sich gerade seine Eigenart: daß er sich nicht rechtlich fassen und verfassen läßt. Die Bestimmung des Ernstfalles ist keine juristische Frage der Verfassungsauslegung. Die Schwelle zum Ernstfall wird nicht durch förmliche Verfahren markiert. Der Übergang vollzieht sich unabhängig davon, ob die Verfassung die Gefahrenlage berücksichtigt und Vorkehrungen zu ihrer Bewältigung trifft. Der Ernstfall ist – im Unterschied zum Ausnahmezustand – kein normativer Tatbestand, sondern ein Lebenssachverhalt; kein Rechtsakt, sondern ein existentielles Ereignis. Sein Ort ist das reale Gemeinwesen, in dem die staatliche Ordnung sich in tagtäglicher Aktualisierung zu bewähren und zu behaupten hat.

Es wäre daher sachwidrig, »Ernstfall« und »Notstand« in eins zu setzen und so die Fragestellung auf bekannte Problemaspekte, Problemausblendungen und Argumentationsmuster der Staatsrechtslehre umzulenken. »Ernstfall« ist eine wesenhaft unjuristische, sogar unwissenschaftliche Kategorie. Sie zwingt den Juristen, das Verfassungsrecht aus ungewohnter Perspektive zu betrachten.

Was aber ist ein Ernstfall?

2. Das umgangssprachliche Verständnis

Ein Versuch, den »Ernstfall« zu definieren, führte unvermeidlich auf eine Abstraktionshöhe, unterhalb deren gerade versänke, was das Eigentliche dieses Begriffs ausmacht: das Existentielle und das Situationsspezifische. Es gibt nicht den Ernstfall an sich, sondern nur den Ernstfall für eine bestimmte Person oder Institution. Der Tatbestand, auf den das Wort zielt, läßt sich nur im konkreten Bezug erfassen.

Der Student begegnet seinem Ernstfall in der Prüfung.[5] Der Bergsteiger wird von ihm ereilt beim Sturz in die Gletscherspalte. Es geht in beiden Fällen um mehr als die technische Bewältigung einer Schwierigkeit. Die Situation spitzt sich jeweils auf die Entscheidung über ein Bestehen oder Scheitern zu. Der Einzelne gerät unter den Zwang der Selbstbehauptung. Das Überleben (oder zumindest Überstehen) verlangt den vollen Einsatz der Kräfte und die rasche Tat. Im Ernstfall steht das Schicksal auf des Messers Schneide. Und Messers Schneide ist kein Ort, sich niederzulassen zu langwierigem Überlegen und umständlichem Verfahren. In der Grenzsituation verengt sich der Spielraum der Entscheidung. Mit der Normallage entfallen die Standards des normalen Verhaltens. Das Ideal der »richtigen Mitte« dankt ab.

»In Gefahr und grosser Noth
Bringt der Mittel-Weg den Tod.«[6]

Die Tüchtigkeit muß im entscheidenden Zeitpunkt – im Kairós – mobilisiert werden. Gleichwohl ist Vorsorge für den Ernstfall möglich und ratsam. Der Student bereitet sich vor auf das Examen; der Bergsteiger beschafft sich die angemessene Ausrüstung und übt die Technik des Sicherns. Doch Vorsicht und Geschicklichkeit allein reichen nicht aus, um den Ernstfall zu bestehen. Das kalkulierbare Risiko, die planmäßig zu bewältigende Aufgabe, die beherrschbare Situation sind kein Ernstfall. Die Extremlage, die diesen Namen verdient, kann nur gemeistert werden, wenn Tüchtigkeit und Glück zusammenfinden.

3. Erste Folgerungen im Blick auf den Staat

Tüchtigkeit und Glück brauchen nur in die Sprache Machiavellis übersetzt zu werden. Als »virtù« und »fortuna« zeigen sie sich als die Kräfte, die das politische Geschehen im Wechsel der geschichtlichen Lagen bestimmen. Damit erhebt sich die Frage, was den Ernstfall für das politische System ausmacht.

Eine lapidare Antwort gibt Carl Schmitt, der den Begriff »Ernstfall« in die Staatslehre eingeführt und zum archimedischen Punkt seiner Theorie des Politischen, mithin des Staates, erhoben hat. Die Antwort lautet: Der Ernstfall ist der Krieg, und nur der Krieg. Ein Volk wird nach Schmitt zur politischen Größe dadurch, daß es in der Lage ist, den Feind zu bestimmen und Krieg gegen ihn zu führen, damit die eigene Existenz gegenüber der fremden existentiell zu behaupten. Für die Politik sei die Unterscheidung zwischen Freund und Feind spezifisch wie die Gegensätze Gut und Böse für die Moral, Schön und Häßlich für die Ästhetik. Der Begriff des Politischen wird hier von der Außenpolitik her konzipiert: Im Innern des befriedeten Gemeinwesens sei kein Raum für Politik, sondern nur für Polizei, die Ruhe, Sicherheit und Ordnung gewährleiste. Nur in einem sekundären Verständnis dürften innerstaatliche Gegensätze als »politisch« bezeichnet werden – es sei denn, die Gegensätze wüchsen sich aus zur Bürgerkriegslage. Der Bürgerkrieg sei allerdings wieder der Ernstfall, der den Freund-Feind-Gegensatz, also die Politik, konstituiere.[7]

Es kann hier dahinstehen, ob Schmitts provozierendes Konzept dem Wesen des Politischen gerecht wird.[8] Genialisch verkürzt jedenfalls wird die Spannweite des Ernstfalles.[9] In der Tat ist der Krieg – der zwischenstaatliche wie der innerstaatliche – der Ernstfall par excellence. Die extreme Belastungsprobe des Verfassungsstaates ergibt sich jedoch nicht nur, wenn seine Existenz als Staat, sondern auch, wenn seine verfassungsrechtliche Essenz auf dem Spiel steht.[10] Eine Störung des Verfassungslebens und eine Verletzung des Gesetzes sind allerdings noch kein Ernstfall. Vielmehr tritt dieser erst ein, wenn der Bestand des Verfassungssystems bedroht wird.

Diese Grenzsituation läßt sich nicht allgemein für den Staat an sich beschreiben. Jedes Gemeinwesen hat seinen eigenen Ernstfall. Die Gefahrenlage wird wesentlich bestimmt von der Eigenart des gefährdeten Objekts. Nur die jeweilige Verfassung gibt Aufschlüsse darüber, welche Ordnungselemente für das Überleben des Verfassungsstaates wichtig sind und welche Strukturen ihn verletzbar machen. »Verfassung« wird hier verstanden als die real geltende Grundordnung des Gemeinwesens, die mit dem formellen Verfassungsgesetz nicht übereinstimmen muß.

II. Der Ernstfall als Legitimationsfaktor der Staatsgewalt

1. Die Unterscheidung von Normalität und Ernstfall als Bedingung des freiheitlichen Systems

Ein Staat, der seine Institutionen völlig auf den Ernstfall abstellt, ist notwendig totalitär. Er bedarf der unbeschränkten Macht, um den langwierigen Kampf mit Staatsfeinden, Volksfeinden, Klassenfeinden zu bestehen. Er rekrutiert alle Kräfte, die seiner Selbstbehauptung dienlich sein können. Sein Ordnungskonzept: Inpflichtnahme des Einzelnen, militärische Formierung der Gesellschaft, patriotische Daueranstrengung, Zwangsintegration. Verbannt wird, was Effizienz mindern könnte: private und öffentliche Freiheit, Vielfalt und Widerstreit der Interessen, Wettbewerb und Opposition – kurz: alle Prinzipien, auf denen die liberale Demokratie gründet.

Der freiheitliche Staat paßt sich allerdings in seinem äußeren Erscheinungsbild dem autoritären System an, wenn der Ernstfall anbricht und Selbstbehauptung gefordert ist. Die Differenziertheit der gewaltenteiligen Demokratie geht über in Geschlossenheit. Der schwerfällige Prozeß der politischen Entscheidung wandelt sich in Richtung auf Aktionsfähigkeit,

Raschheit, Effizienz. Der Rechtsstaat ermöglicht im Belagerungszustand die Diktatur. – Allein die Ähnlichkeit mit dem totalitären Staat ist nur eine scheinbare. Die Diktatur des Belagerungszustandes ist nicht die souveräne, sondern die kommissarische, deren Funktion es ist, so rasch wie möglich freiheitliche Normalität wiederherzustellen und sich damit überflüssig zu machen.[11] Die »Solidarität der Demokraten« ist nicht das Ergebnis staatlicher Zwangsrekrutierung, sondern spontane Leistung.

Der freiheitliche Staat braucht nicht die Augen vor dem Ernstfall zu schließen und sich auf die Hoffnung zurückzuziehen, daß, wo die Not am größten, das Rettende schon nahe sein werde. Nicht die Leugnung des Ernstfalles macht das freiheitliche System, sondern dessen Abgrenzung von der Normallage. Der Ernstfall bildet die Ausnahme. Er bestimmt nicht die Regel. Der Rechtsstaat umzäunt und umfriedet die außerordentliche Situation, die außerordentliche Maßnahmen erfordert. Er verhindert damit, daß der Ernstfall auf die Normalität übergreift und schlechthin das Gesetz des staatlichen Handelns bestimmt.

Grundrechtliche Freiheit, rechtsstaatliche Machtbindung und demokratische Auseinandersetzung bauen auf Erwartung von Normalität. Normalität ist die Situation der Entspannung: Der Staat befindet sich nicht im permanenten Kampf ums Überleben; der Bürger ist nicht zu militanter Daueranstrengung genötigt.

Der Rechtsstaat tut sich schwer, dem Ernstfall zu begegnen. Selbsterhaltung ist ihm nicht Selbstzweck. Er ist dazu da, seinen Bürgern Bedingungen einer menschenwürdigen Existenz, vor allem Freiheit und Sicherheit, zu gewährleisten. Daher will er ihnen noch nicht einmal in der Stunde der Not zumuten, die Grundrechte preiszugeben. Nur der totale Staat verlangt das totale Opfer.

2. Der totale Ernstfall-Staat
a) Ein historisches Modell: Sparta
Das historische Muster eines politischen Gemeinwesens, das zur Gänze auf den Ernstfall gestellt ist, bildet das antike Sparta. Die Verfassung der Polis, wie sie Plutarch in der Biographie ihres Schöpfers Lykurg schildert, war auf einen einzigen Staatszweck hin ausgerichtet: Bewährung im Krieg. Alle Lebensbereiche waren perfekt durchorganisiert und der militärischen Gemeinschaftsaufgabe dienstbar gemacht – von der Zeugung und Aufzucht der Kinder bis zum staatlich verabreichten Einheitsessen im Tisch-Kollektiv. Der Einzelne hatte auf alles zu verzichten, was ihn vom Staatsdienst ablenken konnte: persönliche Freiheit, individuellen Wohlstand, Familienleben, privates Glück. Kunst hatte nur Platz als Mittel zum militärischen Staatszweck: »Schön, die Zither zu spielen, reißt hin zum Schwerte, zum

Kriege.« Auf dem Boden der staatsorganisierten Kargheit, Gleichheit und Disziplin ersteht die perfekte Kasernenkultur. Ein ironischer Beobachter aus dem genußfrohen Sybaris bemerkte, daß es für die Spartaner ein Leichtes sei, die Allertapfersten zu sein, weil sie sich lieber den Tod zehntausendmal wünschen müßten, als ihre von Staats wegen verordnete Schwarze Suppe zu essen.

Der Friedenszustand als permanente Übung auf den Krieg war strenger als der Krieg selbst. Schmuck, an sich bei Spartanern verpönt, wurde angelegt, wenn sie sich in große Gefahr begaben. In den Feldzügen war die Disziplin lockerer als zu Hause, die Lebensart freier und weniger der Verantwortung und Strafe unterworfen. Plutarch berichtet mit unverkennbarem Erstaunen: »Der Krieg war diesen einzigen Menschen in der Welt eine Erholung von den strengen kriegerischen Übungen.« Die Ernstfall-Vorsorge war härter als der Ernstfall selbst, der Krieg die Situation der Entspannung.

b) Aktuelle Beispiele: Militärdiktatur und sozialistischer Staat
Der totalitäre Staat der Gegenwart – Militärdiktatur wie sozialistische Parteioligarchie – mag an idealtypischer Reinheit hinter dem klassischen Verfassungsalptraum zurückbleiben. Doch auch er bezieht seine Legitimation aus dem Ernstfall.

Der Ernstfall der Militärdiktatur ist der Kampf gegen das Chaos. Machtergreifung ist die »rettende Tat« gegenüber Anarchie, Korruption, Dekadenz.[12] Ziel ist die Wiederherstellung einer Ordnung, die innere wie äußere Sicherheit und moralische Sauberkeit gewährleistet.

Der Ernstfall des Marxismus ist der Klassenkampf. Der Klassenkampf endet nicht mit der siegreichen Revolution des Proletariats. Es bedarf der Übergangsdiktatur, um das kapitalistische System völlig zu zerbrechen und den Klassenfeind endgültig zu entmachten. Erst wenn dieses Ziel erreicht ist, bricht der kommunistische Normalzustand an: der herrschaftsfreie Diskurs einer klassenlosen Gesellschaft, die keines staatlichen Herrschaftsapparates mehr bedarf. Das Paradox des sozialistischen Staates liegt darin, daß er mit dem Anspruch antritt, staatliche Herrschaft aufzuheben, in Wahrheit aber Staatsgewalt bis ins äußerste perfektioniert, daß der Traum vom herrschaftsfreien Diskurs dazu herhält, die Realität der diskursfreien Herrschaft zu rechtfertigen.

Die legitimierende Kraft des Ernstfalles entfaltet sich am deutlichsten in der Phase der Revolution. Die Euphorie des Siegers, die Einschüchterung des Besiegten, Triumph und Terror der ersten Stunde sind lebendig. Das Feindbild ist klar, die revolutionäre Hoffnung unverbraucht. – Die Legitimation wird schal, wenn das neue System sich stabilisiert und das Alltagsgeschäft des Regierens beginnt. Das Revolutionsprogramm fällt dem Pragmatismus und Opportunismus anheim. Das politische Ideal muß sich zu Kompromissen bequemen. Der revolutionäre Schwung schlafft ab in der Tristesse des autoritären Bürokratismus. Der Normalisierungsprozeß ist für das totalitäre Regime gefährlich. In dem Maße, in dem das staatliche Leben der Routine anheimfällt, können dem Einzelnen nicht mehr Totalanstrengung, Kampfbereitschaft und Opfergeist zugemutet werden. Der »alte Kämpfer« ist enttäuscht, daß das mit der Revolution verheißene große Glück des Politischen ausbleibt, und gerät in Versuchung, aus dem Revolutionsverband zu desertieren, sein Glück in der Privatheit zu suchen — oder im Anschluß an eine neue Revolution.

Ein totalitäres Regime, das sich von seinem revolutionären Ursprung entfernt hat, kann dazu übergehen, den Ernstfall zu inszenieren, um seine Legitimation glaubwürdig zu halten und die totale Politisierung sicherzustellen. Die chinesische Kulturrevolution bildet ein eindrucksvolles Beispiel.[13] Allerdings ist es nicht erforderlich, die eroberte Festung künstlich in Brand zu setzen, damit der Geist des Eroberns nicht erlösche. Statt der Inszenierung des Ernstfalles genügt seine Simulation. Diesen bequemeren Weg gehen die meisten sozialistischen Staaten, die vor der Notwendigkeit stehen zu erklären, weshalb der versprochene kommunistische Normalzustand sich immer noch verzögert, obwohl die Expropriateure längst expropriiert worden sind. Die Begründung liefert die marxistische Dämonologie: Der Klassenfeind dräut fürderhin. Ihn zu bekämpfen ist Daueraufgabe. Er greift von außen an in der Gestalt des kapitalistischen Imperialisten; er wirkt im Innern der neuen Gesellschaft als der noch nicht ausgerottete Bourgeois und als der Renegat; schließlich treibt er sein Unwesen in der Seele jedes einzelnen Sozialisten, als Rückstand des vorsozialistischen, »falschen Bewußtseins«.

Angesichts des simulierten Ernstfalls wandelt sich der sozialistische Alltag zum Kampfplatz, zur allgegenwärtigen Front. Arbeit wird zum Fronterlebnis, Ernte zur Schlacht; Fleiß macht den »Helden der Arbeit«. Der gemimte Ernstfall in Permanenz wird zur Legitimationsbasis der sozialistischen Übergangsdiktatur. Sie gibt Beschäftigung und Lebenssinn in der sozialistischen Parusieverzögerung, in der immerwährenden Wartezeit auf die versprochene Normalität.

III. Die Normalität des freiheitlichen Staates

1. Hic et nunc: der Normalzustand

Die Normallage des freiheitlichen Staates ist von Anfang an gegeben. Er gibt sofort, was er überhaupt zu bieten hat: die Freiheit.

Er gibt sie dem Einzelnen, so wie dieser hic et nunc ist, und verlangt nicht, daß er sich zunächst einem staatlichen Vollkommenheitsideal, einem vorgefertigten Menschenbild, anpasse: Grundrechte entbinden und sichern Individualität und Diversität. Sie schützen vor erzwungener Konfektionierung. Ruhe ist nicht Bürgerpflicht, Geschlossenheit nicht Programm der Gesellschaft. Wettbewerb und Auseinandersetzung sind Lebenselixier der liberalen Demokratie. Wirtschaftlicher Eigennutz ist kein Laster; er wird geradezu legitimiert durch Eigentumsgarantie, durch Berufs- und Koalitionsfreiheit. Grundrechte setzen nicht Unfehlbarkeit voraus; die Freiheit der Meinung, der Presse und der Wissenschaft kommen auch dem Irrtum zugute.

Daraus folgt nicht, daß es für die rechtsstaatliche Demokratie gleichgültig wäre, welchen Gebrauch die Einzelnen von ihrer Freiheit machen. Das freiheitliche System gründet auf dem Vertrauen, daß die Bürger ihre Grundrechte und ihr demokratisches Mandat gemeinwohlgerecht ausüben.[14] Das Gemeinwohl ergibt sich nicht automatisch aus den freiheitlichen Institutionen, sondern aus ihrer sinnvollen Aktualisierung. Das Eigentumsgrundrecht als solches schafft keinen Wohlstand. Die Pressefreiheit macht noch keine gute Zeitung. Demokratisches Verfahren verbürgt nicht bereits gute Politik.

Gleichwohl trifft das freiheitliche System keine Vorkehrung für den Fall, daß seine optimistische Grunderwartung sich nicht erfüllt. Es gibt keine Zwangserziehung zu demokratischer Vernunft – vergleichbar der sozialistischen Erziehungsdiktatur, in der die Parteiführung als Avantgarde des Weltgeistes den Zukunftsmenschen des richtigen Bewußtseins herandressiert.

2. Die unheroische Verfassung

Der freiheitliche Staat mutet seinen Bürgern nur geringe Opfer zu. Die Leistungen, die er ihnen abverlangt, bestehen im wesentlichen in Geld. Mit der Entrichtung der Steuern und sonstigen Abgaben sind die positiven Bürgerpflichten nahezu erschöpft.[15] Idealistische Dienste am Gemeinwesen und patriotische Anstrengungen sind nicht gefragt.[16]

Die Normalität, in der die rechtsstaatliche Demokratie gründet, ist unheroisch. Freiheit entfacht Heroismus nur, solange sie von der Tyrannis bedrängt wird. Unter der Despotie sind Menschenrechte und Demokratie

Kampfziele. Um ihretwillen kann die Freiheit ihre Märtyrer finden. Doch ein Egmont und ein Marquis Posa sind nur möglich, solange ein Philipp und ein Alba die Macht halten. Das liberale Pathos des »in tyrannos« verstummt, wenn der Tyrann gestürzt und die freiheitliche Normalität hergestellt ist.

Freilich bedürfen die Institutionen der rechtsstaatlichen Demokratie des Ausbaus, der Anpassung und der Erneuerung. Diese Aufgabe aber ist unheroische Detailarbeit; sie verlangt juristischen Sachverstand und politisches Augenmaß, nicht Kampfgeist. Zwar kann auch im Rechtsstaat der Einzelne genötigt sein, Übergriffe staatlicher Organe in seine Grundrechte abzuwehren. Doch diese Abwehr ist normale, risikolose Rechtsausübung; zur Austragung des »Kampfes ums Recht« stehen geordnete Verfahren bereit. Die Möglichkeit eines staatlichen Unrechts widerspricht nicht dem System der Rechtsstaatlichkeit. Im Gegenteil: nur der Rechtsstaat richtet sich auf die Möglichkeit staatlichen Unrechts ein und sorgt für Abhilfe.[17] Unkonventionelle und oppositionelle Grundrechtsausübung kann den Einzelnen zwar der Kritik seiner Mitmenschen und der Lächerlichkeit aussetzen, nicht aber der Repression des Staates. Im Normalzustand des freiheitlichen Systems finden Heldenmut und Tapferkeit keine Gelegenheit, sich zu bewähren. Risikolose Freiheit und zivile Konflikte ermöglichen nur eine zivile Tugend: Zivilcourage.

Der rechtsstaatliche Alltag genügt nicht dem polemischen Temperament manches Intellektuellen, der sich in der Rolle des permanenten Widerstandskämpfers gefällt, daher aus jeder Mücke eines echten oder vermeintlichen Staatsübergriffs einen unrechtsstaatlichen Elefanten macht und so seine Putativnotwehr gegen das System begründet. Der Putativfreiheitskämpfer auf dem Boden rechtsstaatlicher Sekurität ist eine don-quijoteske Figur. Immerhin sind seine Beweggründe alles andere als ridikül: Ungenügen an der Plattheit des Normalen; moralische Sensibilität, die an der Unvollkommenheit des Systems leidet; moralischer Eifer, der den grundrechtlich legitimierten Eigennutz verachtet und Hingabe an politische Ideale fordert; heroisches Bedürfnis nach extremer Bewährung und säkularisiert-religiöse Hoffnung darauf, den ganzheitlichen Lebenssinn im politischen Kampf zu finden.

Eine derart hochgespannte, ernstfall-geneigte Mentalität gerät leicht in den Sog des Marxismus, der ein Kampfprogramm bietet (notfalls durch Ernstfall-Simulation), die Utopie des Menschheitsglücks aufrichtet und damit politischen Lebenssinn stiftet.

Das freiheitliche System schwingt sich zu derartigen Heils-Verheißungen nicht auf. Es ist auf die Bewältigung der gegenwärtigen Probleme angelegt, mithin unfähig, messianische Hoffnungen auf sich zu lenken. Die Institutionen der rechtsstaatlichen Demokratie, insbesondere die Grundrechte, bieten dem Bürger keinen Lebenssinn, sondern nur eine Grundlage dafür, ihn in eigener Verantwortung zu suchen. So findet (oder verfehlt) der Einzelne seine Daseinserfüllung nicht in der Religionsfreiheit, sondern im Glauben; nicht in der Gewissensfreiheit, sondern im moralischen Handeln; nicht in der Berufsfreiheit, sondern in der Arbeit.

Die unpathetische, utopielose Verfassung freiheitlicher Normalität erzeugt keinen Enthusiasmus. Freiheit erscheint dem Einzelnen leicht banal, wenn sie zur Selbstverständlichkeit geworden, die Erinnerung an die Despotie verblaßt und aktuelle Bedrohung nicht spürbar ist.

Der Rechtsstaat bedarf allerdings auch nicht des Enthusiasmus der Bürger. Wohl aber ist er angewiesen auf ihren Leistungswillen: die Bereitschaft, die grundrechtliche Freiheit kraftvoll und verantwortlich auszufüllen. Aber der Grundrechts-Elan kann in rechtsstaatlicher Sekurität (zumal einer wohlfahrtsstaatlich gepolsterten) einschlafen. Überhaupt gibt es keinen allgemeinen Erfahrungssatz, daß freiheitliche Systeme schlechthin leistungsfähiger seien als totalitäre. Leistungswille und Kreativität können sich geradezu beleben in der Reibung an Autoritäten. »Kein Druck nämlich, ob er von links oder von rechts kommt, ist der Kunst so schädlich wie die lauwarme Zimmertemperatur des Liberalismus.«[18]

Die Regierbarkeit der liberalen Demokratie hängt nicht nur ab von der objektiven Normalität der Lagen, sondern auch von der Normalfall-Mentalität der Bürger: dem Gefühl äußerer und innerer Sicherheit. Damit tritt an die Regierenden der Demokratie die Versuchung heran, das Sicherheitsgefühl der Bevölkerung um jeden Preis aufrechtzuerhalten, die optimistische und irenische Grunderwartung künstlich gegen die Besorgnis (»Panikmache«) abzuschirmen und den Ernstfall als Möglichkeit aus dem Horizont gesetzlich zu bewältigender Lagen zu verbannen.[19] Ernstfall-Prüderie zahlt sich politisch aus: Sie verleiht ein »liberales« Politiker-Image und erleichtert (zumindest kurzfristig) das Geschäft des Regierens, weil der Allgemeinheit Unbehagliches erspart bleibt. Die Gefahr-Verdrängung gibt sich als politische Tugend.

Während der totalitäre Staat dazu neigt, den Ernstfall zu simulieren, um die notwendige Grundstimmung seiner Gesellschaft zu erhalten, ist es für den freiheitlichen Staat verlockend, den Ernstfall zu dissimulieren.

3. *Bürgerfreiheit als Entlastung des Staates von Ernstfallpotential*
Die rechtsstaatliche Demokratie entschärft Ernstfallpotential. Politische Konflikte, die den Ernstfall des totalitären Staates auslösen müßten, sind Ausdruck demokratischer Normalität. Der Rechtsstaat strebt das Ideal der

geschlossenen, total homogenen Gesellschaft nicht an; daher braucht er deren Auflösung auch nicht zu fürchten.

Mit der Anerkennung der Freiheitsrechte entlastet sich der Staat von Verantwortung für krisenträchtige Materien. Ein Exempel liefert die Religionsfreiheit. In den Jahrhunderten, in denen der Staat sich mit einer bestimmten Religion identifizierte, waren Glaubenskrisen notwendig auch Staatskrisen, Glaubensspaltungen Anlässe zum Bürgerkrieg. Die religiöse Neutralisierung und Säkularisierung entlastet das politische System von Konfliktstoff. Der Staat gewinnt kraft dieser Beschränkung die Offenheit, die ihn befähigt, den heterogenen Bewegungen der pluralistischen Gesellschaft Raum zu bieten und »Heimstatt aller Staatsbürger« zu werden.[20] Ähnliche Wirkungen äußern auch die Grundrechte, die wesentliche Aufgaben der Kultur und der Wirtschaft den gesellschaftlichen Kräften überantworten und weitgehend der staatlichen Einwirkung entziehen. Grundrechte, welche die Wirksamkeit des Staates beschränken, tragen zu seiner Stabilisierung bei. Sie verschaffen ihm nämlich Distanz zu gesellschaftlichen Spannungsfeldern. Die Garantien individueller und gesellschaftlicher Freiheit sorgen für einen Sicherheitsabstand zwischen dem politischen System und dem Ernstfallpotential.

4. Der Sozialstaat: neuartiges Ernstfallpotential

Das soziale Staatsziel, das die Staatsorgane verpflichtet, soziale Gerechtigkeit herzustellen, sichert die Voraussetzungen der freiheitlichen Institutionen. Die staatliche Gewähr für einen Mindeststandard der Lebensbedingungen verhindert, daß die für alle verbürgten Freiheitsrechte in der Realität zum Privileg weniger verkümmern und so das freiheitliche System als ganzes unglaubwürdig wird. Die staatlich gelenkte Einebnung sozialer Ungleichheit vermag, wenn sie die rechtsstaatlichen Grenzen einhält, dazu beizutragen, innergesellschaftliche Spannungen zu mindern, die Gesellschaft zu integrieren und zu befrieden.

Jedoch kann die soziale Verfassungskomponente das freiheitliche System mit neuartigem Ernstfallpotential beladen und zu einem guten Teil den liberalen Entlastungseffekt rückgängig machen. Diese Gefahr geht weniger von der grundgesetzlichen Regelung als solcher aus. Das Grundgesetz beschränkt sich – in weiser Bescheidung angesichts der Unabsehbarkeit der wirtschaftlichen Entwicklung – auf ein einziges, abstraktes, sinnvariables Wort: das Adjektiv »sozial«. Die Gefahr entspringt vielmehr einer neuartigen Verfassungsauslegung, welche die gesetzlichen Vorkehrungen der sozialen Sicherung als verfassungsrechtlich sanktionierten Besitzstand auszuweisen versucht,[21] liberale Freiheitsrechte unbesorgt in Teilhabeansprüche auf staatliche Leistungen umdeutet und dem Verfassungstext die Garantie von Wohlstand und Wachstum unterlegt.[22] Dieser Trend der Verfassungsauslegung lebt aus der Hoffnung, daß soziale Errungenschaften am stärksten sichergestellt wären, wenn die höchste Norm der staatlichen Rechtsordnung sie sanktionierte. Hier wird aber die normative Kraft der Verfassung überfordert. Der Versuch, die Wirtschaft der Verfassung zu unterwerfen, kann leicht das Gegenteil bewirken: die Verfassungsgehalte in Abhängigkeit zur jeweiligen Wirtschaftskonjunktur bringen.

Unter den Auspizien des neuartigen Verfassungsverständnisses müssen sich Wirtschaftsstörungen ohne weiteres als Verfassungsstörungen auswirken. Die Wachstumskrise gerät notwendig zur Krise des sozialen Rechtsstaates.[23]

Der Ernstfall, den verfassungsexegetisch fehlgeleitete Hoffnungen auslösen, bildet eine staatsrechtlich paradoxe Situation: Der Rechtsstaat hat nur begrenzte Möglichkeiten, durch Gesetzgebung und Haushaltsführung auf das gesamtwirtschaftliche Gleichgewicht einzuwirken. Soweit dieses überhaupt durch nationale Entscheidungsprozesse beeinflußt wird, liegt die Zuständigkeit weithin bei den Unternehmern und den Gewerkschaften, also jenen Grundrechtsträgern, die kraft der Eigentums- und Koalitionsfreiheit über Investitions- und Lohnplanung befinden und durch Grundrechte weitgehend gegen staatliche Anordnung abgeschirmt sind.[24] Im »sozialstaatlichen Ernstfall« müßte der Staat Folgen verantworten, deren Ursachen jenseits seiner Verfügungsmacht liegen. Entscheidungskompetenz und Folgenverantwortung wären hier also inkongruent.

IV. Verfassungsziele:
Erhaltung der Normalität – Vermeidung des Ernstfalles

Der Verfassungsstaat, dessen Einrichtungen auf Normalität gebaut sind, muß alles daran setzen, diese Normalität sicherzustellen. Dieses Ziel ist verfassungsrechtlich geboten – als ein ungeschriebenes Gesetz, das sich in einer rationalen Ordnung von selbst versteht.[25]

Der Schutz der Normallage stellt die verantwortlichen Staatsorgane vor die Aufgabe:
– die Gefahr frühzeitig zu erkennen und zu vermeiden,
– in der Normalität Vorsorge für die Gefahrenabwehr zu treffen und
– im aktuellen Ernstfall das Verfassungssystem wirksam zu behaupten.

Nicht vorgegeben sind die Wege, dieses Ziel zu verwirklichen. Es ist Gebot politischer Klugheit, im Wechsel der nationalen wie der internationalen Lagen Gefahrensymptome zu erkennen und zu verhindern, daß die Gefahr sich verwirklicht. Hier hat sich die »virtù« des verantwortlichen Politikers vor den Tücken der »fortuna« zu bewähren. Auch der Verfassungsstaat ist auf Staatsraison angewiesen: allerdings auf verfassungsrechtlich eingebundene Staatsraison.

V. Determinanten des Grundgesetzes für die Bewältigung von Grenzsituationen

Der Verfassungsstaat kann sich nur mit verfassungsrechtlichen Mitteln verteidigen. Hier weist das Grundgesetz Besonderheiten auf, die es von mancher anderen demokratischen Verfassung unterscheiden.

Die Verfassungsbindung ist strikt. Sie löst oder lockert sich nicht in der Ausnahmesituation. Das Grundgesetz bildet die rechtliche Gestalt des Staates. Es ist nicht lediglich ein Mantel, der sich ablegen läßt, wenn er unbequem oder beengend ist. Folglich gibt es keine verfassungsfreie Staatsraison.[26]

Keinem der Verfassungsorgane kommt Souveränität gegenüber dem Verfassungsgesetz zu. Das gilt – im Unterschied zu Großbritannien – sogar für das Parlament.[27] Die Volksvertretung kann nicht die Verfassung für den Ausnahmezustand suspendieren oder verfassungswidrigen Maßnahmen, die die Regierung zum Schutz des Gemeinwesens trifft, nachträglich Indemnität erteilen.[28] Der Schutz des Grundgesetzes rechtfertigt nicht den Bruch des Grundgesetzes. Verfassungsnot bricht nicht Verfassungsgebot.

Der grundgesetzliche Rechtsstaat ist ein perfektionistischer Gesetzesstaat. Jeder Eingriff in den Schutzbereich eines Grundrechts – und das ist angesichts der umfassenden Reichweite der Grundrechte nahezu jede Maßnahme staatlicher Selbstbehauptung – bedarf der Ermächtigung durch förmliches Gesetz. Der Notstand ist also nicht die »Stunde der Exekutive«. Die gesetzlichen Eingriffsermächtigungen müssen hinreichend bestimmt sein. Das Grundgesetz kennt keine Blankokompetenz für den Notstandsfall in der Art, wie sie die Weimarer Reichsverfassung in Artikel 48 dem Reichspräsidenten zugewiesen hatte.[29]

Diese formellen Voraussetzungen des Staatshandelns werden auch nicht entbehrlich, wenn es um den Schutz der Verfassung und ihrer Grundwerte geht. Legitimität bleibt verwiesen auf Legalität. Folglich läßt das Rechtssystem des Grundgesetzes keinen Raum für ein übergesetzliches, vor-verfassungsrechtliches Notrecht, wie es etwa die Schweiz kennt.[30]

Die staatliche Selbstbehauptung findet ihre Schranke am rechtsstaatlichen Verbot des Übermaßes. Die Maßnahmen müssen geeignet und erforderlich sein, dem Staatsschutz zu dienen. Sie dürfen dem Einzelnen keine unangemessene Rechtseinbuße zumuten. Die Aktionsmöglichkeiten des Staates weichen von der Normalrechtslage nur ab, soweit es die außerordentliche Lage erfordert. Das Übermaßverbot verlangt vom Gesetzgeber wie von der vollziehenden Gewalt differenzierte Güterabwägungen.

Auf der anderen Seite verbietet das Grundgesetz Gesetze, die Grundrechte nicht allgemein, sondern nur für den Einzelfall einschränken. Ein Gesetz, das etwa die Möglichkeiten der Strafverteidigung beschränken soll, gilt entweder für alle gesetzlich umschriebenen Situationen, oder es gilt nicht. Damit kann der Rechtsstaat in ein Dilemma geraten, daß er entweder zu viel oder zu wenig tut; daß er seine Regelungen auf die Ausnahmelage abstellt und damit die Normalfälle überreglementiert oder sich nur am üblichen ausrichtet und damit vor dem Ernstfall versagt.[31]

VI. Typologie der grundgesetzlich geregelten Gefahrenlagen

Die Vorkehrungen, die das Grundgesetz zu seiner Selbstbehauptung trifft, sind auf drei Typen der Gefahrenlage abgestellt:
— auf den Notstand: eine normativ umschriebene Störung der Rechtsordnung;
— auf den Widerstandsfall: den Staatsstreich, dessen zu erwehren die berufenen Staatsorgane nicht fähig oder nicht willens sind;
— auf die legale Revolution durch Mißbrauch der grundrechtlichen Freiheit.

1. Die Notstandsverfassung
a) Normierung und Normalisierung von Ausnahmelagen
Die Notstandsverfassung des Grundgesetzes umfaßt bestimmte Ausnahmetatbestände: Störungen des regulären Zusammenwirkens der Verfassungsorgane, die Naturkatastrophe, den Putsch und den militärischen Angriff.

Das Grundgesetz suspendiert in diesen Ausnahmefällen in höchst differenzierten Vorschriften die Regelordnung nach Maßgabe des jeweils unbedingt Erforderlichen und führt eine Notordnung ein: durch Konzentration von Befehlsmacht, Vereinfachung staatlicher Entscheidungsprozesse, Einschränkungen einzelner Grundrechte.

Es handelt sich nicht um Ausnahmen *vom* Verfassungssystem, sondern um Ausnahmen *im* Verfassungssystem. Die Ausnahmetatbestände sind normiert, damit normalisiert. Es ist rechtsstaatlicher Verfassungsvollzug, wenn die zuständigen Staatsorgane die Notaggregate nach verfassungsrechtlich vorgesehenen Bedingungen auslösen.

Nicht jeder der Notstandstatbestände bezeichnet den Ernstfall der Republik. Unterhalb der Schwelle des Ernstfalles liegen die Naturkatastrophe oder die Funktionsstörung des parlamentarischen Systems.

Der Ernstfall schlechthin ist allerdings der als Verteidigungsfall deklarierte Krieg. Der rechtsstaatliche Perfektionismus, der die ganze Notstandsverfassung leitet, bewährt sich auch in diesem Tatbestand.

Exemplarisch für Stil und Inhalt der Notstandsverfassung ist die Vorschrift darüber, in welcher Form der Bundespräsident die Feststellung des Verteidigungsfalles zu verkünden habe:

Grundsätzlich sei die Feststellung wie ein Gesetz zu verkünden, also im Bundesgesetzblatt. Sei dies nicht rechtzeitig möglich, so erfolge die Verkündung in anderer Weise; sie sei dann aber im Bundesgesetzblatt nachzuholen, sobald die Umstände es zuließen. Werde jedoch das Bundesgebiet mit Waffengewalt angegriffen und seien die zuständigen Bundesorgane außerstande, sofort die förmliche Feststellung des Verteidigungsfalles zu treffen, so gelte die Feststellung als getroffen und zu dem Zeitpunkt verkündet, in dem der Angriff begonnen habe. Der Bundespräsident gebe diesen Zeitpunkt bekannt, sobald die Umstände es zuließen (Art. 115a III, IV GG).

Dieses Notstandsreglement spricht nicht die Sprache des Ernstfalles – sondern die juristischer Pedanterie.

Überhaupt mag man vom außerjuristischen Standpunkt die Notstandsregelungen entweder als Verharmlosung der Ausnahmesituation oder als sachwidrige Überreglementierung betrachten, als Lähmung staatlicher Effizienz in der Stunde der extremen Belastung.[32]

b) Gesetzesfreie Bewältigung aktueller Ernstfälle

Das Jahr 1977 lieferte in der Entführung Schleyers und in der Abhöraffäre Traube zwei Lehrstücke dafür, daß sich der Ernstfall der Republik in ein noch so fein geknüpftes Gesetzesnetz nicht einfangen läßt.

Die Geiselnahme stellte eine Störung der öffentlichen Sicherheit im Sinne des Polizeirechts und eine Straftat im Sinne des Strafprozeßrechts dar, also einen Fall, den Polizei und Staatsanwaltschaft mit den regulären Mitteln rechtsstaatlicher Gesetzlichkeit hätten erfassen können. Juristisch gesehen also: Normalität. Gleichwohl erlebte die deutsche Öffentlichkeit hier den Anschlag auf den Rechtsstaat: den Ernstfall des Rechtsstaats. Die Justiz verfügte »Kontaktsperren« für konspirationsverdächtige Rechtsanwälte; Maßnahmen, die in der gegebenen Lage sachnotwendig waren und legitim zum Schutz verfassungssanktionierter Rechtsgüter. Jedoch legal waren die Maßnahmen nicht.[33] Die gesetzliche Grundlage wurde erst nachträglich geschaffen. – Überdies bildete sich außerhalb der Verfassungslegalität in den Krisenstäben ein Verantwortungs- und Entscheidungssystem, das die bundesstaatliche, rechtsstaatliche und demokratische Gewaltenteilung überspielte: die Kompetenzverteilung zwischen Bund und Ländern, die Trennung von Regierung und Parlament, die Unterscheidung von Parlamentsmehrheit und Opposition. Die Opposition, die sich in die Krisenverantwortung einbinden ließ, wurde hier als Opposition aufgehoben. Das Grundgesetz sieht derartige Zusammenschlüsse noch nicht einmal für den als Verteidigungsfall deklarierten Krieg vor. Man mag darüber rechten, ob dieses Gremium formell verfassungswidrig war, und die Verfassungsmäßigkeit vielleicht mit dem Argument begründen, daß es sich lediglich um eine staatsrechtlich irrelevante Demonstrationsveranstaltung zur Beruhigung einer erregten Öffentlichkeit gehandelt habe.[34] Im realen Effekt jedenfalls haben die Verfassungsorgane mit ihrer Reaktion den Polizeirechtsfall als Ernstfall der Republik akzeptiert und den Störern den Kombattantenstatus, den sie sich anmaßten, zugebilligt.

Anlaß der Abhöraktion Traube war der bloße Verdacht eines Ernstfalles. Hätte er sich allerdings bewahrheitet, so hätte er jedweden gesetzlichen und verfassungsrechtlichen Rahmen gesprengt. Der Zugang der Terroristen zu Nuklearmaterial liegt außerhalb aller verfassungsrechtlichen Notstandsvorkehrungen, die der Verfassunggeber mehr im Rückblick auf vergangene Ereignisse als in planender Vorausschau getroffen hat. Eine nukleare Erpressung durch Terroristen fiele weder unter den Tatbestand des inneren Notstandes noch unter den des Verteidigungsfalles (das heißt den Krieg zwischen Staaten nach den Vorstellungen des klassischen Völkerrechts). Das Bemerkenswerte an der Abhöraktion ist, daß hier der bloße Anschein der Gefahr und das Erfordernis nachrichtendienstlicher Gefahrerforschung bereits zum Überschreiten der gesetzlichen Ermächtigungen und zum illegalen Eingriff in die Wohnungsfreiheit geführt haben. Die verantwortlichen Staatsorgane beriefen sich allerdings auf den strafrechtlichen Rechtfertigungsgrund des Notstands als gesetzliche Eingriffsermächtigung. Nach dem Strafgesetz ist eine Tat gerechtfertigt, wenn sie zur Abwendung einer gegenwärtigen, nicht anders abwendbaren Gefahr für ein Rechtsgut erfolgt und bei Abwägung der widerstreitenden Interessen das geschützte Interesse das beeinträchtigte wesentlich überwiegt. Dieses Selbsthilferecht jedoch gilt allein für den Bürger. Es kommt der Staatsorganisation nicht zugute; es fügt sich nicht in ihre spezifischen Strukturen, die aus Kompetenzverteilung und Grundrechtsbindung, aus demokratischer Legitimation und parlamentarischer Verantwortung folgen.[35]

In beiden Ereignissen, im echten Ernstfall und im vermeintlichen Ernstfall, flammte das archaische Notrecht des Staates auf. In der Grenzlage der totalen Herausforderung zerriß die Staatsgewalt das verfeinerte, effizienzhemmende Geflecht der Legalität – unter Berufung auf die Legitimität. Der formalisierte Gesetzesvollzug wurde ersetzt durch gesetzesfreie Abwägung verfassungsgeschützter Güter.

Hier zeichnet sich nicht die Krise des Rechtsstaates schlechthin ab, sondern die des rechtsstaatlichen Bestimmtheitsgebotes. Die Hypertrophie des Bestimmtheitsgebotes erzeugt in praxi ein Übermaß an Spezialregelungen – also Unübersichtlichkeit und Rechtsunsicherheit.[36] Überzogene Anforderungen an die Berechenbarkeit des Gesetzes (mithin die Zukunftsschau des Gesetzgebers) führen dazu, daß es vor dem unberechenbaren Ernstfall versagt.

Dagegen könnte der heute fast ausgestorbene Regelungstypus der Generalklausel, wie sie das preußische Polizeirecht entwickelt hat, pragmatische Lösungen für den Konflikt zwischen Legalität und Legitimität vorzeichnen: eine rechtsstaatliche Vereinigung von Zukunftsoffenheit und Rechtssicherheit, von Elastizität staatlicher Gefahrenabwehr und grundrechtssichernder Staatsbegrenzung.

2. Der Widerstandsfall: die Normierung des Unnormierbaren

Das Grundgesetz greift über die Notstandtatbestände hinaus und trifft Vorsorge für den Extremfall, daß die Staatsorganisation sich als unfähig erweist, einen Umsturz abzuwehren, entweder weil sie zu schwach ist oder weil ihre Amtsinhaber selbst in den Staatsstreich verwickelt sind.[37] In dieser Situation appelliert das Grundgesetz an alle Deutschen, Widerstand gegen den Verfassungssturz zu leisten. Das Verfassungsgesetz drückt den Bürgern als letztem Aufgebot des Verfassungsschutzes ein Grundrecht, das förmliche Widerstandsrecht, in die Hand.

Dieses Widerstandsrecht kann kraft ausdrücklicher grundgesetzlicher Regelung sogar im Wege der Verfassungsbeschwerde vor dem Bundesverfassungsgericht geltend gemacht werden. Der Verfassungsgesetzgeber übersieht allerdings, daß, solange das Gericht funktionsfähig ist, das Grundrecht nicht existiert, die Verfassungsbeschwerde also erfolglos bleiben muß. Sobald aber das Grundrecht auflebt, ist das Gericht als sein Hüter notwendig ausgefallen. Im übrigen ist gerichtsförmige Durchsetzbarkeit einem Widerstandsrecht, das seinen Namen verdient, schlechthin fremd.[38] Der Widerstandkämpfer ist Richter in eigener Sache. Widerstand ist Bruch der Legalität, um höherer Legitimität willen. Widerstand ist Ungehorsam und unstaatliche Gewalt. Die Aufnahme des Widerstandsrechts in den Verfassungstext kann zur Unzeit zur Illegalität animieren und zur billigen Ausrede werden. Im Ernstfall dagegen kann die untergehende Republik sich auch nicht mehr an den legalistischen Strohhalm des positivierten Widerstandsrechts klammern. Es gibt keine rechtsstaatliche Versicherung gegen Revolutionen. Wer die Speerspitze der Illegalität fürchtet, durchschreite das Feuer des Widerstandes nie.

Die Normierung eines Widerstandsrechts ist der untaugliche Versuch des perfektionistischen Gesetzesstaates, auch das Chaos rechtsstaatlich zu organisieren.

3. Das Ernstfall-Trauma des Grundgesetzes: die legale Revolution

Die verfassungsrechtliche Normierung des Widerstandsfalles wie auch des inneren Notstandes orientiert sich am Bild des nach klassischem Muster organisierten Staatsstreichs. In die Diskussion der Notstandsverfassung spielten die Erfahrungen des Kapp-Putsches hinein. Doch jenes klägliche Unternehmen in den Gründerjahren der Weimarer Republik war schon zu seiner Zeit anachronistisch. Der Überwinder des Weimarer Systems wurde nicht Kapp, sondern Hitler.

Der rational kalkulierende Revolutionär, der das hochentwickelte Gemeinwesen, die Computergesellschaft, in seine Gewalt bringen will, kann Zerstörungen nicht riskieren, die Putsch und Bürgerkrieg auslösen müssen. Die rationale Revolutionstechnik ist die Legalität.[39] Der Staat des Grundgesetzes hat nicht den Barrikadenkampf zu fürchten, sondern den Marsch durch die Institutionen.

In der Tat ist das Ernstfall-Trauma des Grundgesetzes die legale Machtergreifung Hitlers. Die staatsrechtliche Ungeheuerlichkeit lag darin, daß die Weimarer Republik ihren eigenen Waffen zum Opfer fiel, daß Grundrechte und Parlamentarismus zur Überwindung des Systems eingesetzt wurden, das sie hervorgebracht hatte.[40] Der Austausch der freiheitlichen Legitimität gegen die totalitäre Legitimität vollzog sich in legalen Bahnen.[41]

Nunmehr soll die Legalität des parlamentarischen Rechtsstaats unlösbar verknüpft werden mit der Legitimität der freiheitlichen demokratischen Grundordnung. Die demokratischen Einrichtungen sollen nicht in die Hände ihrer Feinde fallen. Das ist die Grundidee der »abwehrbereiten Demokratie«.[42] Daraus ergibt sich, daß das Verfassungsfundament – die »freiheitliche demokratische Grundordnung« – tabuiert wird und noch nicht einmal der Verfügung des verfassungsändernden Gesetzgebers unterliegt. Durch diese normative »Ewigkeitsgarantie« soll nicht die Revolution als solche ausgeschlossen werden (das wäre normativistische Illusion), wohl aber die legale Revolution. Das Grundgesetz will die Systemüberwindung in die Illegalität abdrängen.[43]

Das Grundgesetz trifft verschiedene Vorkehrungen dagegen, daß die Ausübung der Grundrechte zum Kampf gegen die Verfassung mißbraucht wird. Jedoch haben diese Verfahren den erwarteten Effekt bisher nicht gezeitigt. So wurden bislang zwei Verfahren vor dem Bundesverfassungsgericht eingeleitet zur Feststellung, daß bestimmte Personen ihre Grundrechte mißbraucht hätten. Das eine Verfahren wurde nach acht, das andere nach fünfeinhalb Jahren ohne den vom Antragsteller gewünschten Erfolg beendet mit der Begründung, die Betroffenen hätten inzwischen ihre Gefährlichkeit eingebüßt; Grundrechtsmißbrauch sei nicht weiter zu gewärtigen.[44]

Die Möglichkeit des formellen Parteiverbots hat sich in der Realität geradezu als Bumerang erwiesen. Da das Verbot einem anspruchsvollen Verfahren vorbehalten ist und derartige Verfahren (von zwei Fällen abgesehen[45]) aus Gründen politischer Opportunität nicht praktiziert werden, wirkt sich die Vorkehrung zum Schutz der Verfassung als Schutz der verfassungsfeindlichen Partei aus. Die verbietbare, aber nicht verbotene Partei, die nicht auf dem Boden grundgesetzlicher Legitimität steht, verbleibt unter dem Schirm der Legalität, den ihr die wehrhafte Demokratie eigentlich entziehen wollte. Solange Verfahren nicht durchgeführt werden, die formell gesicherte Erkenntnisse bringen, bleiben Streit und Verwirrung der Geister darüber, ob das »legale« Wirken einer extremistischen Partei auch materiell verfassungsgemäß ist oder nicht, ob es grundrechtsgesicherte Toleranz genießt oder nur die taktische Toleranz, welche die Staatsschutzinstanzen nach Opportunitätserwägungen walten lassen.

Das Grundgesetz trifft Vorsorge gegenüber dem Ernstfall der legalen Revolution auch dadurch, daß es den Beamten und Richtern die Bindung an die freiheitliche Demokratie abfordert. Der Zugang zum öffentlichen Dienst soll nur dem Bewerber offenstehen, der die Gewähr der Verfassungstreue bietet.[46] Verfassungstreue aber heißt mehr als bloße Verfassungsindifferenz oder Vermeidung von Gesetzesverstößen.

Die Realisierung dieses Verfassungsprogramms stößt auf juristische Schwierigkeiten darin, daß sich innerhalb der legalen Tätigkeit eines Beamten oder eines Bewerbers die illegitime von der legitimen Tätigkeit nicht mit formeller Eindeutigkeit abschichten läßt. »Legal«, also nicht formellgesetzlich verboten, ist immerhin in bestimmtem Maße auch der Kampf gegen die Verfassung (paradoxerweise der organisierte noch umfassender als der individuelle). Die Verantwortlichen haben heute wachsende Skrupel, das einzig aktuell bedeutsame Instrument der wehrhaften Demokratie zu handhaben. Der Grund ist aber nicht vertiefte Einsicht in das Heikle der Rechtsproblematik, sondern Nachgiebigkeit gegenüber einer propagandamächtigen Bewegung, die der freiheitlichen Demokratie jedwedes Recht zur Ernstfall-Prophylaxe abspricht und die im Namen der »Liberalität« den Verfassungsfeinden die Tür zur Machtapparatur der Verwaltung und der Justiz offenhalten will.

Der Verfassungsgegner bemüht sich, die rechtsstaatlichen Garantien der

Legalität und der Grundrechte zu aktivieren, um den Zugang zum öffentlichen Amt zu erzwingen. Die rechtsstaatlichen Institutionen, die auf den Schutz des Bürgers gegen die Staatsgewalt angelegt sind, werden nunmehr in Rechtsansprüche auf Übertragung von Staatsgewalt verwandelt. Die Liberalität, die dem Gewaltunterworfenen zukommen soll (etwa dem Schüler der Staatsschule), wird dem zugewendet, der Amtsgewalt ausübt oder anstrebt (etwa dem beamteten Lehrer). Die rechtsstaatliche Toleranz, welche die Amtsorganisation üben soll, wird nunmehr von ihr beansprucht.

Die rechtsstaatliche Demokratie wird heute von zwei Seiten bedrängt: von ihren tölpelhaften Freunden und von ihren falschen Freunden. Die einen bieten ihr in deutscher Prinzipienseligkeit Bärendienste an; die anderen versuchen, staatliche Selbstbehauptung durch Übermaß rechtsstaatlicher Selbstbindung zu vereiteln. Wenn die Zeichen nicht trügen, werden die letzten Steine bald aus dem Wege geräumt werden, die eine Rückkehr zum Weimarer System der legitimitätsfreien Legalität noch hindern.

VII. Der Verfassungsalltag – der tagtägliche Ernstfall

Der Ernstfall der legalen Machtergreifung ist auf einen historischen Vorgang abgestellt, der sich als »Fall« im engeren Sinne, als Coup, als datierbares Ereignis fixieren läßt.

Gleichwohl bedarf es nicht der dramatischen Schürzung des Knotens, damit sich die Frage nach der Lebenskraft des Verfassungsstaates stellt. Die reale Existenz und die aktuelle Essenz einer Verfassung zeigen sich im Alltag. Die freiheitliche Verfassung gründet auf dem Konsens der Rechtsgemeinschaft. Dieser muß sich im andauernden Prozeß bewähren und erneuern.[47] Alle Mitglieder des Gemeinwesens sind an diesem Prozeß beteiligt. In der Tat verdankt die Bonner Republik ihre bisherige Stabilität nicht etwa den Institutionen der abwehrbereiten Demokratie (also einem Arsenal zumeist stumpfer und rostiger Waffen), sondern im wesentlichen dem breiten (wenngleich am Rande brüchigen und bröckelnden) Konsens der Bürger im Zeichen des Grundgesetzes.

Die besondere Situation des Bonner Verfassungsstaates im Unterschied zum Weimarer liegt darin, daß nahezu alle politischen Kräfte übereinstimmen in der Bejahung des Grundgesetzes, während die Weimarer Reichsverfassung offene Gegner von Rechts und Links auszuhalten hatte. Das Grundgesetz ist schlechthin zum integrierenden Faktor geworden. Die Deutschen, geteilt in ihrer staatlichen Existenz, gebrochen in ihrer Beziehung zur eigenen Geschichte, mithin ohne verbindende Tradition und ohne nationale Einheit, haben ihre Identität in einer Norm gefunden. »Der Staat des Grundgesetzes« ist zum beliebten Synonym für die Bundesrepublik Deutschland geworden: ein Synonym, das alle gesamtdeutschen Identitätsnöte beiseite läßt.

Dieser höchste Triumph, den eine geschriebene Verfassung jemals in Deutschland erlebt hat, eine Art politische Bibel zu werden, wird teuer erkauft. Auch die wirkliche Bibel ist zwar als Text Basis der Einheit der Christen, zugleich aber als Objekt der Interpretation auch Grund zur Spaltung und Ursache zu Glaubenskampf.

Die Wortidentität der Verfassung täuscht nicht darüber hinweg, daß in ihrem Zeichen zwei gegensätzliche Legitimationskonzepte im Kampf miteinander liegen. »Demokratie«, »Sozialstaat«, »Freiheit« und »Gleichheit« stehen für unvereinbare Vorstellungen. Der Konsens im Zeichen des Grundgesetzes erweist sich als versteckter Dissens, der in mancher Hinsicht größere Gefahren in sich bergen mag als der offene Dissens in der Weimarer Republik. Da die Verfassung als Basis der politischen Einheit akzeptiert ist, bietet sich Verfassungsauslegung als Hebel an, den Grundkonsens zu bewegen und die Umwertung der Werte einzuleiten. Die Erben der deutschen Kulturrevolution haben diesen Hebel längst entdeckt und wissen ihn zu nutzen. Die dem Staat des Grundgesetzes gemäße Form der Revolution ist die Subversion des Verfassungsverständnisses. Revolution erfolgt heute durch Verfassungsinterpretation.

Die eigentliche Bewährungsprobe des Grundgesetzes ist der Verfassungsalltag. Hier entscheidet sich im offenen Plebiszit aller Bürger, ob und wie die Verfassung überlebt und das Wagnis der Freiheit glückt. Der Ernstfall ist die Normalität.

Anmerkungen

1 In der Erkenntnis, daß Normalität die Bedingung der Norm ist, stimmen die Antipoden der Verfassungstheorie überein: Carl Schmitt, Politische Theologie, Berlin ²1934, S. 19 f., und Hermann Heller, Staatslehre, Leiden ³1963, S. 254 f. Vgl. auch Ernst Forsthoff, Der Staat der Industriegesellschaft, München ²1971, S. 167

2 Zur Kategorie »Maßnahme«: Carl Schmitt, Die Diktatur des Reichspräsidenten nach Art. 48 WRV (1924), in: Die Diktatur, Berlin ⁴1978, S. 247-252. Die (an sich verfassungstheoretische) Kategorie »Maßnahme« findet adäquate literarische Gestaltung in Bert Brechts Lehrstück von 1929-1930 »Die Maßnahme«.

3 Das gilt jedenfalls für die grundgesetzliche Spielart des Rechtsstaats: den perfektionistischen Gesetzesstaat (s. u. V, VI).

4 Neuere staatsrechtliche Literatur zum Thema »Ausnahmezustand« (»Ausnahmesituationen«): P. Kirchhof, in: Birtles/Marshall/Heuer/Kirchhof/Müller/Spehar: Die Zulässigkeit des Einsatzes staatlicher Gewalt in Ausnahmesituationen, 1976, S. 83-118; Meinhard Schröder, Staatsrecht an den Grenzen des Rechtsstaats, AöR 103 (1978), S. 121-148; E.-W. Böckenförde, Der verdrängte Ausnahmezustand, NJW 1978, S. 1881-1890. – Zur Regelung des Ausnahmezustands in Art. 48 WRV: Carl Schmitt, (N 1), S. 213–259; E. R. Huber, Zur Lehre vom Verfassungsnotstand in der Staatstheorie der Weimarer Zeit, in: FS-Werner Weber, 1974, S. 31-52. Weitere Literatur bei G. Anschütz, Die Verfassung des Deutschen Reichs, [14]1933, S. 268 f.

5 Das Beispiel zeigt auch die Relativität des Ernstfalles. Die Prüfung, für den Studenten der Ernstfall, ist für das Prüfungsamt ein alltägliches Verfahren, das routinemäßig abgewickelt wird.

6 Das Sinngedicht »Der Mittel-Weg« des Barockdichters Friedrich v. Logau

7 Carl Schmitt, Der Begriff des Politischen (Text von 1932 mit einem Vorwort und drei Corollarien), Berlin 1963

8 So formulierte Johan Huizinga die Antithese zu Schmitt: »Nicht der Krieg ist der Ernstfall, sondern der Friede« (Homo ludens, Basel 1944, S. 339). – Zusammenfassung der Kritik: Hasso Hofmann, Legitimität gegen Legalität, 1964, S. 101-124 (Nachw.)

9 Schmitt selbst analysiert in seinem Vorwort von 1963 die geschichtliche Bedingtheit seines Konzepts: die Orientierung am »klassischen europäischen Staat«, dessen Epoche zu Ende gehe (N 7, S. 9-12).

10 Carl Schmitt erörtert die Selbstbehauptung des Verfassungsstaates aus der Perspektive des Bürgerkrieges. Für den konstitutionellen bürgerlichen Rechtsstaat (»Verfassungsstaat«) gelte – »nicht weniger, sondern eher noch selbstverständlicher« als für jeden anderen Staat – die Notwendigkeit, in kritischen Situationen als politische Einheit den »inneren Feind« zu bestimmen und damit unter Umständen das Zeichen zum Bürgerkrieg zu geben (N 7, S. 46 f. – unter Zitierung Lorenz von Steins). Ein dem »Ernstfall« verwandter Begriff ist bei Schmitt der »Ausnahmefall«, wie er in der »Politischen Theologie« aufscheint: der in der geltenden Rechtsordnung nicht umschriebene Fall, der »höchstens als Fall äußerster Not, Gefährdung der Existenz des Staates oder dergleichen bezeichnet, nicht aber tatbestandsmäßig umschrieben werden« könne (N 1, S. 12). Dieser Begriff der »Politischen Theologie« bezieht seinen spezifischen Sinn aus der existentialistischen Staatsphilosophie des Dezisionismus und deren Konzept der Souveränität (op. cit. S. 11–22).

11 Zum Institut der kommissarischen Diktatur: Carl Schmitt, Die Diktatur, Berlin [4]1978, S. 1-42, 171-205

12 Analyse der Machtergreifung als »rettender Tat«: Herbert Krüger, Militärregime in Übersee, Hamburg 1976, S. 19-42

13 Die Inszenierung des Ernstfalles kann auch in der Kriegsführung nach außen bestehen. Historische Exempel liefern die militärischen Unternehmen Napoleons III., welche die innenpolitischen Integrations- und Legitimationsdefizite ausgleichen sollten.

14 Zu diesen Verfassungserwartungen: J. Isensee, Demokratischer Rechtsstaat und staatsfreie Ethik, in: Essener Gespräche Bd. 11, 1977, S. 102-109
15 Zur Steuer als Grundlage des freiheitlichen Systems: J. Isensee, Steuerstaat als Staatsform, FS-Ipsen, 1977, S. 409-436
16 Das Grundgesetz hat ein patriotisches Staatsziel im Wiedervereinigungsgebot aufgerichtet. Die Wiedervereinigung soll der Ernstfall des Staatsprovisoriums Bundesrepublik, die Bewährung und Erfüllung der Idee nationaler Einheit, sein. Effektiv ist das Grundgesetz mit diesem Programm des »nationalen Ernstfalles« gescheitert – weniger deshalb, weil außenpolitische Konstellationen entgegenstehen, als deshalb, weil die Bundesrepublik sich die Unbequemlichkeiten, Unsicherheiten und ethischen Anforderungen des Transitoriums nicht auf die Länge zumuten mag und sich mit dem status quo arrangiert.
17 Vgl. G. Roellecke, Verfassungstreue und Schutz der Verfassung, DÖV 1978, S. 460
18 Zitat: Egon Friedell, Kulturgeschichte der Neuzeit, München 1974, S. 1319
19 Zur Tabuisierung des Ernstfalles und den gefährlichen Folgen für die Regierbarkeit: W. Hennis, Zur Begründung der Fragestellung, in: Hennis-Graf Kielmannsegg-Matz (Hrsg.), Regierbarkeit, Stuttgart 1977, S. 11, 17
20 Zitat: BVerfGE 19, 206 (216). – Zur weltanschaulichen Neutralität (Nichtidentifikation): Herbert Krüger, Allgemeine Staatslehre, Stuttgart ²1966, S. 35-53, 178-185; Kl. Schlaich, Neutralität als verfassungsrechtliches Prinzip, Tübingen 1972, S. 26-39, 236-264
21 Zur »institutionellen Garantie« bestehender sozialer Einrichtungen: Bogs-Achinger-Meinhold-Neundörfer-Schreiber, Soziale Sicherung in der Bundesrepublik Deutschland (Sozialenquête), O.J., S. 57; J. Burmeister, Vom staatsbegrenzenden Grundrechtsverständnis zum Grundrechtsschutz für Staatsfunktionen, 1971, S. 21-23, 97-99. – Grundsätzlich zur Offenheit der Sozialstaatsklausel: H. F. Zacher, Was können wir über das Sozialstaatsprinzip wissen? – FS-Ipsen, 1977, S. 207-267
22 Zur Problematik der Teilhabegrundrechte mit Nachw.: U. Scheuner, Die Funktion der Grundrechte im Sozialstaat, DÖV 1971, S. 505-513; W. Martens und P. Häberle, Grundrechte im Leistungsstaat, VVDStRL 30 (1972), S. 7-42, 43-141; E. W. Böckenförde, Grundrechtstheorie und Grundrechtsinterpretation, NJW 1974, S. 1535 f.; H. H. Rupp, Vom Wandel der Grundrechte, AöR 101 (1976), S. 176-187; F. Ossenbühl, Die Interpretation der Grundrechte in der Rechtsprechung des Bundesverfassungsgerichts, NJW 1976, S. 2104 f.; R. Breuer, Grundrechte als Anspruchsnormen, FS-BVerwG, 1978, S. 89-119
23 Die Neue Linke verfolgt die Taktik, einzelne Normen der Verfassung (wie Demokratie und Sozialstaatlichkeit) utopisch zu überhöhen, (pseudo-)idealistisch zu überfordern und mit marxistischem Gehalt zu füllen, um so die unüberbrückbare Diskrepanz zwischen Verfassungsnorm und Verfassungswirklichkeit zu begründen und der Verfassungsnorm selbst einen Revolutionstitel zu deduzieren. Kritisch zu dieser vor allem von Politologen gehandhabten Auslegungsmethode: W. Hennis, Verfassung und Verfassungswirklichkeit – ein deutsches Pro-

blem, 1968; K. Sontheimer, Das Elend unserer Intellektuellen, 1976, S. 118-126, 196-208; K. D. Bracher, Zeitgeschichtliche Kontroversen, ²1976, S. 107
24 Vgl. E. W. Böckenförde, Die politische Funktion wirtschaftlich-sozialer Verbände, Der Staat 15 (1976), S. 457-483
25 Der Klassiker der liberalen Allgemeinen Staatslehre Georg Jellinek erkennt noch völlig unbefangen als Zweck des Staates an die »Erhaltung und Förderung der eigenen Existenz und des eigenen Ansehens«: »Dieser Zweck ist der erste und nächste, innerhalb bestimmter Schranken die Bedingung gedeihlicher Tätigkeit überhaupt.« (Allgemeine Staatslehre, 7. Neudruck der 3. Auflage von 1913, 1969, S. 256)
26 Dazu M. Schröder (N 4, S. 129-132)
27 Zur Rechtslage in Großbritannien: K. Loewenstein, Staatsrecht und Staatspraxis in Großbritannien 1967, I/S. 61-74, II/S. 374-402; – dazu E. W. Böckenförde (N 4), S. 1887
28 Dazu M. Schröder, (N 4), S. 139-147
29 Dazu etwa K. A. Bettermann, Die Notstandsentwürfe der Bundesregierung, in: Fraenkel (Hrsg.), Der Staatsnotstand, 1965, S. 191-193, 227-229
30 Zum ungeschriebenen Notrecht: M. Schröder (N 4), S. 132-135. Zur Rechtslage in der Schweiz: F. Fleiner/Z. Giacometti, Schweizerisches Bundesstaatsrecht, 1949 (Neudruck 1965), S. 777-790. Allgemeine rechtsvergleichende Übersicht: Anhörung zu dem Thema »Rechtsvergleichende Darstellung des ausländischen Notstandsrechts« vor dem Rechts- und Innenausschuß des Bundestages, Protokoll Nr. 60 (bzw. 76) v. 7. 12. 1967 (Deutscher Bundestag, 5. Wahlperiode)
31 Böckenförde entwirft daher ein bedenkenswürdiges verfassungspolitisches Regelungsmodell, das im Ausnahmezustand die »Maßnahme« ermöglicht; diese schafft keine neuen Rechtszustand auf Dauer, sondern überlagert und suspendiert nur den bestehenden Zustand in bestimmter Hinsicht (N 4, S. 1880-90).
32 Vgl. die Kritik Konrad Hesses, Grundzüge des Verfassungsrechts der Bundesrepublik Deutschland, ¹⁰1977, S. 301-303
33 Das gilt jedenfalls dann, wenn man die Kontaktsperre, wie es die Beteiligten und ihre Kritiker tun, als strafprozessuale Maßnahme der Strafverfolgung ansieht. Die juristische Bewertung könnte sich ändern, wenn sie als polizeirechtliche Handlung der Gefahrenabwehr qualifiziert würde und mithin die Anwendbarkeit der polizeirechtlichen Generalklausel erwogen werden könnte.
34 M. Schröder verteidigt die verfassungsrechtliche Zulässigkeit der Krisenstäbe (N 4, S. 140-142) gegen die gewichtigen Bedenken F. K. Frommes (in: FAZ vom 14. 9. 1977)
35 Dazu mit Nachw.: P. Kirchhof, Polizeiliche Eingriffsbefugnisse und private Nothilfe, NJW 1978, 969-973; M. Schröder (N 4), S. 135-139; E. W. Böckenförde (N 4), S. 1882 f.
36 Grundsatzkritik: E. Forsthoff, Der introvertierte Rechtsstaat und seine Verortung (1963), in: Rechtsstaat im Wandel, 1964, S. 213-227; W. Leisner, Rechtsstaat – ein Widerspruch in sich?, JZ 1977, 537-542

37 Zum Widerstandsrecht des Art. 20 IV GG näher: Hans Schneider, Widerstand im Rechtsstaat, 1969; J. Isensee, Das legalisierte Widerstandsrecht, 1969
38 Die hessische Verfassung statuiert sogar eine Widerstandspflicht. Diese Pflicht wird allerdings näher dahin präzisiert, der Widerstandspflichtige habe den Verfassungsbrecher beim Staatsgerichtshof zu denunzieren (Art. 147 Verfassung Hessens v. 1. 12. 1946), Der Verfassungsappell zum Heldentum schrumpft bei näherem Hinsehen also in eine Anzeigepflicht zusammen.
39 Vgl. E. Forsthoff, Die Verwaltung als Leistungsträger, 1938, S. 8-11; Carl Schmitt, Die legale Weltrevolution, Der Staat 17 (1978), S. 321-339
40 Mit bemerkenswerter Offenheit legte Joseph Goebbels am 30. 4. 1928 das Programm der legalen Revolution dar: »Wir gehen in den Reichstag hinein, um uns im Waffenarsenal der Demokratie mit deren eigenen Waffen zu versorgen. Wir werden Reichstagsabgeordnete, um die Weimarer Gesinnung mit ihrer eigenen Unterstützung lahmzulegen. Wenn die Demokratie so dumm ist, uns für diesen Bärendienst Freifahrkarten und Diäten zu geben, so ist das ihre eigene Sache. Wir zerbrechen uns darüber nicht den Kopf. Uns ist jedes gesetzliche Mittel recht, den Zustand von heute zu revolutionieren.« (»Was wollen wir im Reichstag?«, zitiert nach: Goebbels, Der Angriff, Aufsätze aus der Kampfzeit, 1936, S. 71)
Goebbels verteidigte die Taktik auch nachträglich – nach dem erfolgreichen Marsch durch die Weimarer Institutionen: »Eine Opposition kommt im Kampfe gegen ein System immer nur zur Macht, indem sie sich der Mittel und Methoden bedient, die dieses System ihr zur Verfügung stellt. Hätten wir damals in einem autokraten Staate gelebt, so hätten die Nationalsozialisten andere Methoden und Mittel gefunden, um diese Autokratie zu stürzen. Wir lebten aber in einem demokratischen Staat. Die einzigen Waffen, die uns zur Verfügung standen, waren eben die Waffen des Geistes und der Meinungsfreiheit, und wir haben sie in Anspruch genommen, ohne uns hierbei mit der Berechtigung oder Zulässigkeit dieser Waffen irgendwie zu identifizieren. Wir haben ja dieselbe Stellung auch dem Parlamentarismus an sich gegenüber eingenommen. Wenn wir in das Parlament einzogen, so nicht um des Parlamentarismus willen, sondern um uns in unserem Kampfe gegen den Parlamentarismus der Waffen zu bedienen, die uns der Parlamentarismus zur Verfügung stellte.« (Rede vor den deutschen Schriftleitern am 4. 10. 1933, nach: Der Angriff Nr. 278 v. 5. 10. 1933)
41 In diesem Zusammenhang ist das Ex-post-Urteil des zurückblickenden Juristen darüber unerheblich, ob die Rechtsverletzungen, die dem Erlaß des Ermächtigungsgesetzes vorausgingen oder ihn begleiteten, das Gesetz selbst, also das wesentliche Vehikel der Machtübernahme, rechtswidrig machten (zu dieser verfassungsrechtlichen Frage: Hans Schneider, Das Ermächtigungsgesetz v. 24. März 1933, Bonn ²1961). Entscheidend ist, daß die realen Wirkungen der Legalität nicht beeinträchtigt wurden, insbesondere die Reibungslosigkeit des politischen Übergangs und die Chance des Gehorsams bei Beamten wie Bürgern. Eine staatsrechtliche Analyse der nationalsozialistischen Machtergreifung als Vorgang der legalen Verfassungsablösung gibt E. R. Huber: »Die Legalität bedeutet eine äußere Überbrückung der Kluft, die in Wahrheit zwei wesensverschiedene

Ordnungen trennt. Rücksichten auf das technische Funktionieren des Justiz- und Verwaltungsapparates sind die eigentlichen Gründe für die Methode der Legalität. Das aber sind rein äußerliche und formelle Erwägungen... In der Sache besteht keine Kontinuität, sondern die schärfste Diskontinuität zwischen dem Weimarer System und der neuen Ordnung. Von der bloßen Legalität ist zu unterscheiden die Legitimität, die innere Rechtfertigung eines politischen oder staatsrechtlichen Aktes. Diese Legitimität der Gesetze vom 24. März 1933 und 30. Januar 1934 geht nicht aus der Weimarer Verfassung, sondern aus der nationalsozialistischen Revolution hervor.« (Verfassung, ¹1937, S. 46 f.)

42 Dazu J. Isensee, Wehrhafte Demokratie, in: Das Parlament v. 17. 1. 1976, S. 1 f.; G. Roellecke (N 17), S. 557-564

43 Die herrschende Staatsrechtslehre der Weimarer Epoche hatte den Gedanken abgelehnt, daß eine Verfassungsrevision nach Art. 76 WRV auf gegenständliche Schranken im Verfassungssystem stoße, und die legale Vernichtung der Verfassungssubstanz (Republik, Demokratie, Parlamentarismus etc.) im Wege der formellen Verfassungsänderung für zulässig erklärt (so G. Anschütz, Die Verfassung des Deutschen Reichs, ¹⁴1933, S. 402-406; R. Thoma, Das Reich als Demokratie, in: HdbStR I, 1930, S. 193 f.; ders., Grundbegriffe und Grundsätze, in: HdbStR II, 1932, S. 153-155). Die Gegenposition, daß Verfassungsänderung nicht zur Verfassungsvernichtung führen dürfe, hatte Carl Schmitt entwickelt (Verfassungslehre, ¹1928, S. 20-36, 102-112)

44 Vgl. BVerfGE 11, 282 f.; 38, 23-25

45 SRP-Verbot vom 23. 10. 1952 (BVerfGE 2, 1-79); KPD-Verbot vom 17. 8. 1956 (BVerfGE 5, 85-393)

46 Die wichtigsten Gerichtsentscheidungen: BVerwGE 47, 330-364; 47, 365-379; BVerfGE 39, 334-375

47 Dazu näher J. Isensee, Verfassungsgarantie ethischer Grundwerte und gesellschaftlicher Konsens, NJW 1977, S. 454-551

HORST ALBACH

Kampf ums Überleben:
Der Ernstfall als Normalfall für Unternehmen in einer freiheitlichen Wirtschaftsordnung

I. Problemstellung

1. *Zwei Ernstfälle*

»Ende Juni dieses Jahres«, so berichtete 1977 eine große deutsche Tageszeitung, »warfen Aktionäre dem Firmengründer vor, er habe den Betrieb an den Rand des Ruins getrieben. Sogar ein Antrag auf Nicht-Entlastung des Konzernherrn wurde gestellt. Die Banken verlangten, er müsse sich von den Schalthebeln des Unternehmens zurückziehen. Sein Lebenswerk sollte gerettet werden, ohne ihn. Der Konzernherr, ein bulliger Mann mit ausgeprägtem Doppelkinn, kahler Stirn und dickrandiger Brille, bei dem seine Mitarbeiter viele Jahre den barschen Befehlston fürchteten, meldete sich an diesem Abend nicht zu Wort. Er schwieg. Am letzten Mittwoch krachte ein Schuß in dieses Schweigen. Um 21 Uhr setzte sich der ›Vollblutunternehmer‹, wie er sich selbst zu nennen pflegte, eine Astra-Pistole (Kaliber 6,35) an die rechte Schläfe und drückte ab. Lebend trennte sich der Unternehmer nicht von dem, was sein Leben war.«

– der Unternehmer war tot; das Unternehmen lebt weiter: Ist das der Ernstfall, von dem wir hier sprechen wollen?

Ende Juni des Jahres 1970, so berichtet John Argenti in seinem Buch »Corporate Collapse«,[1] meldete die Penn Central Transportation Company den Konkurs an. Diesem Schritt war ein Kursverfall der Aktie innerhalb von zwei Jahren von sechsundachtzig Dollar je Aktie auf zehn Dollar je Aktie vorausgegangen. Die Banken hatten schließlich weitere Kredite verweigert. Die Verluste betrugen eine Million Dollar pro Tag. Ein Versuch, Präsident Nixon zur Verstaatlichung der Personenbeförderung des Unternehmens zu veranlassen, scheiterte. Der Finanzchef mußte Anfang

Juni 1970 seinen Hut nehmen. Seinem Nachfolger blieb ein Monat bis zum Konkurs.
— Das Unternehmen war tot,[2] die Unternehmer leben weiter: Ist das der Ernstfall, von dem wir hier sprechen wollen?
Die Antwort lautet in beiden Fällen: »Ja«. Der Tod der natürlichen wie der juristischen Person eines Unternehmens ist der Ernstfall.

In beiden Fällen hat aber der Ernstfall den Ernstfall nicht beseitigt: Die Existenzgefährdung des Unternehmens, durch eine Kombination von Umweltveränderungen und Fehlentscheidungen herbeigeführt und von den handelnden Personen lange vor dem Ende erkannt, wurde durch den Tod nicht beseitigt: Der Ernstfall dauerte an.

Der Ernstfall war aber Voraussetzung für die Bewältigung des Ernstfalls: Neue Personen unternahmen den Versuch, die Existenzgefährdung des Unternehmens zu überwinden. In beiden Fällen war der Ernstfall das Symptom des Ernstfalls – das letzte und dramatischste Symptom im Kampf ums Überleben.

2. Kampf ums Überleben: Der Ernstfall als Normalfall

Warum läßt eine Gesellschafts- und Wirtschaftsordnung solche Ernstfälle zu? Die Antwort lautet: Der Ernstfall ist nötig, um den Ernstfall zu verhindern. Der Ernstfall des Unternehmens ist für das Gesamtsystem nur ein Schadensereignis. Derartige Schadensfälle sind die billigste Form, den Ernstfall des Systems zu vermeiden. Der Ernstfall des Unternehmens ist der Normalfall des Systems.

Diese Aussage bedarf der Begründung. Hierzu sei ein kurzer Exkurs in die Entstehungszeit des liberalen Wirtschaftssystems gestattet.

Das 18. Jahrhundert hatte mit der Aufklärung das Streben nach wissenschaftlicher Erkenntnis und die Versuche der aufgeklärten Fürsten gebracht, durch Gründung staatlicher Manufakturen den Wohlstand der Bevölkerung zu heben. Die merkantilistische Wirtschaftstheorie hatte das Gesetz vom abnehmenden Bodenertrag postuliert und es während der Kontinentalsperre empirisch bestätigt gefunden. Malthus hatte eine Bevölkerungsexplosion vorausgesagt. In Verbindung mit dem Gesetz vom abnehmenden Bodenertrag folgte daraus der Schluß, daß eine »Ernährungskatastrophe« der Menschheit unvermeidlich sei. Großgrundbesitz und staatliche Manufakturen schienen nicht in der Lage, diesen Ernstfall des Systems zu bewältigen.

Die Fortschritte in den Naturwissenschaften und der Fortschrittsglaube in der Bevölkerung ließen jedoch einen solchen Ernstfall als vermeidbar erscheinen. Offenbar mußte aber, wie Gurland sagt, die Gesellschaft anders organisiert werden, wenn die Katastrophe abgewendet werden sollte.[3] Die Aufhebung der Leibeigenschaft, die Gewerbefreiheit, die Entwicklung eines liberalen Bank- und Kreditsystems und die Entstehung eines freien Unternehmertums waren die revolutionären Elemente dieser Neuorganisation. Der Ernstfall des feudalen Systems verhinderte den Ernstfall der Ernährungskatastrophe. Der Untergang des alten ständisch-zentralistischen Systems verhinderte den Untergang der Menschen. Und nicht nur das: Das neue System verhinderte nicht nur den Hungertod der Menschen, sondern schuf auch einen bis dahin nicht gekannten Wohlstand bei breiten Bevölkerungsschichten. Es erwies sich erneut als leistungsfähig, als es galt, den Ernstfall des verlorenen Krieges zu bewältigen.

Es waren zwei einfache Prinzipien, mit denen das liberale Wirtschaftssystem den Ernstfall der drohenden Katastrophe bewältigte:
– die Teilung des Ernstfallrisikos und
– die Institutionalisierung des Ernstfallrisikos.

Als Teilung des Ernstfallrisikos soll der Vorgang bezeichnet werden, daß Menschen, die bisher unter der landesväterlichen Obhut des Souveräns standen, in die Freiheit des Marktes entlassen werden – mit dem Risiko allerdings, ihre Existenz zu verlieren. Die Vorsorgeverantwortung des Staates wird auf die selbständigen Unternehmer delegiert. Das Privateigentum an den Produktionsmitteln ist die notwendige Voraussetzung für diese Teilung des Ernstfallrisikos. Ohne dieses wäre das Angebot, das Risiko des Ernstfalls zu übernehmen, nicht annehmbar.

Als Institutionalisierung des Ernstfallrisikos wird der Vorgang bezeichnet, daß Institutionen geschaffen werden, die den Interessenausgleich zwischen den selbständigen wirtschaftlichen Einheiten des Systems regeln. Der Markt, die verschiedenen Unternehmensformen, die Tarifautonomie sind Institutionen zur Regelung des Ausgleichs von widerstreitenden Interessen. Vertragsfreiheit und Gleichgewicht der Vertragsparteien sind Bestandteile dieser institutionellen Regelung. Die Privatautonomie ist notwendige Voraussetzung für die Institutionalisierung des Ernstfallrisikos.

3. Aufbau des Vortrages

Im folgenden beschäftigen wir uns zunächst mit dem Ernstfall von Unternehmen. Wir schildern die Situationen, aus denen sich Ernstfälle entwickeln können, und die Methoden, mit denen die Unternehmen versuchen, Ernstfälle vorausschauend zu bewältigen. Wir werden ferner die einzelnen Stadien des Ernstfalls beleuchten, die ein Unternehmen durchläuft, das den Ernstfall nicht aus eigener Kraft hat bewältigen können.

Im letzten Teil des Vortrages wird der Ernstfall des marktwirtschaftlichen Systems behandelt. Es wird die Frage gestellt, ob schon der Versuch, den Ernstfall von Unternehmen mit staatlichen Mitteln zu vermeiden, den Ernstfall des marktwirtschaftlichen Systems bewirkt.

II. Der Ernstfall des Unternehmens

1. Die Ernstfallsituationen
Die Ereignisse, die die Existenz des Unternehmens gefährden und den Ernstfall für das einzelne Unternehmen herbeiführen können, sind vielfältiger Natur. Für unsere Betrachtungen des Ernstfalles und seiner Bewältigung ist es nützlich, sie in zwei Klassen einzuteilen:
— die Schadensereignisse und
— die kritischen Veränderungen am Markt.
Wenn man von der Existenzgefährdung von Unternehmen in der Marktwirtschaft spricht, denkt man im allgemeinen nur an die zweite Klasse von Situationen. An der ersten aber lassen sich die Prinzipien der Bewältigung des Ernstfalles noch klarer herausarbeiten.

1.1 Die Schadensereignisse
Als Schadensereignis bezeichnet man Explosionen, Feuer, Wassereinbrüche, Sabotageakte, aber auch den wilden Streik. Auch eine Epidemie unter der Belegschaft, ein Zusammenbruch der Elektrizitätsversorgung, Störungen in der öffentlichen Abfallbeseitigung oder im öffentlichen Kommunikationssystem sind Schadensereignisse. Für den Filmproduzenten ist die Krankheit des Filmstars, für die Ölgesellschaft der unkontrollierte Austritt von Gas oder Öl aus einem Bohrloch, für den Eiscremeverkäufer in einem Badeort die Verseuchung des Strandes durch das Öl eines havarierten Tankers und für den Arzt oder Rechtsanwalt die eigene Krankheit ein Schadensereignis.

Derartige Schadensereignisse können den Ruin des Unternehmens herbeiführen. Dies ist immer dann der Fall, wenn der Schaden, der durch das Ereignis angerichtet wird, größer ist als die Mittel des Unternehmens, ihn zu beheben. Das Unternehmen, das nach einer Explosion in seinem einzigen Werk monatelang nicht lieferfähig ist, hat seine Kunden an die Konkurrenz verloren, wenn der Schaden behoben ist. Die Kosten, die erforderlich sind, um den unkontrollierten Austritt von Öl oder Gas aus einem Bohrloch zu stoppen, können die finanziellen Mittel des Unternehmens übersteigen.

Obwohl diese Ereignisse jeweils den Ernstfall für das Unternehmen heraufbeschwören können, nennen wir sie Schadensereignisse, weil sie Verluste verursachen, denen keine Gewinnchancen gegenüberstehen.

1.2. Die kritischen Veränderungen am Markt
Ereignisse, die mit Verlustrisiken verbunden sind, die aber auch Gewinnchancen haben, wollen wir im Gegensatz zu den Schadensereignissen »kri-

tische Ereignisse« nennen. Sie werden im allgemeinen durch Veränderungen am Markt bewirkt. Bei ungünstiger Entwicklung können sie Krisen für das Unternehmen herbeiführen, die die Existenz des Unternehmens gefährden. Die Entwicklung der Zigarrenwickelmaschine nach dem Kriege und die Entwicklung der Quarzuhr sind zwei Beispiele solcher kritischer Veränderungen am Markt, die für viele Unternehmen den Ernstfall bedeuteten. Die Entwicklung des Tonfilms war allein in Deutschland für dreihunderttausend selbständige Kinopianisten der Ernstfall, die Entwicklung des Fernsehens traf dann die Kinos. Die Entwicklung des Ford Edsel erwies sich als Fehleinschätzung der Veränderungen am amerikanischen Automobilmarkt und brachte das Unternehmen mit 350 Millionen Dollar Verlust in eine ernste Situation. Die Havarie der »Torrey Canyon« verursachte nicht nur den Verlust des Schiffes und der Ladung, sondern bedeutete auch den Ernstfall für manchen Hotelbesitzer, Fischer und Bootsverleiher an der englischen Küste. Die Zweiradindustrie geriet nach dem Kriege durch die Motorisierungswelle in eine kritische Situation, die Textilindustrie durch Importe aus Billigländern.

Allen diesen Ereignissen ist gemeinsam, daß das Verlustrisiko durch Entwicklungen und Veränderungen am Markt entsteht. Diese Marktentwicklungen können durch Nachfrageverschiebungen und Geschmacksveränderungen bei den Kunden verursacht sein, sie können aber auch durch neue Produkte und neue Verfahren bei den Konkurrenten ausgelöst sein.

Erkennt der Unternehmer diese Entwicklungen nicht oder nicht rechtzeitig, dann macht er Verluste. Erkennt er dagegen die Veränderungen am Markt und befindet er sich an der Spitze des technischen Fortschritts, dann erzielt er Gewinne. Die kritischen Ereignisse sind also im Gegensatz zu den Schadensereignissen vom Unternehmer bewußt gesuchte Situationen. Sie machen das Wesen unternehmerischer Betätigung aus. Auch hier können die möglichen Verluste Dimensionen annehmen, die die Existenz des Unternehmens gefährden.

Das Unternehmen muß also ständig damit rechnen, daß die Veränderungen am Markt seine Existenz gefährden. Das Bemühen, die Veränderungen am Markt rechtzeitig zu erkennen, den Markt im rechten Zeitpunkt mit den gewünschten Produkten zum richtigen Preis zu versorgen und jede Chance zur Verbesserung von Produktion und Kosten zu nutzen, macht das Wesen unternehmerischer Tätigkeit aus. Die Konkurrenz sorgt dafür, daß der Unternehmer in diesem Bemühen nicht nachlassen darf, wenn er nicht den Ernstfall heraufbeschwören will. Unternehmerische Tätigkeit ist also in ihrem Kern die permanente Auseinandersetzung mit dem Ernstfall. Der Kampf ums Überleben am Markt ist der Normalfall für Unternehmen in einer freiheitlichen Wirtschaftsordnung.

Diesen täglichen Kampf ums Überleben hat schon Marperger in seinem 1704 erschienenen Buch »Die neu-eröffnete Kauffmans-Börse«[4] eindringlich und treffend beschrieben: »Welcher Kauffmann nun in seinen Beruff schläfferig seyn, nicht Ameisen-Art an sich haben und zu rechter Zeit auff der Hut seyn wolte einzuärndten, wann es Erndte-Zeit ist, der würde im Winter darben und bey der Kauffmannschafft vielmehr seinen Untergang als Auffnehmen finden«, und er fährt fort:

»Der Kauffmann unermüd durch unwegsame Oerter
Durch Feur und Wasser-Fluth sucht oft sein stücklein Brod
Er läufft ans End der Welt, acht keine Feind noch Mörder
Wann er nur find Gewinn und flieht die Armuths Noth.«

Das ist sicher eine auch heute noch bedenkenswerte Beschreibung des permanenten Ernstfalls als Normalfall unternehmerischer Tätigkeit.

Die Unternehmen haben aber auch Techniken entwickelt, wie sie den Ernstfall meistern, wenn sie seinen Eintritt nicht vorhersehen und vermeiden können. Von diesen soll im folgenden die Rede sein. Auch sie sind Bestandteil des Kampfes ums Überleben.

2. Die Bewältigung des Ernstfalles

2.1. Die Teilung des Risikos

Die Unternehmen bewältigen die Gefahr des Ernstfalls, indem sie dieselben Prinzipien anwenden, die wir als die Konstruktionsprinzipien der marktwirtschaftlichen Ordnung bezeichnet haben: Teilung der Ernstfallrisikos und Institutionalisierung des Ernstfallrisikos.

Bei Schadensereignissen ist die Anwendung des Prinzips der Teilung des Risikos einfach und leicht verständlich: Wer eine Reserveanlage hat, braucht den Ausfall einer Maschine durch Explosion weniger zu fürchten als der, der nur eine Maschine hat. Ein Notstromaggregat mindert das Risiko beträchtlich, daß durch einen Zusammenbruch der Elektrizitätsversorgung die Produktion unterbrochen werden muß. Wer in mehr als einer Fabrik dasselbe Produkt herstellen kann, wird von wilden Streiks weniger betroffen als derjenige, der die Produktion an einem einzigen Ort konzentriert hat. Wer von zwei Lieferanten bezieht, mag zwar nicht in den Genuß hoher Rabatte kommen, er wird aber auch durch Sabotage bei einem Lieferanten weniger betroffen als derjenige, der nur von dem betroffenen Lieferanten kauft.

Je größer ein Unternehmen ist, um so leichter fällt es ihm, derartige Formen der Teilung des Ernstfallrisikos durch Selbstversicherung einzusetzen. Die Tendenz zum Wachstum der Unternehmen ist also Begleiterscheinung des Kampfes ums Überleben und damit diesem System immanent.

Nicht immer ist es möglich oder sinnvoll, einen internen Risikoausgleich im Unternehmen vorzunehmen. Dann kann eine Fremdversicherung das Ernstfallrisiko mindern oder gar ausschließen. Ein schönes Beispiel für eine solche Situation findet sich in der Geschichte des Versicherungshauses Lloyd's of London von Anthony Brown.[5] 1971 setzte der Whiskey-Produzent Cutty Sark einen Preis von einer Million Pfund für denjenigen aus, der das Ungeheuer von Loch Ness finge. Erst als die Werbeabteilung den Preis ausgesetzt hatte, erfuhr die Finanzabteilung davon und stellte fest, daß die Zahlung eines Betrages von einer Million Pfund die Existenz der Firma gefährden würde. Die Ursache für den Ernstfall war gelegt. Der Finanzchef übergab den Fall der Versicherungsabteilung. Diese wandte sich in dem Bemühen, das Risiko auf mehrere Personen zu verteilen, an Lloyd's. Lloyd's versicherte Cutty Sark gegen das Risiko, eine Million Pfund zahlen zu müssen, für eine Versicherungsprämie von 2 500 Pfund. Die Versicherungspolice trägt die Unterschrift von rund zwanzig Versicherern (»underwriters«). Die Teilung des Risikos war gelungen.

Wichtig an diesem Falle ist nicht, daß aus dem Versicherungsabschluß die Existenz von Nessie, wie die Engländer das mysteriöse Ungeheuer liebevoll nennen, zwingend gefolgert wird.[6] Wichtig ist auch nicht, daß Lloyd's sich die Wiederverkaufsrechte an Nessie sicherte und damit den potentiellen Schaden auf weniger als eine Million Pfund verminderte. Wichtig ist, daß der mögliche Ernstfall für Cutty Sark in einen sicheren Schadensfall, nämlich in die Versicherung mit der sicheren Prämie von 2 500 Pfund, umgewandelt worden war.

Die Fremdversicherung ist die klassische Form der Teilung von Ernstfallrisiken bei Schadensereignissen. Versicherungsunternehmen kollektivieren sozusagen die Ernstfallrisiken der einzelnen Unternehmen und machen sie damit bei sich zu Schadensfällen. Für den Unternehmer ist daher die Fremdversicherung neben der Selbstversicherung ein wichtiges Instrument im Kampf ums Überleben. Die Tendenz zur Ausbreitung des Versicherungsgedankens in immer neue Bereiche unternehmerischer Tätigkeit ist daher diesem Wirtschaftssystem immanent.

Wenden wir uns nun den kritischen Ereignissen zu. Unter hundert Zigarettenmarken mag eine sein, die ein Erfolg am Markt ist. Unter zehntausend chemischen Verbindungen, die entwickelt und geprüft werden, ist eine, die ein Markterfolg wird. Immer wieder hört man, daß fertig entwickelte Produkte in die Fabriken und Werkstätten zurückgerufen werden müssen, um Produktionsfehler zu beseitigen. Die Risiken, die mit der unternehmerischen Tätigkeit verbunden sind, scheinen immer größer zu werden. Wie können die Unternehmen vermeiden, daß daraus der Ernstfall entsteht?

Zwei Formen des internen Risikoausgleichs sind es, die den Ernstfall beherrschbar machen sollen: die Diversifikation und die vertikale Integration.

Es ist unwahrscheinlicher, daß auf zwei Märkten gleichzeitig kritische Veränderungen auftreten als auf einem. Wer zehntausend chemische Verbindungen gleichzeitig prüft, hat eine größere Chance, ein marktfähiges Produkt zu entwickeln, als derjenige, der nur eine Verbindung prüft. Das ist die Grundidee der Diversifikation. Wer den Ernstfall bewältigen will, muß dann, wenn eine kritische Situation bei einem Produkt auftritt, mit seinen anderen Produkten so sicher am Markt stehen, daß das Unternehmen als ganzes nicht gefährdet wird. Wie dies planerisch und operativ gewährleistet werden kann, braucht hier nicht analysiert zu werden. Die Betriebswirtschaftslehre hat hierfür eine ganze Reihe von Instrumenten zur Verfügung gestellt. Wichtig ist hier das Prinzip: Der Ernstfall des Unternehmens wird dadurch bewältigt, daß ein großes Unternehmen in sich die Risiken ausgleicht, die jedes für sich den Ernstfall eines kleineren, nicht diversifizierten Unternehmens bedeuten würden. Drastischer ausgedrückt: Für die AEG waren Verluste von insgesamt 741 Millionen Mark in den Jahren 1974 und 1975 offenbar kein Ernstfall, obwohl sie den Insolvenzverlusten von rund achthundert Unternehmen entsprechen, die im Jahre 1974 den Ernstfall nicht meistern konnten.

Den Versuch, in die Beschaffungsmärkte beziehungsweise in die Absatzmärkte vorzudringen, unternehmen die Firmen, um die von diesen Märkten ausgehenden Existenzrisiken zu beseitigen oder zu mindern. Hierbei ist ebenfalls die Idee der Risikoteilung maßgebend. Wer in allen Produktionsstufen tätig ist, wird von Verlusten auf einer Produktionsstufe weniger stark betroffen als derjenige Unternehmer, der nur auf dieser Produktionsstufe tätig ist. Ihm steht der interne Verlustausgleich nicht offen, den das vertikal integrierte Unternehmen nutzt. Die Strategie der vertikalen Integration ist zum Beispiel von der chemischen Industrie in den letzten Jahren konsequent verfolgt worden. Die rohstoffabhängigen Unternehmen werden ermuntert, sich rückwärts in die Rohstofferzeugung zu integrieren, um dem Ernstfall von Versorgungsschwierigkeiten mit Rohstoffen zu entgehen.

Je diversifizierter und je stärker vertikal integriert ein Unternehmen ist, um so leichter fällt es ihm, den Ernstfall in kritische Situationen für Teilbereiche zu verwandeln. Die Tendenz zum Wachstum durch Diversifikation und vertikale Integration ist mithin diesem System immanent.

2.2. Die Institutionalisierung des Risikos
Teilung des Risikos ist ohne Institutionalisierung nicht denkbar: Die Insti-

tutionen müssen den Ausgleich der Interessen in einem dezentralen System gewährleisten. Bedeutet die Teilung des Ernstfallrisikos Delegation von Verantwortung zu seiner Bewältigung an das einzelne, selbständige Unternehmen, so bedeutet Institutionalisierung Koordination der selbständigen Unternehmen zur Bewältigung des Ernstfalles für das System.

Unser marktwirtschaftliches System hat eine Vielfalt von Institutionen geschaffen, die diese Koordinationsfunktion übernehmen. Der Markt, die Gestaltungs- und Wahlfreiheit des Gesellschaftsrechts und die Tarifautonomie wurden als die markantesten Beispiele genannt.

Nicht für alle selbständigen Unternehmen ist es erforderlich, auch intern institutionelle Regelungen für die Bewältigung des Ernstfalles zu treffen. Das kleine Unternehmen meistert den Ernstfall, der aus dem Konflikt widerstreitender Interessen im und am Unternehmen entsteht, im allgemeinen personell und nicht institutionell. Je größer aber die Unternehmen werden und je anonymer der Unternehmer wird, um so größer wird die Gefahr, daß die Konflikte nicht mehr personell gelöst und der Ernstfall nicht mehr durch persönlichen Einsatz des Unternehmers bewältigt werden kann.

Wir hatten aber gezeigt, daß Wachstum aus dem Versuch resultiert, das Ernstfallrisiko zu verteilen. Nun erkennen wir, daß Wachstum und, daraus resultierend, Größe eines Unternehmens den Ernstfall hervorrufen können, den sie bewältigen sollen. Zur Strategie der Teilung des Ernstfallrisikos durch Wachstum gehört daher untrennbar die Strategie der Institutionalisierung des Ernstfallrisikos.

Die Unternehmen haben vor allem
– die Gestaltungsfreiheit des Gesellschaftsrechts und
– die Idee des Marktes
als Möglichkeiten eingesetzt, um den Ernstfall institutionell zu bewältigen.

Schon mit der Wahl der Rechtsform trifft das Unternehmen eine Entscheidung darüber, wie es den Ernstfall institutionell bewältigt. Die höchste Konkursquote absolut und relativ weist die GmbH & Co., KG auf, während die Aktiengesellschaft eine außerordentlich niedrige Insolvenzquote hat.

In der Aktiengesellschaft können Eigentum am Unternehmen und Leitung des Unternehmens institutionell getrennt werden. Damit wird das Leitungsgremium frei zur Vermittlung zwischen den widerstreitenden Interessen der verschiedenen Gruppen im Unternehmen. Die Idee von der institutionellen Mittlerfunktion scheint zunehmend das Selbstverständnis der Vorstände von Aktiengesellschaften zu bestimmen. Sie sind offenbar überzeugt, daß sie die Existenz des Unternehmens am besten wahren, wenn sie sich »als Treuhänder der unterschiedlichen Interessen« verstehen und »auftretende Konflikte« zwischen den verschiedenen Interessentengruppen »durch Ausgleich und gerechte Entscheidung lösen«, wie es ein Unternehmen formuliert.

Aber auch die Betriebsverfassung wird von vielen großen Unternehmen als eine Chance begriffen, den Ernstfall durch Institutionalisierung zu bewältigen. Die Friedenspflicht des Betriebsrats bietet eine institutionelle Garantie, die von den Vorständen genutzt wird: »In der Betriebsverfassung sorgt ein zweiter Informations- und Gesprächsweg für die notwendige Verstärkung und Ergänzung, aber auch für Kontrolle und Läuterung. Einseitige und willkürliche Urteile und Verhaltensweisen werden eingedämmt«, heißt es in den Führungsgrundsätzen eines Unternehmens.

Seit der Erfindung der »pretialen Lenkung« durch Eugen Schmalenbach wissen wir, daß das Prinzip des Marktes auch auf die Koordination der widerstreitenden Interessen im großen Unternehmen anwendbar ist. Aber erst seit Frederic Donner dieses Prinzip bei General Motors mit Erfolg anwandte, um den Ernstfall zu bewältigen, hat sich diese Form der Institutionalisierung des Ernstfalls auch in der Praxis durchgesetzt. Ein solcher innerbetrieblicher Markt ist nur funktionfähig, wenn das Unternehmen divisional organisiert ist und die Beziehungen der Sparten untereinander und zur Unternehmensspitze über Verrechnungspreise gesteuert werden, die den Marktpreisen nachgebildet sind. Sind diese Bedingungen eines innerbetrieblichen Marktes erfüllt, dann können auch große Unternehmen mit vielen Sparten so koordiniert und geführt werden, daß die Interessengegensätze zwischen und die Konkurrenz unter den verschiedenen Sparten nicht die Existenz des Unternehmens gefährden können.

3. Der Eintritt des Ernstfalles

Unsere bisherigen Überlegungen haben gezeigt, daß Wachstum, Diversifikation, vertikale Integration und Versicherung Instrumente zur Bewältigung des drohenden Ernstfalles sind und daß Aktiengesellschaften mit divisionaler Struktur eher in der Lage sind, den Ernstfall institutionell zu meistern, als andere Unternehmen.

Gilt also nach wie vor der Satz von Alfred Marshall, daß die großen Aktiengesellschaften nicht sterben, weil sie nämlich den Ernstfall internalisieren können? Und muß man dem Satz Schumachers »Small is beautiful« den Nebensatz anfügen »but beauty is short-lived«?

Ein Blick in die Konkursstatistik zeigt, daß sowohl Marshall als auch Schumacher recht haben. Vom Ernstfall sind nicht so sehr die kleinen Firmen und auch nicht die großen Unternehmen betroffen. Vielmehr sind es die mittleren Unternehmen, die am häufigsten in die Ernstfallsituation geraten.[7]

Im Ernstfall treffen im allgemeinen mehrere nachteilige Ereignisse zusammen, die allein und für sich genommen von einem Unternehmen als Schwierigkeiten empfunden, aber auch einzeln gemeistert werden könnten. Zusammen aber gefährden sie die Existenz des Unternehmens.

Es sind vor allem vier Faktoren, deren Zusammentreffen den Ernstfall der Unternehmen zur Folge hat:[8]
- zu schnelles Wachstum,
- Organisationsfehler in der Führungsspitze,
- ein mangelhaftes Kontroll- und Berichtssystem und
- Finanzierungsfehler.

Diese Faktoren sind natürlich nicht unabhängig voneinander. Wachstum, so hatten wir gesehen, ist eine Strategie zur Bewältigung des Ernstfalls. Solange die für den internen Ausgleich des Ernstfallrisikos erforderliche Größe aber noch nicht erreicht ist, kann Wachstum auch Gefahren bergen. Wenn der Umsatz schneller als der Gewinn wächst, muß das Wachstum verstärkt mit Fremdkapital finanziert werden. Dadurch wird das Unternehmen anfälliger für Rückschläge. Diese aber lassen sich besonders dann nicht vermeiden, wenn die Führungsspitze im Wachstum nicht neu organisiert und der erreichten Größe entsprechend strukturiert wird. Wird eine Ein-Mann-Herrschaft aus der Zeit, als das Unternehmen klein war, beibehalten oder wird das Führungsteam ungleichgewichtig besetzt, kommt es zu Führungsfehlern. Eine falsche persönliche Einschätzung der Umweltentwicklung ist die Folge der ungenügenden Beschäftigung mit den einzelnen Bereichen des Unternehmens. Wird das betriebliche Berichts- und Kontrollsystem im Wachstum vernachlässigt in der Annahme, man könne wie bisher »den Laden durch Augenschein unter Kontrolle halten«, dann werden Fehlentscheidungen nicht rechtzeitig erkannt. Der Schritt zu dem, was Argenti höflich »kreative Buchhaltung« nennt, ist dann nicht mehr weit. Eine kreative Buchhaltung läßt Fehlentscheidungen nicht nur nicht rechtzeitig erkennen, sondern verschleiert sie später noch, um die optische Kreditwürdigkeit des Unternehmens nicht zu gefährden. Der Ernstfall ist nun nur noch eine Frage der Zeit.

Der Ernstfall selbst tritt nicht plötzlich ein. Er weist verschiedene Stadien auf.

Das *erste Stadium* ist durch einen allgemeinen Vertrauensschwund im Unternehmen gekennzeichnet. Der Personalwechsel in der Finanzabteilung steigt an. Der Finanzchef selbst scheidet aus. In der Geschichte des Zusammenbruchs der Penn Central von Daughen und Binzen heißt es, in diesem Stadium hätten die Hände des Vorstandsvorsitzenden unkontrolliert gezittert.[9] Die Lieferbereitschaft nimmt ab, die Qualität läßt nach. Aufträge werden zu nicht die Kosten deckenden Preisen hereingenommen, um kurzfristig Löcher zu stopfen. Der Ernstfall wird dadurch um so sicherer herbeigeführt.

Im *zweiten Stadium* unternimmt die Unternehmensleitung verzweifelte Versuche, Hilfe von dritter Seite zu erhalten, und ist gleichzeitig bemüht, diese Versuche geheimzuhalten. Es werden Geheimgespräche mit den Hauptgläubigern mit dem Ziel der Übernahme von Beteiligungen geführt. Die öffentliche Hand wird um Bürgschaften für die Bankkredite angegangen. Immer mehr Gläubiger werden hellhörig und liefern nur noch unter Eigentumsvorbehalt oder bestehen auf Barzahlung. Der Ernstfall eskaliert.

Im *dritten Stadium* ist der Ernstfall des Unternehmens nicht mehr zu verheimlichen. Es ist durch die Bemühungen des Unternehmens um Abwendung des gerichtlichen Vergleichs- oder Konkursverfahrens gekennzeichnet. In diesem Stadium schalten sich vielfach auch die Kommunen ein, wenn sie den Verlust von Arbeitsplätzen fürchten, und versuchen, durch Bürgschaften und gegebenenfalls Stundung von Schulden die anderen Gläubiger zu bewegen, einer Sanierungsaktion für das Unternehmen zuzustimmen. Die Banken bestehen spätestens in diesem Stadium auf der Schaffung eines Beirats, auf personellem Wechsel in der Führungsmannschaft. Ertragsstarke Teile des Unternehmens werden liquidiert, verlustbringende Teile stillgelegt. Mit den Arbeitnehmervertretungen wird über Sozialpläne verhandelt. Dieses Stadium ist aber auch durch die Angst der Hauptgläubiger gekennzeichnet, die Rettungsaktion könnte doch noch scheitern, und im anschließenden Konkursverfahren könnte der Konkursverwalter verlangen, daß die von ihnen erworbenen Teile des Unternehmens der Konkursmasse zurückgewährt werden. Die Angst, gutes Geld dem schlechten nachzuwerfen, bestimmt die Haltung dieser Gläubiger. Der Ernstfall treibt seinem Höhepunkt zu.

Dieser wird im *vierten Stadium* erreicht. Der Gang zum Amtsgericht muß angetreten werden. Von diesem Zeitpunkt an ist die Unternehmensspitze nicht mehr Herr des Verfahrens. Die Bewältigung des Ernstfalls wird endgültig aus ihren Händen genommen. Das Gericht setzt einen Vergleichsverwalter beziehungsweise einen Konkursverwalter ein. Es wird geprüft, ob das Unternehmen in anderer Form fortgeführt werden kann oder zerschlagen werden muß. Die Vergleichsordnung beziehungsweise die Konkursordnung regelt das Verfahren, nach dem der Ernstfall nun abläuft. Ist das Unternehmen im Kern gesund und war der Ernstfall vor allem das Ergebnis einer Liquiditätskrise, schafft der Verzicht der Gläubiger auf einen Teil ihrer Forderungen den finanziellen Spielraum, der für die Bewältigung des Ernstfalls notwendig ist. Bei 336 Erlaßvergleichen von Erwerbsunternehmen, die in der Bundesrepublik im Jahre 1974 durchgeführt wurden, verzichteten die Gläubiger immerhin auf 47,3 Prozent ihrer Forderungen. Nachdem die Gläubiger dem Erlaß zugestimmt haben, tritt der Ernstfall in sein fünftes Stadium.

Im *fünften Stadium* wird allen Geschäftspartnern der Abschluß des Vergleichsverfahrens mitgeteilt. Der Vergleichsverwalter bleibt im Unternehmen, um den Vergleich abzuwickeln. Die gesunden Bereiche des Unternehmens werden verstärkt. Die neue Führungsmannschaft formiert sich.

Das *sechste Stadium* wird von vielen Vergleichsverwaltern und Krisenmanagern als die Ansteckungsphase bezeichnet. Die ersten Erfolge der Sanierungsaktion zeichnen sich ab. Die Bereinigung des Absatzprogramms trägt ihre Früchte. Die ersten Aktionen der neuen Führungsmannschaft, von allen als notwendig akzeptiert, sind – vielleicht deshalb – erfolgreich. Der Vergleichsverwalter beendet seine Tätigkeit. Die neue Führungsspitze des Unternehmens übernimmt das Ruder allein. Das Vertrauen in die Zukunft wächst. Es steckt alle im Unternehmen an. Es springt auf die Geschäftspartner über: Der Ernstfall ist überwunden.

III. Der Ernstfall des Systems

1. Konkurse als Symptom des Ernstfalls?

Nicht jeder Ernstfall eines Unternehmens durchläuft alle sechs Stadien. Im Gegenteil: die meisten Ernstfälle erreichen nur das dritte Stadium und werden dann außergerichtlich abgewickelt. Nach Schätzungen des Verbandes der Vereine Creditreform waren das im Jahr 1975 71 Prozent aller »Ernstfälle«. Weitere 28 Prozent kommen bis zum vierten Stadium. Der Konkurs beendet bei ihnen den Ernstfall. Nur ein Prozent aller Ernstfälle erreichen das sechste Stadium, werden also nach einem gerichtlichen Vergleichsverfahren fortgeführt.[10]

In den letzten drei Jahren sind etwa neuntausend Konkurse jährlich abgewickelt worden. Das sind rund dreimal soviel wie in den sechziger Jahren. Die Angaben über die stillen Betriebsschließungen schwanken zwischen zehntausend und zwanzigtausend. Die Insolvenzverluste betrugen im Jahre 1974 7,2 Milliarden Mark. Allein durch die Konkurse dürften jährlich rund dreihunderttausend Menschen ihren Arbeitsplatz verloren haben.

Ist es angesichts derartiger Zahlen noch berechtigt, dem Ernstfall des Unternehmens eine »natürliche und notwendige Funktion« in unserer marktwirtschaftlichen Ordnung zuzusprechen?[11] Ist nicht die Strukturanpassung in unserer Wirtschaft, ist nicht der Fortschritt in der materiellen Versorgung der Bevölkerung in einer sozialen Marktwirtschaft durch einen Ausleseprozeß, bei dem jährlich fast zehntausend Unternehmen auf der Strecke bleiben und weitere zehntausend bis zwanzigtausend Unternehmen freiwillig aufgeben, zu teuer erkauft? Kann man wirklich angesichts dieser Größenordnungen noch von einem Normalfall unserer freiheitlichen Wirtschaftsordnung sprechen?

Wäre die Zahl der Unternehmensgründungen etwa gleich hoch wie die Zahl der Betriebsschließungen, dann könnte man sagen: Die Ernstfallrisiken in unserer Wirtschaft sind größer geworden, aber offenbar sind auch die Chancen gestiegen, die diese Wirtschaftsordnung den selbständigen Unternehmern bietet. Tatsächlich aber ist die Zahl der Unternehmensgründungen, die in den sechziger Jahren etwa gleich hoch wie die der Betriebsschließungen war, nicht gestiegen. Die Bereitschaft, sich selbständig zu machen, ist, wie Befragungen zeigen, rückläufig. Ob die Berichte einzelner Industrie- und Handelskammern über einen Anstieg der Betriebsanmeldungen eine Tendenzwende signalisieren, erscheint mir fraglich.

Offenbar empfinden die Unternehmer die Chancen, die diese Wirtschaftsordnung bietet, nicht mehr als angemessenen Ausgleich für die Risiken selbständiger unternehmerischer Betätigung. Die einen steigen aus, die anderen treten erst gar nicht ein. Kann man das als Symptom für den Ernstfall des marktwirtschaftlichen Systems ansehen?

Während zu Beginn der sechziger Jahre in den baunahen Wirtschaftszweigen rund zwei bis drei Unternehmen je tausend Unternehmen jährlich insolvent wurden, waren es im Jahre 1975 zehn, im Bauhauptgewerbe sogar über achtzehn Unternehmen je tausend Unternehmen. Gerade in diese Bereiche sind die Mittel aus den Konjunkturprogrammen der Bundesregierung inzwischen geflossen. Heute sind die Kapazitäten in der Bauwirtschaft gut bis sehr gut ausgelastet. Ist das ein Indiz dafür, daß auch der staatlichen Wirtschaftspolitik der Ernstfall der Unternehmen insgesamt zu teuer geworden ist?

Meine These lautet: Die hohe Zahl der Konkurse in der Bundesrepublik läßt es kaum mehr zu, vom Ernstfall des Unternehmens als vom Normalfall des Systems zu sprechen. Konkurse, stille Betriebsaufgaben, ungenügende Zahl von Unternehmensgründungen und staatliche Stützungsaktionen könnten Symptome für den Ernstfall des Systems selbst sein. Der Grundkonsens, auf dem unsere soziale Marktwirtschaft gegründet ist, scheint zu schwinden.

Sicher sind diese Symptome nicht hinreichend, die gegenwärtige Wirtschaftslage als Ernstfall des Systems zu bezeichnen. Das macht die Rückbesinnung auf die Weltwirtschaftskrise in den dreißiger Jahren deutlich. Daß sie den Ernstfall des deutschen Wirtschafts- und Gesellschaftssystems der Weimarer Republik bedeutete, braucht hier nicht festgestellt zu werden. Aber auch in den USA war die Wirtschaftskrise der Ernstfall des Systems. Im Jahre 1930 schlossen achthundert Banken ihre Schalter. 1932 waren es zweitausend pro Monat, und 1933 lag die Zahl der Bankenkonkurse bei dreitausendfünfhundert pro Monat![12] Der Ernstfall für diese Tausende von Unternehmen in den USA bedeutete auch den Ernstfall des Systems. Sobel meint, das System des modifizierten Laisser-faire-Kapitalismus sei in diesen Jahren untergegangen. Der New Deal brachte drastische Veränderungen für praktisch jeden Bereich des amerikanischen Lebens. Der Grundkonsens der amerikanischen Gesellschaft, daß die Wirtschaft allein mit Krisen fertig werden könnte, war geschwunden. Der Staat gewann entscheidenden Einfluß auf jede wirtschaftliche Entscheidung.

Auch bei uns macht sich Ungeduld breit. Die hohen Ansprüche an die Leistungsfähigkeit des marktwirtschaftlichen Systems, mit den strukturellen Veränderungen und Anpassungsprozessen unserer Wirtschaft schnell fertig zu werden, gefährden das System selbst.

2. Kollektivierung des Risikos als Symptom des Ernstfalls
Bisher sind vorwiegend mittlere Unternehmen in den Ernstfall geraten. Die großen Unternehmen scheinen in der Lage zu sein, das Ernstfallrisiko in sich zu verteilen und zu institutionalisieren. Der Außenstehende kann das schwer abschätzen, weil er nicht erkennen kann, welche Verluste in kritischen Bereichen gegen Gewinne aus anderen Bereichen aufgerechnet werden. Die gegenüber den USA deutlich niedrigere Eigenkapitalrentabilität deutscher Aktiengesellschaften stützt aber die Vermutung, daß auch die großen Unternehmen immer mehr Ernstfälle in sich auszugleichen haben.

Wir haben dafür aber noch ein anderes Indiz. Die Verluste, die die sechzehn größten Verlustbringer unter den selbständigen Unternehmen der Bundesrepublik in den Jahren 1974 bis 1976 auswiesen, entsprechen in der Größenordnung den Insolvenzverlusten von jährlich etwa eintausendachthundert Unternehmen. Das Überleben dieser großen Unternehmen entspricht also der Bewältigung von mehr als fünftausend Ernstfällen. Ist dies wirklich nur auf die souveräne Beherrschung der Techniken zur Bewältigung des Ernstfalls zurückzuführen, die wir behandelt haben? Zweifel erscheinen angebracht.

Die sechzehn größten Verlustbringer der Jahre 1974 bis 1976 gehören fast ausschließlich drei Bereichen an: Erdöl, Stahl und Chemiefasern. Bei den Erdölgesellschaften handelt es sich vorwiegend um Tochtergesellschaften ausländischer Konzerne. Daher können sie hier außer Betracht bleiben. In den beiden anderen Bereichen wird aber offenbar der Ernstfall der Unternehmen nicht mehr als Normalfall des Systems angesehen: Das Strukturkrisenkartell scheint der Europäischen Kommission und den betroffenen Firmen eine bessere Methode zur Bewältigung des Ernstfalls als der marktwirtschaftliche Normalfall.

Auch große Unternehmen sind also in Zeiten wirtschaftlicher Strukturveränderungen nicht immer in der Lage, den Ernstfall allein zu bewältigen. Sie brauchen aber im Gegensatz zu den mittleren Unternehmen nicht zum Amtsgericht zu gehen. Sie gehen nach Brüssel. Sie können im Gegensatz zu den kleineren Unternehmen von einem Prinzip Gebrauch machen, das man in der Organisationslehre als »Rückdelegation von Verantwortung« bezeichnet. Sie verlagern das Ernstfallrisiko auf die nächsthöhere kollektive Ebene. Und das heißt hier: auf die Ebene des Staates.

Es ergibt sich damit eine paradoxe Situation: Die Prinzipien der Risikoverteilung und der Risikoinstitutionalisierung zwingen das Unternehmen als selbständiges Element des Systems Marktwirtschaft zum Wachstum. Ist es erfolgreich, wird es so groß, daß es als Einzelrisiko für das System als Ganzes gefährlich wird: es setzt das Prinzip der Risikoverteilung, dem es seine Entstehung verdankt, auf der Ebene des Gesamtsystems außer Kraft. Gerät das Unternehmen in den Ernstfall, so ist das für das Gesamtsystem kein Schadensereignis, kein Normalfall mehr.

Wann diese Größe erreicht ist, wo der Ernstfall des Unternehmens in den Ernstfall des Systems umschlägt, kann hier nicht ausgelotet werden. Sicher war der Ernstfall Neckermann noch kein Ernstfall des Systems, aber er wurde immerhin schon zur Staatsangelegenheit gemacht.

Bemerkenswerterweise ist bisher die Gefahr, daß das Großunternehmen das Prinzip der Risikoteilung auf der Ebene des Staates außer Kraft setzt, weniger behandelt worden als die Gefahr, daß das Großunternehmen das Prinzip der Risikoinstitutionalisierung durch den Markt außer Kraft setzen könnte: das Problem des marktmächtigen Unternehmens ist ein zentrales Problem der Wettbewerbspolitik.

Es bleibt festzustellen: Die faktische Bestandsgarantie für Großunternehmen, die der Staat aus welchen Gründen auch immer abgegeben hat, ist ein weiteres Symptom dafür, daß der Ernstfall des Unternehmens nicht mehr als Normalfall unseres Wirtschaftssystems akzeptiert wird.

Der Ernstfall des großen Unternehmens wird vermieden, indem die Ernstfallkosten kollektiviert werden. Ist die Kollektivierung des Ernstfallrisikos der Unternehmen also die Umkehrung der Teilung des Ernstfallrisikos, von der das Grundverständnis der freiheitlichen Wirtschaftsordnung ausgeht?

3. *Verlust des Grundkonsens als Ernstfall*

Wer diese Frage mit »nein« beantwortet, wird dies aus dem Gedanken heraus tun, daß die soziale Marktwirtschaft eine liberale Marktwirtschaft mit eingebautem Versicherungsprinzip sei. Auch gegen den Ernstfall des Unternehmens müsse eine Versicherung möglich sein, und sie sei zudem billiger für das Gesamtsystem als der Untergang der Unternehmen. Wer so argumentiert, rechnet jedoch falsch. Er vergleicht die Kosten des Verlustes von Arbeitsplätzen und die Insolvenzverluste mit den Kosten, die der Gesellschaft für die Stützung dieses Unternehmens entstehen – gegeben, alle anderen Unternehmen sehen sich keinem Ernstfall gegenüber. Gerade diese Annahme aber ist problematisch. Die Kollektivierung des Ernstfallrisikos hat den Verlust von Verantwortung und von Motivation für die selbständige Bewältigung des Ernstfalles zur Folge. Die Zahl der Ernstfälle von Unternehmen steigt als Konsequenz dieses Motivationsverlustes an. Die Kosten, die die Kollektivierung auch dieser Risiken verursacht, führen schließlich zum Ernstfall des marktwirtschaftlichen Systems selbst.

Mein Fazit lautet: Wenn wir beginnen, den Ernstfall des Unternehmens nicht mehr als Normalfall des marktwirtschaftlichen Systems zu sehen, dann geben wir den Grundkonsens auf, auf dem dieses System beruht, und führen damit den Ernstfall des Systems selbst herbei.

Dies bedeutet nicht ein Plädoyer für eine vergangene Wirtschaftsordnung des Laisser-faire. Es bedeutet aber das Werben um Verständnis dafür, daß die Marktwirtschaft in einer schwierigen Zeit wirtschaftlicher Strukturveränderungen Zeit für die Bewältigung der Anpassungsprobleme braucht.

IV. Schluß

Lassen Sie mich mit einem Witz schließen, der in der DDR kursiert. Frage an Radio Eriwan: Wo steht der Kapitalismus heute? Antwort: Am Rande des Abgrundes! Ergänzungsfrage an Radio Eriwan: Was macht er da? Antwort: Er schaut auf uns herab!

Dies ist ein beruhigender Witz: Der Ernstfall unserer Wirtschaftsordnung ist offenbar bisher nicht eingetreten. Selbst wenn die Zahl der Ernstfälle von Unternehmen in den letzten Jahren erschreckend angestiegen ist, sind sie wohl doch noch Normalfälle: Normalfälle in einem härter gewordenen Kampf ums Überleben am Markt.

Anmerkungen

1 J. Argenti, Corporate Collapse – the Causes and Symptoms, London 1976, S. 99
2 Die Penn Central wurde nach Section 77 des Konkursgesetzes weitergeführt, weil sie für die Gesellschaft und das Gemeinwesen wichtige Dienstleistungen erbringt. Sie wurde aber reorganisiert. Vgl. hierzu auch o. Verf., Penn Central's New Chief, Business Week vom 19. Juni 1978, S. 40
3 A. R. L. Gurland, Wirtschaft und Gesellschaft im Übergang zum Zeitalter der Industrie, in: G. Mann (Hrsg.), Propyläen-Weltgeschichte, Bd. 8, Berlin-Frankfurt-Wien 1960, S. 282
4 P. J. Marperger, Die Neu-Eröffnete Kauffmans-Börse, Hamburg 1704, S. 23 (Faksimile-Nachdruck Dr. Th. Gabler-Verlag, Wiesbaden o. J.)
5 A. Brown, Lloyd's of London, New York 1973, S. 154
6 Vgl. K. Borch, The Monster in Loch Ness, The Journal of Risk und Insurance, Bd. XLIII, Nr. 3 (September 1976), S. 521
7 Vgl. hierzu auch W. Lange und W. Naujoks, Strukturanalyse von Insolvenzen in der Bundesrepublik Deutschland, in: Beiträge zur Mittelstandsforschung, Heft 21, Göttingen 1977, S. 87
8 Vgl. B. Bellinger, Unternehmungskrisen und ihre Ursachen, in: H. Albach (Hrsg.), Handelsbetrieb und Marktordnung, Festschrift für Carl Ruberg zum 70. Geburtstag, Wiesbaden 1962, S. 49; J. Argenti, Corporate Collapse, a.a.O., S. 121 ff.
9 J. R. Daughen und P. Binzen, The Wreck of the Penn Central, New York 1971
10 W. Lange und W. Naujoks, a.a.O., S. 17
11 ebd., S. 8
12 R. Sobel, The Age of Giant Corporations, Westport, Conn. 1972, S. 88

Robert Hepp

Die Versicherung des Ernstfalls: der Sozialstaat

Wenn man mit Carl Schmitt, der den Begriff in die politische Theorie eingeführt hat, unter dem Ernstfall den Kriegsfall versteht, den Krieg zwischen Staaten und den Krieg innerhalb von Staaten,[1] dann leuchtet nicht ohne weiteres ein, was der Sozialstaat mit dem Ernstfall zu tun haben soll. Für Kriege und Revolutionen sind in der Bundesrepublik doch wohl eher der Verteidigungsminister und die Innenminister als die Sozialminister zuständig. Beim Stichwort »Ernstfall« assoziieren wir eher »Bundeswehr« als »Bundesversicherungsanstalt«, eher »Verteidigungsbudget« als »Sozialbudget«, eher »Polizei« als »Sozialhelfer«, eher »Geheimdienste« als »Sozialdienste«, eher »Zivilschutz« und »Luftschutz« als »Arbeitsschutz« und »Mutterschutz«. Nach offizieller Lesart bereiten wir uns auf den Ernstfall vor, indem wir eine stattliche Bundeswehr mit einem eindrucksvollen Maschinenpark, einen imposanten Polizeiapparat und weitverzweigte Geheimdienste unterhalten. Hinzu kommen Veranstaltungen wie das Bundesamt für Zivilschutz, der Bundesverband für Selbstschutz, der Luftschutzhilfsdienst und die unterirdischen Warnämter, die dafür sorgen, daß siebzigtausend Sirenen jederzeit Katastrophenalarm, Luftalarm und ABC-Alarm geben können, sowie, übers ganze Land verstreut, Sanitätslager, Hilfskrankenhäuser und Luftschutzplätze. In unserer heißumkämpften »Notstandsverfassung«,[2] die ausdrücklich regeln will, was im Fall des »inneren Notstandes« und im Fall des äußeren Notstandes« zu geschehen oder vielmehr zu unterbleiben hat, ist von einem »sozialen Notstand« nirgends die Rede, es sei denn, man wolle das »Streikrecht«, das auch die Notstandsverfassung ausdrücklich gewährt (Art. 9 III 3) als dezente Anspielung auf soziale Notstände der Vergangenheit verstehen.

Ein Zusammenhang zwischen dem Sozialstaat und dem Ernstfall blitzt manchmal in Etatdebatten zwischen den »Falken« und »Tauben« des Sozialstaates auf, wenn etwa eine »Taube« demonstriert, daß man – das Beispiel stammt aus dem amerikanischen Senat – mit einer Kürzung des Rüstungsetats um acht Milliarden Dollar 2600 Krankenhäuser, 500 000 billige Einfamilienhäuser, 120 000 Klassenräume oder ausreichende Maßnahmen zur Lösung des Hungerproblems finanzieren könnte.[3] In solchen Vorschlägen werden tatsächlich »soziale Notstände« gegen »äußere Notstände« ausgespielt. Der Sozialstaat scheint vor einem Zielkonflikt zu stehen: die Mittel, die zur Ernstfallvorbereitung eingesetzt werden, können nicht zur Bewältigung aktueller »sozialer Notstände« verwandt werden. Ein Staat vom Typ des alten Deutschen Reiches kannte einen solchen Zielkonflikt nicht, weil er sich ausdrücklich auf die »klassischen« Staatsaufgaben der Wahrung der »inneren« und »äußeren« Sicherheit beschränkte und Sozialausgaben nicht aus dem Staatsetat finanzierte.[4] Erst mit dem »sozialen Engagement« des Staates können die »Ernstfallkosten« problematisch werden.

In Wirklichkeit hat das »soziale Engagement« des Staates allein freilich zu keiner Beeinträchtigung des Verteidigungsetats geführt. Mit der Entwicklung zum Sozialstaat setzt zwar in allen Staaten eine »Umschichtung der öffentlichen Ausgaben« zugunsten der Transferzahlungen ein, aber die rasant ansteigenden Sozialetats[5] wachsen nicht auf Kosten der klassischen Etatposten. Und nach der Phase der Umstrukturierung des Haushalts bleibt der Anteil der Verteidigungsausgaben am Gesamtbudget in Friedenszeiten ziemlich konstant. 1959 wurden zum Beispiel vom Sozialstaat Bundesrepublik Deutschland im Bundeshaushalt für »Soziale Sicherung« (also durchaus nicht für den gesamten Sozialbereich) zwanzig Milliarden Mark, für Verteidigung zehn Milliarden Mark ausgegeben; 1977 waren es zweiundsechzig Milliarden Mark für Soziale Sicherung und vierunddreißig Milliarden Mark für die Verteidigung. Die Sozialleistungsquote freilich, also das Verhältnis der Sozialleistungen zum Bruttosozialprodukt, das 1977 mit 32,5 Prozent weit über dem entsprechenden Anteil der Verteidigungsausgaben lag, der seit Jahren um vier bis sechs Prozent schwankt, hat sich allein in den letzten siebzehn Jahren von zwanzig Prozent auf 32,5 Prozent erhöht.[6] Insgesamt nahmen die Sozialleistungen in diesem Zeitraum um mehr als das Sechsfache zu. Für einen Sozialstaat wie die Bundesrepublik ist das Verhältnis von Verteidigungs- und Sozialausgaben also kein brisantes Thema, solange die Regierung überzeugend deutlich zu machen vermag, daß ihr »Verteidigungsaufwand« unvermeidlich ist und daß er durch Sozialleistungen nicht substituiert werden kann.

Brisant wird der Vergleich zwischen dem Sozialbudget und dem Verteidigungsbudget erst, wenn die Forderung einer Ausweitung des »Sozialbudgets« auf Kosten des »Verteidigungsbudgets« folgendermaßen begründet wird (das Beispiel stammt wieder aus dem US-Senat): »In der Tat, unsere nationale Sicherheit könnte sogar *gestärkt* werden, wenn wir die 3,7 Milliarden Dollar, die wir durch diesen Änderungsantrag [es ging um den Antrag einer Kürzung des Rüstungsetats um fünf Prozent] sparen, dazu verwenden, einigen internen Bedrohungen zu begegnen – ich spreche hier nicht von kommunistischen Zellen, ich spreche von... Gesundheitsfürsorge oder Nahrung für hungrige Kinder.«[7] In dieser Argumentation zeigt sich nach Ansicht eines deutschen Kommentators ein »differenziertes Verständnis von Sicherheit«, differenziert deshalb, weil für die Vertreter dieses Verständnisses Sicherheit »nicht in einem bloßen Anhäufen von Waffensystemen« bestehe, »sondern vor allem in sozialer Sicherheit, die die allgemeine Wohlfahrt der Gesellschaft« mit umfasse. In Wirklichkeit ist dieses Verständnis natürlich genau das Gegenteil von differenziert, weil es nicht mehr zwischen »innerer«, »äußerer« und »sozialer« Sicherheit unterscheidet. Die Behauptung, daß Sicherheit vor allem in »sozialer Sicherheit« bestehe, ist ein relativ neuer Topos der politischen Rhetorik. In der neuen Bedeutung taucht das Schlagwort »soziale Sicherheit« eigentlich erst in Roosevelts »Social Security Act« vom 14. August 1936 auf. Seine weltweite Karriere hat es dann als Friedensformel und Kriegsziel der Alliierten angetreten. Roosevelt brachte die »social security« in die Atlantik-Charta ein, die nicht zufällig auf den Tag genau sechs Jahre nach dem Inkrafttreten des »Social Security Act« veröffentlicht wurde. Hier wurde nicht nur die »Freiheit von Furcht und Not« für jedermann gefordert, sondern auch der Weg zum Weltfrieden gezeigt: die Zusammenarbeit aller Nationen zum Zwecke der »sozialen Sicherheit« für alle.[8] In der Folge wurde dann das »Recht auf soziale Sicherheit« auch in die Allgemeine Erklärung der Menschenrechte der Vereinten Nationen (Art. 22) und in zahlreiche nationale Verfassungsurkunden und Parteiprogramme aufgenommen. Wo sich das neue Verständnis von »Sicherheit« ausbreitet, werden alle politischen Sicherheitsprobleme auf ein einziges reduziert, auf das Problem der »sozialen« Sicherheit. Alle Politik löst sich tendenziell in »Sozialpolitik« auf. Auch die klassischen Ernstfallvorbereitungen des Staates sollen nun durch »Sozialpolitik« ersetzt werden. Die Anhänger einer globalen Politik der »sozialen Sicherheit« sind nämlich der Ansicht, daß alle »äußeren« und »inneren« Notstände in »sozialen« Notständen begründet seien und daß man daher alle politischen Ernstfälle vermeiden könnte, wenn es gelänge, die »sozialen Probleme« zu lösen.

Man sichere die Bürger gegen die Risiken ihrer sozialen Existenz, die die wahren Ursachen aller politischen Spannungen und Konflikte sind, und man wird nicht nur Revolutionen und Bürgerkriege, sondern – nach der

Überzeugung der meisten Vertreter dieser These – auch die zwischenstaatlichen Kriege vorbeugend verhindern. Diese »Präventivstrategie« tritt also durchaus mit dem Anspruch auf, die offizielle »Repressivstrategie« zu ersetzen, die sich für den Fall des Falles auf eine bewaffnete Auseinandersetzung einstellt.

Zu den Anhängern dieser Alternativstrategie gehören einerseits die Pazifisten und Friedensforscher, die die »soziale Ungerechtigkeit« und die »strukturelle Gewalt« (Galtung) für alle Kriege verantwortlich machen und die die Kriege mit Hilfe einer Weltsozialpolitik überflüssig machen wollen.[9] Dazu gehört aber auch der Typus des Sozialpolitikers, der glaubt, jeden »inneren Notstand« mit sozialpolitischen Maßnahmen verhindern zu können und der den Sozialstaat als Veranstaltung zur Ernstfallprophylaxe begreift. Man könnte sogar behaupten, die wirkliche Ernstfallverfassung, das heißt die, an die die meisten Politiker dieses Landes wirklich glauben, sei nicht die sogenannte »Notstandsverfassung« des Grundgesetzes, sondern die »Sozialstaatsverfassung« der Republik. Es gibt anscheinend neben, hinter, unter oder über der offiziellen »Notstandsverfassung« der Bundesrepublik noch eine andere, die nur nicht so heißt; die »Sozialstaatsverfassung« ist auch eine »Notstandsverfassung«. Die Sozialpolitik des Sozialstaats soll den sozialen und damit eo ipso den inneren Frieden des Landes garantieren. Die »soziale Sicherheit» soll die Grundlage der »inneren Sicherheit« sein.

Nach einer verbreiteten Legende haben wir es vor allem der Sozial- und Gesellschaftspolitik unseres Sozialstaats zu verdanken, wenn wir bislang von einer sozialen Revolution verschont geblieben sind. Ein symptomatisches Zitat soll genügen: Nach Ansicht des Ex-Präsidenten des Bundesamtes für Verfassungsschutz, Günther Nollau, beruht »die Schwäche der Kommunisten in Deutschland« nicht auf der Stärke unserer Abwehr, sondern auf den »gesunden sozialen Verhältnissen« der Bundesrepublik, die »den Feinden der Inneren Sicherheit den Wind aus den Segeln nehmen«.[10] Der Verfassungsschutz erscheint hier sozusagen als flankierende Maßnahme der Sozialpolitik.

Es gibt natürlich auch Fälle, wo es umgekehrt ist, aber im Prinzip dürfte unter den deutschen Politikern der Anteil derer überwiegen, für die Sozialpolitik die beste Innenpolitik und die beste Verteidigungspolitik ist. (Bis vor kurzem war ja auch die Meinung noch weit verbreitet, sie sei die beste Wirtschafts- und Finanzpolitik.) Es ist durchaus nicht so, daß nur pazifistische Utopisten und sozialistische Ideologien an die Priorität dieser Strategie glauben, sondern auch viele von denen, die von Amts wegen mit dem Ernstfall befaßt sind, Innenminister und Polizeipräsidenten zum Beispiel.

Es ist nicht leicht, die Attraktivität zu erklären, die diese Strategie auf die Zeitgenossen ausübt. Das »Vorwalten des Präventivprinzips über das Repressivprinzip«[11] hat sich seit der Aufklärung[12] auf allen Gebieten – in der Medizin, der Kriminalistik und der Nationalökonomie – immer stärker durchgesetzt. Der Fortschrittsglaube, der Glaube an die »Machbarkeit der Zukunft« (H. Freyer) und ein dominanter Hang zur Risikovermeidung und zur »Sekurität« schießen da zu einem Syndrom zusammen, das wohl kaum ganz aufzudröseln ist.

Der Gemeinplatz, daß »Vorbeugen besser als Heilen« sei, hat jedenfalls die Evidenz des Zeitalters für sich. Die Priorität des Präventivprinzips ist überall anerkannt; man diskutiert nur noch darüber, wie die Vorbeugung verbessert werden könnte. Der allgemeine Enthusiasmus, der diese Diskussionen begleitet, übertönt freilich die grundsätzlichen Schwierigkeiten, die der Verwirklichung des Traumes von der Vorbeugung gegen alle Risiken des Lebens entgegenstehen. Nur eine Minorität von Spezialisten scheint sich darüber im klaren zu sein, daß jede Vorbeugung eine präzise Kenntnis der Genese der Risiken voraussetzt, die sie verhindern soll. So scheitert die vorbeugende Medizin in vielen Fällen schon daran, daß die Ätiologie und Pathogenese von Krankheiten einfach unbekannt ist.[13] Wenn man vom Konzept der »multifaktoriellen Genese von Krankheiten« ausgeht, ist die Verhinderung einer Krankheit jedoch selbst in den Fällen praktisch kaum möglich, wo theoretisch alle einschlägigen Risikofaktoren erkennbar und kontrollierbar wären. Kein Wunder, daß unter Fachleuten niemand ernstlich daran denkt, die »kurative« Medizin, die sich auf die Behandlung manifester Krankheiten beschränkt, hier und heute durch eine »präventive« Medizin zu ersetzen. Angesichts der Masse akut Kranker würde es – abgesehen vielleicht von einigen makrobiotischen Fanatikern – niemand wagen, die Abschaffung der Krankenhäuser zu propagieren. In anderen Bereichen, wo die Probleme der Prophylaxe nicht weniger komplex sind als in der Medizin, scheinen weniger Hemmungen zu bestehen, utopischen Konzepten nachzulaufen. Fortschrittliche Kriminologen und Polizeireformer wagen sich allen Ernstes mit dem Vorschlag an die Öffentlichkeit, anstelle der repressiven Verbrechensbekämpfung der Polizei Sozialhelfer zur Verbrechensvorbeugung einzusetzen. Und auf dem Feld des politischen Ernstfalls hat jeder Laie ein Vorbeugungsrezept parat. Jeder glaubt zu wissen, wie man Kriegen und Revolutionen »zuvorkommen« kann. Aber wenn über die richtige Methode der Kriegsvermeidung immerhin noch unterschiedliche Meinungen kursieren, konvergieren alle Vorschläge zur Revolutionsprophylaxe in der globalen Empfehlung, die »sozialen Notstände« zu beseitigen, aus denen Revolutionen entstehen. Die schlichte Laientheorie über die Entstehung von Revolutionen, die dieser Empfehlung zugrunde liegt,[14] verdankt ihre Evidenz offenbar der intensiven Pflege des Nachruhms gewisser Revolutionstheorien des 19. Jahrhunderts. Und das Rezept wird anscheinend durch die Erfolge einer Sozialpolitik approbiert, der es nach herrschender Lehre gelungen ist, den Staat gegen das Risiko einer »sozialen Revolution« zu sichern, indem sie das Industrieproletariat gegen die spezifischen Risiken seiner sozialen Existenz versicherte. Hans Achinger hat gezeigt,[15] daß die moderne Sozialpolitik nicht nur aus der »Arbeiterfrage« hervorgegangen ist, sondern daß sie sich bis heute am Paradigma der sozialen Probleme des einstigen Industrieproletariats orientiert. Wenn unserem »System der sozialen Sicherheit« heute von Anhängern und Gegnern eine »konservative«, »staatserhaltende« Funktion zugeschrieben wird, wenn es die einen als Rettungsmittel gegen den sozialen Umsturz preisen und die andern als Veranstaltung zur Verhinderung einer sozialen Revolution denunzieren,[16] wird unterstellt, wir hätten es hauptsächlich diesem System zu danken oder vorzuwerfen, daß wir in einem Land ohne Revolution leben dürfen oder müssen.

Unser »System der sozialen Sicherung« ist ursprünglich tatsächlich als Prophylaktikum gegen die drohende »proletarische Revolution« konzipiert worden. Bismarck, der Vater der deutschen Variante der Sozialpolitik, die die »idée directrice« und das Grundschema dieses »Systems« geliefert hat, wollte mit seiner Sozialgesetzgebung verhindern, daß sich an den sozialen Risiken, denen die Industriearbeiterschaft seiner Zeit im Fall der Erwerbslosigkeit ausgesetzt war, eine Revolution entzündete, die zum »Umsturz der gesellschaftlichen Verhältnisse« führen konnte. In einem Gespräch mit seinem Propagandisten Moritz Busch hat Bismarck die Motive für seine Sozialgesetzgebung dargelegt. Das Deutsche Reich, meinte er, könne sich die »Versöhnung der Arbeiter mit dem Staate« schon etwas kosten lassen: »Wir können als niedrigstbesteuertes Land in dieser Beziehung viel vertragen, und wenn wir das Ergebnis zur Sicherstellung der Zukunft unserer Arbeiter verwenden, deren Ungewißheit der Hauptgrund zu ihrem Hasse gegen den Staat ist, so ist das eine Sicherstellung unserer eigenen Zukunft, so ist das eine gute Anlage des Geldes auch für uns: wir beugen damit einer Revolution vor, die... ganz andere Summen verschlingen würde, direkt oder indirekt durch Störung unserer Geschäfte, als unsere Vorbeugungsmittel.«[17] Deutlicher könnte man das Konzept der Sozialpolitik als Präventivstrategie gegen den Ernstfall der sozialen Revolution wohl nicht formulieren. Und trotzdem ist Bismarcks antirevolutionäre Sozialpolitik von derjenigen der Sozialpolitiker des Sozialstaats durch Welten geschieden. Im Unterschied zu seinen späten Nachfolgern wäre es Bismarck nicht eingefallen, die Präventivstrategie für eine Alternative zur Repressivstrategie zu halten. Er gab sich nicht der Illusion hin, daß er das Risiko der Revolution allein durch geschickte sozialpolitische Maßnahmen verhindern könne. Als Komplement des »Sozialistengesetzes«[18] war seine Sozialpolitik auf die »reale Möglichkeit« des Ernstfalls bezogen, den Bismarck durchaus nicht um jeden Preis vermeiden wollte. Man darf nicht vergessen, daß seine Sozialgesetzgebung (Krankenversicherung 1883, Unfallversicherung 1884, Invaliditäts- und Altersversicherung 1889) dem »Sozialistengesetz« vom 21. Oktober 1878 nachfolgte, das die Polizei zur Auflösung sozialdemokratischer Vereine, zur Ausweisung sozialdemokratischer Agitateure und zur Unterdrückung sozialdemokratischer Druckschriften ermächtigte und das den Bundesstaaten erlaubte, in besonders gefährdeten Regionen den »kleinen Belagerungszustand« zu verhängen. Das »Sozialistengesetz« war eine klare innerstaatliche Feinderklärung an die Adresse der Sozialdemokratie, die Bismarck aus dem Staat ausschließen wollte, weil sie die »Existenzform« seines Reiches negierte.[19] Und die Sozialgesetzgebung war als Freunderklärung an die Adresse der Arbeiter, die Bismarck in sein Reich integrieren wollte, nur das »Gegenstück« dazu. Sie sollte verhindern, daß es der Sozialdemokratie gelang, die Arbeitermassen auf ihre Seite zu ziehen und in einen »Klassenkampf« zu verwickeln, der die »Einheit« des Staates zerstört hätte. Wenn sich die deutsche Arbeiterschaft damals ihrer »Klassenlage« bewußt gewesen wäre, wäre Bismarcks Doppelstrategie sicherlich gescheitert. Sie ging von der Prämisse aus, daß die Arbeiter nicht nach einer »neuen Gesellschaft« im Sinn der Sozialdemokratie, sondern lediglich nach einer gewissen »Sicherstellung« ihrer »Zukunft« im Rahmen der bestehenden Gesellschaft verlangten. Ob diese Rechnung aufging, konnte sich natürlich nur im Ernstfall herausstellen; aber Bismarcks Kampf gegen die Sozialdemokratie läßt keinen Zweifel daran aufkommen, daß er nicht *gewillt* war, den Arbeitern mehr zuzugestehen als eine »soziale Sicherung«, die mit der »herrschenden Gesellschaftsordnung« konform war. Während er durchaus bereit war, den »legitimen Sicherungsbedürfnissen« der Industriearbeiter »entgegenzukommen«, hätte er sich nicht einfallen lassen, die revolutionären Forderungen des Gothaer Programms auf dem Wege der »Reform« mit einer »Gesetzgebungspolitik der ›kleinen Schritte‹«[20] zu erfüllen, nur um einen »revolutionären Eklat« zu vermeiden. Im Unterschied zu seinen »Nachfolgern« versuchte Bismarck nicht, der »sozialen Revolution« durch »soziale Reformen«, die die Ziele der Revolutionäre mit »gewaltlosen« Mitteln verwirklichen sollten, zuvorzukommen. Daß der Umsturz eines Systems mit systemkonformen Mitteln das Gegenteil einer Revolution sei, war ihm noch verborgen. Er kannte daher auch das Geheimnis einer Prophylaxe noch nicht, die vorsorglich vorwegnimmt, was sie verhindern will. Es ist für Bismarcks antirevolutionäre Politik bezeichnend, daß er systemkonforme und systemfremde Ansprüche unterschiedlich behandelte. Während er dem Verlangen der Industriearbeiter nach »sozialer Sicherheit« entgegenkam, weil es nach seiner Ansicht mit der »gesellschaftlichen Ordnung« des »bürgerlichen Nationalstaats« vereinbar war, lehnte er es ab, dem Ruf der Sozialdemokraten nach »sozialer Gerechtigkeit« zu folgen, weil die Verwirklichung des sozialdemokratischen Programms die sozialen Grundlagen seines Reiches ruiniert hätte. Da es ihm nicht ums bloße »Überleben« ging, sondern um die Verteidigung der konkreten sozialen »Existenzform« des Reiches, konnte er nicht in die Versuchung geraten, Vorleistungen an die Revolution mit der Vorbeugung gegen die Revolution zu verwechseln. Seine Sozialgesetzgebung war ein »Vorbeugungsmittel« im strengen Sinn des Wortes. Er wollte mit seinem »System der sozialen Sicherung« das bestehende »System« stabilisieren. Eine »Entwicklung« der Gesellschaft mit dem Ziel »sozialer Gerechtigkeit«, die der Sozialdemokratie »den Wind aus den Segeln« genommen hätte, lag ihm fern. Weil er die Ziele der revolutionären Sozialdemokratie ablehnte, nicht nur ihre Mittel, war für ihn eine »Revolution in kleinen Dosen« keine Alternative zum angedrohten »letzten Gefecht«. Eine Präventivstrategie, die darauf hinauslief, den Feinden des Reichs jede Konzession zu machen, um nur ja den Einsatz von Gewalt zu vermeiden, kam für Bismarck nicht in Betracht, weil er nicht nur die Gewaltsamkeit des »sozialen Umsturzes«, sondern den sozialen Umsturz selber verhindern wollte. Er wollte lieber Gewalt einsetzen, um den »sozialen Umsturz« zu verhindern, als einen »sozialen Umsturz« inszenieren, um den Einsatz von Gewalt zu vermeiden.

Als das Reich seinen Frieden mit der Sozialdemokratie machte, wurde nicht nur Bismarcks Repressivstrategie hinfällig, auch die Präventivstrategie der Sozialpolitik verlor ihren ursprünglichen Sinn. Mit der Integration der Sozialdemokratie in das Reich wurde Bismarcks Sozialpolitik zum Komplement einer Gesellschaftspolitik, als deren Alternative sie einst konzipiert worden war. Das Prophylakticum gegen die »soziale Revolution« wurde nun zum Hilfsmittel einer »Reform«, die die »sozialen Zustände« verändern sollte, die Bismarck konservieren wollte. Sie hatte nun die Funktion, die durch Umverteilung von Lebenschancen jeweils erreichte »soziale Gerechtigkeit« zu sichern.[21] Im »Sozialstaat«, der nach der Standarddefinition ein Staat sein soll, der »soziale Gerechtigkeit und soziale Sicherheit garantiert, ist es sinnlos geworden, die »soziale Sicherung« gegen die »soziale Teilhabe« auszuspielen.[22] Von einem Staat, der das »größte Glück der größten Zahl« verfolgt, zu verlangen, er möge sich doch gefälligst auf den Schutz seiner Bürger in »elementaren« Notlagen beschränken, wäre widersinnig und absurd.[23] Im Sozialstaat hat denn auch das »System der sozialen Sicherung« nicht mehr den Zweck, einen »Umsturz der sozialen Verhältnisse« zu verhindern. Da sich der Staat selbst die Ziele zu eigen gemacht hat, die Bismarck mit seiner Sozialgesetzgebung konterkarieren wollte, fällt nun dem »Sicherungssystem« die Aufgabe zu, den »sozialen Fortschritt« zu garantieren, indem es die »Grundchance« zur »sozialen Entfaltung« aller »sicherstellt«.[24] Die Sozialpolitik des Sozialstaats beschränkt sich nicht auf die Garantie des physischen Existenzminimums und auf den Schutz vor den elementaren Risiken der Erwerbslosigkeit, sie will allen Bürgern einen »menschenwürdigen«[25] Lebensstandard verschaffen und »soziale Chancengleichheit« verbürgen. Als »sozialer Notstand« kann nun jede Situation der »Benachteiligung«, jede subjektive oder objektive »Deprivation« verstanden werden. Wo das Rettende wächst, wächst die Gefahr auch: weil der Sozialstaat nicht nur »soziale Sicherung« bieten, sondern »mehr soziale Gerechtigkeit«[26] herstellen will, kann jede »Ungerechtigkeit« als »Notstand« empfunden werden. So kommt es zu dem paradoxen Phänomen, daß sich mit wachsendem Wohlstand nicht nur die »Armutsgrenze« nach oben verschiebt,[27] sondern daß sich auch die »Notfälle« multiplizieren. Das Ziel des Bundessozialhilfe-Gesetzes wird zum Beispiel von kompetenter Seite in dem Wunsch zusammengefaßt: »Jeder von uns soll menschenwürdig leben können.«[28] Wo solches angepeilt wird, gibt es prinzipiell keine Grenze der Not und der Hilfsbedürftigkeit mehr. Heute kann ein Junggeselle mit einem »anrechenbaren« Monatseinkommen von tausend Mark (was etwa einem doppelten Bruttoeinkommen entsprechen dürfte) vom Staat »Wohngeld« in Empfang nehmen, wenn er sich ein Appartement mit Bad und Sammelheizung zum Mietpreis von dreihundertzwanzig Mark leistet.[29] Die Einkommensgrenzen für den »sozialen Wohnungsbau« sind derart angehoben worden, daß rund siebzig Prozent der Bundesbürger eine Sozialwohnung beanspruchen dürfen, obwohl den Haushalten der Bundesrepublik ein durchschnittliches Nettoeinkommen von 2671 Mark zur Verfügung steht.[30] Es ist klar, daß hier nicht mehr der Obdachlose vor Winterfrost geschützt, sondern eine bestimmte Wohnqualität für alle realisiert werden soll. Der Sozialhilfeempfänger, der »Hilfe zum Lebensunterhalt« erhält, braucht denn auch den Winterfrost nicht mehr zu fürchten, weil der Staat neben der »ortsüblichen Miete« für seine menschenwürdige Behausung auch die tatsächlichen Heizkosten in voller Höhe trägt.[31] An solchen Beispielen zeigt sich, daß der Begriff der »Not« im Stadium der »sekundären Armut«[32] mit der kulturellen »Eskalation der Bedürfnisse« Schritt gehalten hat: der Reichtum von gestern scheint die Armut von heute zu sein. Im Stadium der »sekundären Armut« ist nicht mehr derjenige arm, der »nicht genug zum Leben hat«, der das »Existenzminimum« nicht erreicht; arm ist nun, wer mehr wünscht, als er hat. Dem Status des Armen entspricht jetzt ein Bewußtseinszustand, »der weniger durch Entbehrtes als durch Begehrtes gekennzeichnet ist«. Die »Statusneurose« gilt als typische Erscheinungsform dieser Armut. Es geht jedoch auch um die Befriedigung »höherer« Bedürfnisse,[33] des Bedürfnisses nach »Selbstverwirklichung« zum Beispiel, das nach Maslow[34] bekanntlich in dem Wunsch kulminiert, »alles zu werden, was man werden kann«. Hier kann dann etwa »Bildungspolitik als Sozialpolitik« ansetzen und anderes mehr.

Eine Sozialpolitik, die »soziale Gerechtigkeit« zu verwirklichen verspricht, produziert ständig neue und immer subtilere Notstände. Sie würde mit ihrer eigenen Verheißung in Widerspruch geraten, wenn sie einen einmal erreichten sozialen Zustand stabilisieren würde. Der »Hunger nach Gerechtigkeit« ist auf die Dauer nicht mit einem Linsengericht zu stillen. Einmal kommt der Tag, an dem die »Armen« von heute entdecken, daß auf der Basis von 624 Mark kein »Vermögen« zu bilden ist und daß sich auf neunzig Quadratmetern nicht »menschenwürdig« wohnen läßt. Das Programm der »sozialen Gerechtigkeit« macht den Sozialstaat daher erpreßbar; er liefert einen Titel, auf den sich jeder Kritiker des »Status quo« berufen kann. Wenn »sozialistische« Systemfeinde heute die »Sozialstaatsillusion« zu zerstören und nachzuweisen versuchen, daß die Sozialpolitik unter den gegebenen Umständen nur die Funktion habe, die »bestehenden Verhältnisse« zu zementieren, fällt es ihnen daher leicht, die »Herrschenden« aus der Fassung zu bringen.

In gewisser Weise haben die Kritiker sogar recht. Es ist nicht zu leugnen, daß die inkriminierte Sozialpolitik, wenn man von der eingebauten Unruhe der »sozialen Gerechtigkeit« absieht, einen stabilisierenden Effekt hat. Mit ihrer Hilfe gelingt es nicht nur, ein »System der Bedürfnisse« aufrecht zu erhalten, das der Entwicklung der »industriellen Gesellschaft« entspricht;[35] sie fördert nicht nur den »Arbeitsfrieden« und steigert die »Arbeitsfreude«;[36] mit ihrer Hilfe können auch gewisse »Krisen« des »Spätkapitalismus« elegant gemanagt werden.[37] Und nicht zuletzt erleichtert sie die Lösung eines Hauptproblems jeder demokratischen Parteienherrschaft, des Problems der »Mobilisierung« der politisch apathischen Wählermassen.[38] Die Demokratie lebt von »Idealen, die man essen kann«[39]; und Sozialpolitik stellt solche Ideale bereit. Diese »Erkenntnisse« sind keine arcana imperii, sondern offene Geheimnisse, die im »sozialen Polizeistaat«[40] zum kleinen ABC jedes Politikers gehören. Es gibt unter den Sozialpolitikern dieses Landes gewiß »Sozialmachiavellisten«, die von allen »gesinnungsethischen« Motiven frei sind und die die Sozialpolitik einfach als Instrument benutzen, um eine demokratische »Konsumgesellschaft« zu »integrieren«. Kein ideologischer Terror und keine Polizeigewalt – von »liberalen« Methoden zu schweigen – könnten eine Gesellschaft von Individualisten, Interessenten und Privatiers so fest zusammenschweißen wie die Sozialpolitik des Sozialstaats. Die Masse der Sozialklientel, deren ganzer Besitz in abstrakten »sozialen Rechtsansprüchen« besteht, die der Staat zu »garantieren« verspricht, unterwirft sich willig einer Wohlfahrtsbürokratie, die selbst die Größe ihres Schlafzimmers festsetzt und kontrolliert. Vierunddreißig Millionen Mitglieder der gesetzlichen Krankenversicherung (zusammen mit ihren mitversicherten Familienangehörigen fast neunzig Prozent der Gesamtbevölkerung), fünfundzwanzig Millionen Mitglieder der gesetzlichen Rentenversicherung, sechzehn Millionen »vermögenswirksame« Sparer, zwölf Millionen Sozialrentner, sieben Millionen Kindergeldempfänger, sechs Millionen Mieter von Sozialwohnungen, zwei Millionen Wohngeldempfänger, zwei Millionen Sozialhilfeempfänger, zwei Millionen versorgungsberechtigte Kriegsopfer, eine Million Arbeitslose, eine Million Unfallrentner, über eine halbe Million Landwirtschaftsrentner, mehr als eine Drittelmillion Kriegsschadenrentner und BAfög-Bezieher – um nur die größten Posten zu nennen[41] – sind in einem »sozialen Netz« gefangen, das jeden mit jedem verknüpft. Die Bundesrepublik hat ebenso viele Empfänger von sozialen Zuwendungen wie Einwohner aufzuweisen. Pro Kopf der Bevölkerung werden in diesem Jahr (1978) im Durchschnitt 6590 Mark auf Sozialleistungen verwandt.[42] Fast die Hälfte der öffentlichen Ausgaben geht auf diesem Weg an einzelne Bürger, rund drei Viertel davon in Form von Einkommensleistungen. Ganze Bevölkerungsklassen leben fast ausschließlich von Sozialeinkommen, vor allem die nicht mehr erwerbstätigen Alten. Aber auch bei den Erwerbstätigen sorgt ein kompliziertes System der Einkommenumverteilung dafür, daß alle in einer mehr oder weniger wohltätigen Abhängigkeit gehalten werden. Im Sozialstaat wird mit Zuckerbrot und Peitsche regiert. Ein ungeheurer Steuerdruck bewirkt, daß sich jeder im eigenen Interesse bemüht, an der Umverteilung zu partizipieren. Da die Eingliederung in die Sozialklientel durch die Steuergesetzgebung honoriert wird, wird jeder doppelt gestraft, der sich dem staatlich verordneten Glück entzieht. So ist es denn auch nicht erstaunlich, daß weitaus der größte Teil der Sozialleistungen von denselben Bevölkerungsschichten aufgebracht wird, die sie erhalten.[43] Mit Hilfe von Steuern und Sozialleistungen wird die Bevölkerungsmehrheit zur Partizipation an einem System gezwungen, das sie zugleich beraubt und beschenkt. Diese höchst materiellen Rechte und Pflichten, nicht irgendwelche luftigen »politischen Teilnahmechancen«, halten eine Demokratie wie die Bundesrepublik zusammen und erzeugen ihre erstaunliche »Stabilität«. Als Steuerzahler und Versorgungsobjekt ist jeder Bürger dieses Staates sozusagen Aktionär einer großen Versicherung, die von ihm und von der er lebt. Da die Bevölkerungsmehrheit fast ihr gesamtes Vermögen in diese Versicherung investiert hat, ist es verständlich, daß sie nach Kräften bestrebt ist, sie zu erhalten und auszubauen. Und da viele Bürger ihren »sozialen Status« tatsächlich dem wundervollen Wirken des Sozialstaats verdanken, ist es nicht verwunderlich, daß sich so viele mit diesem Staat identifizieren. Er scheint tatsächlich eine perfekte Versicherungsanstalt gegen das Risiko einer sozialen Revolution zu sein.

Trotzdem kann man nicht sagen, daß die Sozialpolitik des Sozialstaats nur die »herrschenden Verhältnisse« zementiere. Schon ein Blick in die Programme, mit denen sich die fortschrittlicheren Reformpolitiker des Sozialstaats auf dem »Wählerstimmenmarkt« profilieren,[44] zeigt, daß die Befürchtungen der linken Kritiker des Sozialstaats, die in diese Richtung gehen, unbegründet sind. Für die Parteigänger einer »konsequenten Politik der sozialen Gerechtigkeit« scheint es zwar eine Grenze zwischen »sozialen Reformen« und »sozialen Revolutionen« zu geben, aber an einer »Zementierung der bestehenden Verhältnisse« scheinen sie kaum interessiert zu sein. Im Unterschied zur revolutionären Linken sind sie zwar bemüht, auf das Sekuritätsbedürfnis des Wählervolkes Rücksicht zu nehmen,[45] aber sie machen kein Geheimnis daraus, daß sie die Zustände in diesem Lande für durchaus veränderungswürdig halten. Der »Wohlfahrtsstaat« ist für sie nur die Vorstufe zu einem »Sozialismus«, der sich mit der »Zielvorstellung« der revolutionären Linken weitgehend deckt. Der landläufige Reformismus unterscheidet sich von den meisten revolutionären Programmen nur durch die Methode der schrittweisen und gewaltlosen Veränderung der Gesellschaft. Dem entspricht eine Praxis, die zwar nicht direkt zur »Expropriation der Expropriateure« und zur »klassenlosen Gesellschaft«, aber zu zahlreichen Beschränkungen des privaten Eigentums an Kapital und zu einer weitgehenden Nivellierung der Statusunterschiede innerhalb der Unter- und Mittelschichten[46] geführt hat. Der Sozialstaat Bundesrepublik ist sicherlich vom Fernziel einer »gerechten Gesellschaft« noch weit entfernt, aber wenn Wirklichkeit wird, was sich konsequente Reformer wünschen, kommt das Ziel der »sozialen Revolution« ganz ohne Blutvergießen und Terror doch peu à peu in Sicht. Für die fortschrittlichen Sozialpolitiker ist der Sozialstaat nicht nur eine Versicherung *gegen die Risiken der sozialen Revolution*; er ist auch eine Versicherung *der Revolution*: eine Garantie, daß der »Umsturz der gesellschaftlichen Verhältnisse« auf dem risikolosen Weg der »sozialen Reformen« mit Sicherheit eines Tages zum Abschluß gebracht werden kann, während die Straße der Revolution »mit Niederlagen gepflastert« (Rosa Luxemburg) ist.[47] Die Reformer lehnen den Einsatz der Gewalt zum Zweck der Gesellschaftsveränderung ab, weil er in einem doppelten Sinn unsicher ist: einerseits »gefährlich« und andererseits mit »Ungewißheit« belastet.[48] Wenn Nietzsche mit seiner Behauptung recht hätte, daß »der echte Mann« zweierlei wolle: »Gefahr und

Spiel«,[49] dann könnte man vielleicht an der »Männlichkeit« dieser Reformsozialisten zweifeln, aber nicht an ihrer Eignung zur Führung eines Volkes, das ihre Instinkte zu teilen scheint.

Es ist hier müßig, den Ursachen des Untergangs der »heroischen Tugenden« in der abendländischen Kultur im allgemeinen und in der deutschen Landschaft im besonderen nachzuspüren.[50] Der Zusammenhang zwischen dem »Untergang des Helden« und dem »Aufgang des Sozialismus« wird durch das Intermezzo des spezifisch »unheroischen« Bourgeois[51] verdeckt, der als der eigentliche Antipode des »Helden« gilt. Aber alle sozialistische Polemik gegen das »Bürgertum« im allgemeinen und das »Kleinbürgertum« im besonderen kann nicht darüber hinwegtäuschen, daß gerade der Reformsozialismus ein typisches Produkt bürgerlicher Weltanschauung ist, deren »Werte« er popularisiert.[52] Sein Siegeszug folgt der Ausbreitung einer Haltung, die Alfred Sauvy als »malthusianisch« bezeichnet hat, und bei der die Vorsicht den Wagemut, die Vorliebe für das Kleine den Geschmack am Großen und die Genauigkeit die Großzügigkeit verdrängt haben.[53] Diese malthusianische Einstellung kommt heute zum Vorschein, wenn die »fortschrittlichen« Kräfte für Abtreibung und Geburtenkontrolle statt für Vermehrung der Subsistenzmittel; für Einschränkungen der Produktion und Grenzen des Wachstums statt für Ankurbelung der Nachfrage; für Umweltschutz und Energiesparen statt für neue Technologien; für Arbeitszeitverkürzung und Arbeitsverteilung statt für Arbeitsvermehrung durch Investitionen plädieren. Und sie erreicht ihren Zenit in der Utopie einer friedfertigen Gesellschaft von Kleinhäuslern und Kleingärtnern, die – nicht zu reich und nicht zu arm – zufrieden in der Sonne sitzen und blinzeln.[54] Heroische Tugenden – »Kühnheit, Mut, Entschlußkraft, Liebe zu Kampf, Wagnis, Gefahr«[55] – kommen in diesem Weltbild nicht vor. Es leuchtet ein, daß es mit einer solchen Weltanschauung nicht vereinbar ist, für politische Zwecke Gewalt einzusetzen.

Damit diese Weltanschauung politisch wirksam werden kann, bedarf es freilich einer besonderen Konstellation. Es ist unvorstellbar, daß diejenigen, die an dem Fortbestand der »herrschenden Gesellschaftsordnung« interessiert sind, das »Angebot« einer »Sozialreform« akzeptieren würden, wenn sie nicht dazu gezwungen würden. Was die »Bourgeoisie« in die Arme des Reformsozialismus treibt, ist einzig die Angst, vom »revolutionären Sozialismus« überrollt zu werden. »Sous l'œil des Russes« und unter dem Eindruck der revolutionären Propaganda im eigenen Lande flüchten sich die »Kapitalisten« in die »konzertierte Aktion« des Sozialstaats, wo ihnen großzügige Galgenfristen eingeräumt werden. So profitiert der Reformismus von der revolutionären Gefahr, die er zu verhindern verspricht. Niemand kann von ihm erwarten, daß er diese Gefahr verniedlicht und bagatellisiert. Georges Sorel, der das Gelände zwischen Reformismus und Revolution wie kein anderer aus eigener Erfahrung kannte, hat schon vor siebzig Jahren die Beobachtung gemacht, »daß das Bürgertum sich leicht ausplündern läßt, wenn man es nur ein wenig bedrängt und ihm Furcht vor der Revolution einjagt: die Partei, die das Gespenst der Revolution mit der größten Kühnheit beschwört, wird die Zukunft für sich haben«.[56]

Da die Repressivstrategie das Spiel mit der Drohgebärde verderben könnte, müßten die Sozialreformer sie schon aus rein taktischen Gründen verwerfen. Ihre Aversion gegen die Repressivstrategie ist jedoch nicht rein taktisch bedingt, sondern tief ideologisch begründet. Auch die »Staatsgewalt« ist ein Teil der »strukturellen Gewalt«, die in einer »gerechteren Gesellschaft« aufgehoben werden soll. »Gewalt von oben« ist nicht besser als »Gewalt von unten«. Es ist daher nur konsequent, wenn die Reformpolitiker der strengen Observanz ihre sozialpolitische Präventivstrategie auch auf den »Terror von oben« ausdehnen. Das äußert sich dann etwa in den Diskussionen um die adäquate Methode der Terrorismusbekämpfung darin, daß empfohlen wird, die »Jagd auf Terroristen« durch eine Zielfahndung nach den »sozialen Problemen« zu ersetzen, aus denen der Terrorismus entsteht. Leicht bildet sich im Sozialstaat ein Klima, in dem sich Zweifel an der Legitimität des staatlichen Gewaltmonopols ausbreiten und sogar die »Repressionsagenturen« des Staates erfassen können.[57] Ist es einmal soweit, dann ist auch die Vermeidung des Ernstfalls unvermeidlich geworden.

Als Carl Schmitt den Begriff des Ernstfalls vor fünfzig Jahren in die politische Theorie einführte, ging er noch davon aus, daß der Ernstfall qua Krieg, das heißt als gewaltsamer Kampf zwischen wirklichen Feinden, *grundsätzlich unvermeidbar* (»eine reale Möglichkeit«) sei, weil jede politische Einheit bestrebt sein müsse, »die eigene Existenz zu verteidigen und das eigene Sein zu wahren – in suo esse perseverare«.[58] Er war offenbar der Ansicht, daß für jede politische Einheit einmal ein Punkt komme, wo es »um Sein oder Nichtsein« geht, wo das »eigene Sein« oder die »eigene Existenz« – wie es in dem existentialistischen Ton der Zeit heißt – auf dem Spiele steht. Carl Schmitt hat nie behauptet, daß das Kriegführen der Sinn und Zweck jeden Staates sei. Der Krieg ist immer mit so gravierenden Risiken verbunden, daß jeder Staat bemüht sein muß, Kriege möglichst zu vermeiden. Die Frage ist nur, welcher Preis für die Vermeidung des Krieges zu zahlen ist. Ein Staat kann selbstverständlich nur so lange als »politische Einheit« existieren, als er einem Krieg nicht um *jeden* Preis aus dem Wege geht. Schmitts These von der prinzipiellen Unvermeidbarkeit des Ernstfalls besagt eigentlich nur, daß es für jeden Staat Grenzen der Zumutbarkeit gebe, so etwas wie einen Point d'honneur, hinter den er nicht zurückweichen kann, wenn er sich nicht aufgeben will. Im »Zeitalter des Nationalstaats« war diese Point d'honneur der Staaten auch in Europa noch sehr deutlich auszumachen. Die Schwelle der Unzumutbarkeit lag sehr niedrig. Das scheint sich inzwischen geändert zu haben.

Eine allgemeine Nachgiebigkeit, die als Tugend Namen wie Menschlichkeit, Toleranz und Friedfertigkeit trägt, hat mit dem »Prozeß der Zivilisation« (Elias) nicht nur innerhalb der »Kulturstaaten«, sondern auch in den Beziehungen dieser Staaten immer mehr an Terrain gewonnen. Es ist fast unglaublich, was ein Kulturstaat sich alles bieten läßt. Die Soziogenese der politischen Blasiertheit wäre ein weites und fruchtbares Feld der Forschung. Man ist versucht, »Dekadenz« zu diagnostizieren, aber auch das Wort Dekadenz ist natürlich nur eine Chiffre, die nichts erklärt. Wenig hilfreich ist bei diesem Stand der »Entwicklung« daß Axiom der Systemtheoretiker, das sie anscheinend blind von bestimmten wildlebenden Tieren auf »die Gesellschaft« übertragen haben: daß alle sozialen Systeme zur »Selbstbehauptung« tendieren. Sicherlich, alle behaupten sich irgendwie, fragt sich nur wogegen und wie. In einer Gesellschaft vom Typ der Bundesrepublik ist kaum auszumachen, wo die Reizschwelle liegen könnte, die den Point d'honneur des Systems markiert. Daß »Gewalt kein Mittel der Politik« sein dürfte, scheint jedenfalls zum Credo dieses Staates zu gehören. Und ein solcher Glaubenssatz lebt von der Hoffnung, daß der Ernstfall vermeidbar sei.

Selbst die Vertreter der »Repressivstrategie« in der Bundesrepublik scheinen nicht wirklich an die Unvermeidbarkeit des Ernstfalls zu glauben. Sogar diejenigen, die sich offiziell auf den Ernstfall vorbereiten sollen, haben anscheinend auf die Präventivstrategie gesetzt. Wenn man die Ernstfallvorbereitungen in diesem Lande aus der Distanz betrachtet, kann man sich des Eindrucks nicht erwehren, daß sie mit ambivalenten Erwartungen besetzt sind. Einerseits hat man Angst vor den Gefahren des Ernstfalls und möchte »etwas dagegen tun«, andererseits fürchtet man, diese Gefahren durch Gegenmaßnahmen erst herauszufordern. Am liebsten möchte man alle Vorbereitungen vermeiden, aber man weiß halt nicht recht, ob man sich das wirklich »leisten kann«. Das sind Situationen, in denen es leicht zu »Übersprunghandlungen« kommt, wie sie die Ethologen (Tinbergen, Lorenz) an Tieren beobachtet haben: kämpfende Hähne picken nach nicht vorhandenem Futter, kämpfende Säbelschnäbler nehmen Schlafstellung ein. Die Ursache eines solchen Verhaltens ist nach Ansicht der Verhaltensforscher entweder ein Triebkonflikt (Aggression vs. Angst) oder die Behinderung der Ausführung einer Instinkthandlung durch äußere Umstände (zum Beispiel Behinderung des aggressiven Verhaltens durch ein Gitter). Die Psychologen schließen aus gehäuftem Auftreten von Übersprunghandlungen auf eine neurotische Grundstruktur der Persönlichkeit. Da wir nach unserer offiziellen Verteidigungsdoktrin entschlossen sind, den Ernstfall zugleich vorzubereiten und zu verhindern, sind Übersprunghandlungen quasi staatlich verordnet und programmiert. Wenigstens aus der Sicht des Laien nehmen sich die Veranstaltungen unserer militärischen Abwehr daher leicht wie Abwehrzauber aus. Man hat von außen den Eindruck, Raketen, Starfighter und Sirenen würden wie funktionslose Amulette und Jujus eingesetzt. Die Abschreckungsstrategie hat für den Laien einen »Theatereffekt«; die Ernstfallvorkehrungen unserer »Verteidigungspolitik« erscheinen ihm als unseriös. Es ist in der Tat nicht leicht, Ernstfallvorbereitungen ernst zu nehmen, die erklärtermaßen dazu dienen, den Ernstfall vermeiden zu helfen. Die Gefahr des Atomkriegs macht zwar diese Strategie auch denen evident, die sie sonst nicht begreifen würden, die Frage ist freilich, ob die »Bombe« in vielen Fällen nicht doch nur ein willkommenes Alibi für eine allgemeine Grundhaltung ist, die man als mangelnden Selbstbehauptungswillen – oder auch anders – bezeichnen kann, denn die Tendenz zur Einschränkung des eigenen »Wesens«, zum Verzicht auf »Eigentümlichkeit«, ist – wie gesagt – in unseren Breiten auch auf Gebieten heimisch, die durchaus nicht von der Bombe bedroht sind.

Was das »soziale System« Bundesrepublik Deutschland angeht, das man schon als das »Land der unbegrenzten Zumutbarkeiten« (U. Sonnemann) bezeichnet hat, so gibt es viele Indizien, die dafür sprechen, daß jedenfalls das herrschende Establishment bereit ist, vieles zu schlucken und hinzunehmen, bevor es einen Zustand als Bürgerkrieg oder als Revolution definiert. Als sich Golo Mann mit der These vorwagte, wir befänden uns mit der RAF im Bürgerkrieg, rückte ziemlich die gesamte öffentliche Meinung von ihm ab. Niemand hat je daran gedacht, für den Fall eines Kampfes gegen Terroristen die Möglichkeiten ins Auge zu fassen, die das Grundgesetz im Fall eines »inneren Notstands« (Art. 35 II, Art. 91) und in einem »Spannungsfall« (Art. 80a, Art. 87b) eröffnet. Wenn man sich schon auf einen Notstand beruft, dann allenfalls auf den übergesetzlichen Notstand des Strafgesetzbuches (§ 54 StGB). Und wie man die RAF kriminalisiert, um sie nicht als Staatsfeind definieren zu müssen, so entkriminalisiert man weniger massive Anschläge gegen das »System«.

Hermann Lübbe hat die »Systemverachtung« der »Systemgegner« einmal darauf zurückgeführt, daß sich die Repräsentanten unseres Staates jede politische Provokation bieten lassen, weil sie nicht wahrhaben möchten, »daß es Leute gibt, deren politische Feindschaftserklärung wirklich ernst und total gemeint ist«.[59] Die Verachtung, die die Terroristen unserem System entgegenbringen, sei »in letzter Instanz die Verachtung für eine politische Ordnung, der man nicht mehr zutraut, daß sie es mit sich selbst wirklich ernst meint«. Er erinnert an Szenen wie den Staatsempfang, bei dem die Sprechchöre, die vorher noch den Bundespräsidenten angepöbelt hatten, vom gastgebenden Ministerpräsidenten ans Büffet gebeten wurden. Jedes einzelne dieser Beispiele sei für sich harmlos, aber »in ihrer Summe« dokumentierten sie »eine bemerkenswerte Unfähigkeit unseres politischen Systems, seine rechtliche und sittliche Substanz zur Geltung zu bringen«. Man könnte auch sagen: die Unfähigkeit, seinen Ernstfall anzunehmen.

Dieser Staat scheint zu glauben, er könne den Ernstfall vermeiden, indem er seine Feinde als »Gegner« definiert. Überall Gegner, aber weit und breit kein Feind mehr in Sicht. Als ein Juso-Chef erklärte, die Kommunisten seien seine innenpolitischen Gegner, die CDU dagegen sei eine politische Organisation des Klassenfeindes, replizierte ein CDU-Geschäftsführer, die Kategorien des Feinddenkens seien in der Bundesrepublik überholt; CDU wie Kommunisten seien als Gegner der Jusos zu betrachten. Das ist es. Es ist letztlich gleichgültig, ob man sagt, ein Staat, der keine Feinde mehr kenne, habe keinen Point d'honneur, oder ob man sagt, wer keinen Point d'honneur habe, kenne auch keine Feinde. Es geht also nicht darum, ob dieser Staat eine »Substanz« zeigt, sondern ob er überhaupt eine hat, eine politische übrigens, keine bloß »sittliche« oder »rechtliche«, denn die zeigt er. Jedenfalls kann nur der an die prinzipielle Vermeidbarkeit des Ernstfalles glauben, der nichts hat, was er »mit Zähnen und Klauen« verteidigen würde. Und wenn nicht alles täuscht, ist der penetrante Glaube an die Vermeidbarkeit des Ernstfalls, der die Ernstfall-Vorbereitungen der Bundesrepublik relativiert, mindestens auch in dem weit verbreiteten Gefühl begründet, daß es nichts gibt, wofür sich ernstlich zu kämpfen – oder gar zu sterben – lohnt. Die liberale Relativierung aller Positionen, die alle Feinde in harmlose Gegner, Gegenspieler, Rivalen oder Konkurrenten verwandeln möchte, »suspendiert« alle Ernstfallvorbereitungen.

Man wird einwenden, wir lebten doch nicht in einer liberalen pluralistischen Demokratie, die alle Standpunkte relativiere, sondern in einer »wertbewußten« und »streitbaren« Demokratie. Und der Point d'honneur, der unser Feindbild bestimme – es gibt ihn ja, den »Verfassungsfeind«! – sei die »freiheitliche rechtsstaatliche Grundordnung«. In der Tat geht die »Notstandsverfassung« davon aus, daß wir diese Grundordnung verteidigen sollen.

Von dieser »Notstandsverfassung« hat man allerdings zu Recht gesagt, hier sei »rechtsstaatliches Denken auf die Spitze getrieben«.[60] Sie gebietet in der Tat, auch im Notstandsfall die rechtsstaatlichen Methoden der Machtbeschränkung und Machtkontrolle, die Grundrechte und selbst die »institutionellen Garantien« der privilegierten Großmächte dieses Staates, der Massenmedien und Gewerkschaften, zu respektieren. Diese Prinzipien sollen anscheinend gerade unter den verschärften Bedingungen des Notstandes zeigen, daß sie halten, was sie versprechen. Der Ernstfall als Testfall der »freiheitlichen demokratischen Grundordnung (fdGO)«: das scheint die Quintessenz unserer »Notstandsverfassung« zu sein. Verständlich wird diese Konstruktion nur, wenn man sich daran erinnert, daß der »fdGO« nach Ansicht der Vertreter einer »streitbaren« Demokratie als »Glaubensartikel« einer »theologia civilis«[61] »Ewigkeitswert« zukommt. (Man wird ja als Beamter dieses agnostischen Kirchenstaats auf diesen Glaubensartikel vereidigt und als Ungläubiger von den Pfründen dieses Staates ausgeschlossen.)

Man kann diese Haltung bewundern oder verachten, sie scheint jedenfalls konsequent zu sein. Hier wird mit der Idee des Rechtsstaates rücksichtslos ernst gemacht. Wenn man den »klassischen« liberalen Theoretikern des Ausnahmezustandes den Vorwurf machen konnte, sie hätten versucht, den Teufel mit Beelzebub auszutreiben, indem sie eine Gefährdung der verfassungsmäßigen Ordnung mit verfassungswidrigen Mitteln abwehren wollten, dann kann man unserer Notstandsverfassung bescheinigen, daß sie nicht mit dem Teufel praktiziert. Sie vermeidet das Dilemma der »klassischen« Regelung, die in einer »anormalen« Situation »anormale« Mittel einsetzte, um wieder zur »normalen« Lage zu gelangen. Die Gesinnungsethiker, die – nach dem Motto: »Der Christ handelt recht und stellt den Erfolg Gott anheim«[62] – die Ansicht vertreten, daß »der Rechtsstaat nur mit rechtsstaatlichen Mitteln verteidigt werden« könne, haben ganz recht, wenn sie gegen die »klassische« Regelung einwenden, sie habe keinerlei Garantie für die Rückkehr zu normalen verfassungsmäßigen Zuständen geboten, aber sie bieten gegen dieses Risiko eine nicht weniger dubiose Garantie: die bloße Rechtsgarantie. Gegen einen Feind, der sich nicht an diese Spielregeln hält, sind sie verloren.

Auch die »Notstandsverfassung« läßt also ein ambivalentes Verhältnis zum Ernstfall erkennen. Der Point d'honneur dieses Staates scheint es zu sein, den Point d'honneur nicht zu weit zu treiben. Da man den Ausnahmezustand nicht normieren und eine anormale Lage nicht mit normalen Mitteln bewältigen kann, ist auch diese »Notstandsverfassung« nur ein Ausdruck des Wunsches, der Ernstfall, den man vorbereitet, möge doch kein Ernstfall sein. Die »Notstandsverfassung« der Bundesrepublik kann daher die Präventivstrategie nur attraktiv machen. Sie scheint geradezu auf die Präventivstrategie der Sozialpolitiker angewiesen zu sein.

Hans Boldt[63] hat schon in der Diskussion um die »Notstandsgesetze« die These vertreten, daß »die Bewältigung der Ausnahmezustandsproblematik« heute darauf hinauslaufe, »den ›Sozialstaat‹ in den ›Rechtsstaat‹ zu integrieren« (425). Er begründet diese These nicht nur mit dem Versagen des liberalen Rechtsstaats vor dem Problem des Ausnahmezustandes. Nach seiner Ansicht sind die Notstände der hochzivilisierten und technisierten Gesellschaft etwas anderes als der Fall der Not, den die liberalen »Klassiker« regeln wollten. Heute liege schon das Notniveau so hoch, daß sich das, was frühere Zeiten noch als Verlust von Luxus hätten hinnehmen können, zur Katastrophe auszuwachsen drohe. Heute könne ein Notstand nur durch eine »ständige Höherentwicklung und Förderung der Zivilisation« vermieden werden. Schon ein bloßes Verharren auf dem erreichten Stand würde nun »einen Notstand größten Ausmaßes« heraufbeschwören. Die »äußere Ordnung des Not- und Verstandesstaates« sei daher keine hinreichende Bedingung der Gesellschaft und des Kulturstaates mehr; die »Pflege und Entwicklung des Kulturstaates« sei bereits eine »Voraussetzung der Erhaltung des notstaatlichen Existenzminimums geworden«. Und daraus folgt: »Wenn man aber die klassische Gefährdung der Existenz des Staates nicht mehr abwarten kann, ohne ihn schon dadurch zu gefährden, dann ist aus dem alten Notstand der Bewahrung des Status quo die Nötigung geworden, durch Veränderung des jeweils Erreichten und Gestaltung der Zukunft *soziale Prophylaxe*, d. h. *präventive Notabwendung*, zu betreiben.« (425)

Wenn die Not durch Zukunftsgestaltung vermieden werden müsse, dann sei eine vorausschauende gesellschaftliche Planung notwendig, für die das Argument der Unvorhersehbarkeit von Notfällen und die Behauptung, sie seien prinzipiell nicht vorher regelbar, gegenstandslos sei. Für den heutigen Staat gebe es gar keine andere Möglichkeit, als »das rationalistische Motiv früherer rechtsstaatlicher Ausnahmezustandsregelungen, den Glauben an die Vorhersehbarkeit und Regelbarkeit der Zukunft, à outrance aufzunehmen« (425).

Als Beispiel neuer Notstände nennt Boldt ökonomische Strukturkrisen und den »Bildungsnotstand«. Das seien, meint er, Notstandsprobleme, »die sich nur durch einen reformerischen Gestaltungseingriff lösen lassen« (426). Dieser Eingriff, der sich in Gestalt der Sozialgesetzgebung, der Wirtschaftsplanung, der Bildungsplanung oder der Subventionierung der Wirtschaft vollziehe, könne freilich ebensowenig wie der »klassische« Ausnahmezustand auf die bestehenden Rechte und Freiheiten Rücksicht nehmen. Für die Gestaltungseingriffe komme nicht die Form des Gesetzes, sondern nur die der »Maßnahme« in Betracht. Der Sozialstaat muß tatsächlich ganz ebenso wie der souveräne kommissarische Diktator mit Maßnahmen und nicht mit Gesetzen regieren. Der Unterschied ist nur, daß die Maßnahmeregierung nun keine vorübergehende Ausnahme mehr, sondern die Regel ist, allerdings in einem ganz anderen Sinn als die IG-Metall in ihrem Kommentar zum Notstandsentwurf der Bundesregierung befürchtet hat, als sie meinte, nach der Verabschiedung der Notstandsverfassung werde »der Notstand zur Regel werden«.[64] Der Sozialstaat, der »das Problem der Notverhütung« als »dauernd gegenwärtiges« begreift (425), muß bei allen möglichen sozialen »Nöten« intervenieren, wenn er die »Krise« in »Prophylaxe« auflösen will.

Wenn man heute die hektischen sozialpolitischen Aktivitäten der Bundesregierung verfolgt, kann man sich allerdings dem Eindruck nicht entziehen, daß es offenbar immer schwieriger wird, »die Krise in Prophylaxe« aufzulösen, und daß die Prophylaxe selbst in ein kritisches Stadium eingetreten ist. Mit dem sogenannten »Rentendebakel« ist über Nacht die Frage aufgetaucht, wer oder was denn eigentlich die Sicherheit der »sozialen Sicherheit« garantiere. Plötzlich wird auch der breiten Öffentlichkeit wieder klar, daß die Leistungen des »Systems der sozialen Sicherung« von Randbedingungen abhängen, die mit sozialem Wohlwollen allein nicht zu beeinflussen sind: daß die Arbeitslosenversicherung von der Beschäftigungslage, der Wirtschaftslage, der technologischen Entwicklung, der Energieversorgung und so weiter abhängig ist. Oder: daß die Finanzierung der Renten unter anderem von der Altersstruktur der Bevölkerung und vom generativen Verhalten beeinflußt wird. Da kann die Regierung lange verkünden: »Wir sichern den Generationenvertrag!«[65] So recht glaubt ihr das keiner, weil dazu das Kinderkriegen gehört.

Allenthalben wird über die »Grenzen des Sozialstaats« diskutiert. Der Soziologe Horst Baier hat sogar die Frage aufgeworfen, »ob nicht ein Weniger des sozialstaatlichen Leistungsangebots ein Mehr an sozialer Sicherheit für die tatsächlich Bedürftigen und Gefährdeten bedeuten könnte«.[66] In der Tat ist das System der sozialen Sicherung deutlich an eine ökonomische Grenze gestoßen. Chronische Arbeitslosigkeit, Investitionsschwäche der Unternehmen und die hohe Verschuldung der öffentlichen Haushalte markieren diese Grenze des Sozialstaats. »Der Sozialstaat mit seinem Zug zur Volksversicherung für alle Lebenslagen ist nicht mehr bezahlbar.«[67] »In der Krise des Sozialstaats«, meint Baier, »muß es erlaubt sein, den Sozialstaat in Frage zu stellen.« (177) Es gibt noch andere Krisensymptome. Schon wird in aller Öffentlichkeit[68] die Frage laut, ob das »System der sozialen Sicherheit« auch in den nächsten Jahrzehnten noch im Stande sei, »den sozialen Frieden zu erhalten«. Die Wildnis des Transfer-Dschungels wird in den Massenmedien präsentiert. Da kommen Tatbestände zu Tage, die dazu angetan sind, das naive Vertrauen in die »soziale Gerechtigkeit« zu erschüttern. Der Schulrektor, der unter Berücksichtigung des Sozialeinkommens ein niedrigeres Nettoeinkommen hat als sein Hausmeister.[69] Der Studienrat, der sich gegen seine Beförderung sträubt, weil er als Oberstudienrat seine sozialen Privilegien verlieren würde.[70] Was man unter Experten als »Umkehrung der primären Verteilungsrelation« bezeichnet, beginnt die Leute zu interessieren.

Die Privilegierung der Unterprivilegierten treibt seltene Blüten: zum Beispiel in der Lohnpolitik (stärkere Lohnerhöhungen für Unqualifizierte, gleiche Sockelbeträge für alle), aber auch in der Sozialhilfe (Kleinrentner) oder bei der Bafög-Förderung (Benachteiligung der Aufsteiger). Arbeitslose stehen mit dem Arbeitslosengeld oft besser da, als wenn sie arbeiten würden. Bei manchen ist die Differenz zwischen dem Nettoeinkommen vor und während der Arbeitslosigkeit so gering, daß sie sich fragen müssen, wozu sie sich eigentlich früher acht Stunden geplagt haben.[71] In der Rentenversicherung wird der Kinderreiche nicht anders behandelt als der Kinderlose. Hinzu kommen die Absurditäten bei der Objektsubventionierung: des »sozialen Wohnungsbaus« (»der Professor in der Sozialwohnung«; rund siebzig Prozent der Bürger sind anspruchsberechtigt, für knappe dreißig Prozent stehen Wohnungen zur Verfügung«), der Schulen und Universitäten, der Krankenhäuser und Altersheime, der Kindergärten, Studentenwerke, des öffentlichen Nahverkehrs und so weiter. Die Subventionen für den Kohlebergbau – angeblich notwendig, »um Arbeitsplätze zu erhalten« – würden ausreichen, um alle Bergleute mit doppeltem Gehalt zu pensionieren. Bei manchen Transferzahlungen zahlt der Steuerzahler aus der linken Tasche, was ihm als Subventionsempfänger in die rechte Tasche gesteckt wird, nur daß aus der linken Tasche etwa das Doppelte von dem herausgenommen wird, was in die rechte hineingesteckt wird. Vom Steuersystem hat bekanntlich Günter Schmölders gesagt, der Bürger würde zum Revolutionär werden, wenn er es durchschauen würde. Und Willy Haubrichs stimmte ihm zu.[72]

Es hat also den Anschein, daß ein System, das mit dem Anspruch antrat, »soziale Gerechtigkeit« herzustellen, von vielen als »ungerecht« empfunden wird, und daß ein System, das »Sicherheit spenden soll, selbst zur Quelle der Verunsicherung wird«.[73] »Soziale Sicherheit« freilich, in dem anspruchsvollen Sinn, den der Slogan suggeriert,[74] hat dieses System der sozialen Sicherung ohnehin nie geboten. Und es ist Zeit, daß man die metaphysischen Hoffnungen, die man darauf gesetzt hat, begräbt.

Das System der sozialen Sicherung hat viele Risiken selbst erst geschaffen, die zu bewältigen es einmal eingesetzt wurde. Dieses Moral-Hazard-Phänomen ist oft bemerkt worden: man wird arbeitslos, weil es eine Arbeitslosenversicherung gibt, und krank, weil die Krankenversicherung dazu einlädt. Das ist ja ein altes Problem der Versicherungswirtschaft, das einen Korrespondenten der Schlözerschen »Staatsanzeigen« schon anläßlich eines Brandes, der die Stadt Göppingen am 25. August 1782 in Asche legte, zu der Frage veranlaßt hat: »Ob nicht die, in dem Herzogtum Wirtemberg, schon seit einigen Jahren angerichtete Feuerschadens-Assecuration die Lösch-Anstalten bei diesem Fall verhintert und die Bürgerschaft gegen ihre Häußer sorglos gemacht habe?«[75]

Man kann das Feuer nicht mit einer Feuerversicherung bekämpfen, das Leben nicht mit einer Lebensversicherung retten und den politischen Ernstfall nicht mit der Sozialversicherung bewältigen. Man schämt sich, solche Trivialitäten aussprechen zu müssen. »Die Sicherheit, die die öffentliche Hand gewähren kann«, hat Elisabeth Liefmann-Keil[76] einmal gesagt, »ist auch nicht vollkommen. Sie ist die Sicherheit bzw. Unsicherheit dessen, der die Macht besitzt.«

ANMERKUNGEN

1 C. Schmitt, Der Begriff des Politischen, Hamburg 1933, S. 18
2 Siebzehntes Gesetz zur Ergänzung des Grundgesetzes, BGBl. I. 1968, S. 709
3 Humphrey zit. nach: G. Krell, »Falken« und »Tauben« im amerikanischen Senat, in: Aus Politik und Zeitgeschichte, B 44/75, 1. 11. 1975, S. 23
4 Das Reich hat seine gesamten Staatsausgaben bis zum Beginn des Weltkriegs auf die »klassischen Staatsaufgaben« beschränkt. Vgl. K. H. Hansmeyer, Der Weg zum Wohlfahrtsstaat, Frankfurt 1957, S. 41
5 Hansmeyer, a.a.O., S. 44 ff., und O. Weitzel, Die Entwicklung der Staatsausgaben in Deutschland, Diss. rer. pol., Erlangen-Nürnberg 1967, S. 183 ff. und Tab. 21a-c
6 Vgl. Presse- und Informationsamt der Bundesregierung (Hrsg.), Gesellschaftliche Daten 1977, Stuttgart 1977, S. 316, 263, und Stat. Jahrbuch 1978
7 Senator Hart, CR Oct. 2, 1972, 1972, 16564 zit. Krell, a.a.O., S. 23
8 F. X. Kaufmann, Sicherheit, Stuttgart 1973, S. 92 ff.
9 Vgl. z. B. die »Gemeinsame Erklärung« in: E. Krippendorff (Hrsg.), Friedensforschung, NWB 29, Köln-Berlin 1968, S. 106 f.; Erklärung der Tagung »Zum Stand der kritischen Friedensforschung« am 24./25. 4. 1971, in: Gewaltfreie Aktion, 8, 2, 1971, S. 47; Vorstand der SPD (Hrsg.), Frieden-SPD-Parteitag Hamburg 1977, Bonn o. J., S. 57 ff.
10 G. Nollau, Wie sicher ist die Bundesrepublik? München 1976, am Schluß
11 A. Wagner, Finanzwissenschaft, Teil I, Leipzig ³1883, S. 77
12 Vgl. z. B. H. Achinger, Sozialpolitik als Gesellschaftspolitik, Frankfurt 1971, S. 40 ff.
13 Vgl. z. B. die zusammenfassende Darstellung der Probleme der vorbeugenden Medizin bei H. Schaefer und M. Blohmke, Sozialmedizin, Stuttgart 1972, S. 286 ff.
14 Zur Kritik dieser Laientheorie vgl. schon Tocqueville's Analyse der Ursachen der französischen Revolution. A. de Tocqueville, L'Ancien Régime et la Révolution,

in: Oeuvres, ed J. P. Meyer, T II, 1, Paris 1952, 33 ff., 156 ff. Dazu auch: A. Decouflé, Sociologie des révolutions, Paris 1968, S. 19 ff. und: K. v. Beyme (Hrsg.), Empirische Revolutionsforschung, Opladen 1973. J. Davies, Toward a Theory of Revolution, in: Feierabend, I. et al. (Ed.), Anger, Violence and Politics, Englewood Cliffs 1972; T. Gurr, Rebellion, Düsseldorf 1972; C. Lindner, Theorie der Revolution, München 1972.

15 H. Achinger, Sozialpolitik, S. 45 ff., bes. S. 49

16 Vgl. z. B. T. Guldimann, Die Grenzen des Wohlfahrtsstaates, München 1976, S. 85 u. ö., sowie D. Schröder, Die Grenzen des sozialen Rechtsstaats, in: N. Blüm, A. Jaumann, D. Schröder, Die Grenzen des Sozialstaats, Stuttgart 1976, S. 10

17 M. Busch, Tagebuchblätter, Bd. III, 1899, S. 9 ff., zit. nach W. Andreas (Hrsg.), Bismarckgespräche, Bd. II, Bern 1965, S. 337 f.

18 G. A. Rein, Die Revolution in der Politik Bismarcks, Göttingen-Berlin-Frankfurt 1957, S. 295

19 Vgl. die Zitate bei Rein, Die Revolution, S. 295 f., mit Schmitt, Der Begriff, S. 32

20 F. Werner, Wandelt sich die Funktion des Rechts im sozialen Rechtsstaat?, in: Die moderne Demokratie und ihr Recht, Bd. 2, Tübingen 1966, S. 159

21 Vgl. z. B. Vorstand der Sozialdemokratischen Partei Deutschlands, Abt. Öffentlichkeitsarbeit (Hrsg.), Grundsatzprogramm der Sozialdemokratischen Partei Deutschlands, Bonn o. J. (1978), S. 19

22 Zur Kontroverse um den Begriff des Sozialstaats vgl. die Übersicht von H. Kremendahl, Demokratie – Rechtsstaat – Sozialstaat, Informationen zur polit. Bildung 165, Bonn 1975, S. 18 f. Einen letzten Versuch, die Unterscheidung von »sozialer Sicherung« und »sozialer Gerechtigkeit« zu retten, unternahmen »konservative« Autoren wie Ernst Forsthoff (Rechtsstaatlichkeit und Sozialstaatlichkeit, Darmstadt 1968), Hans Barion (Vorbesinnung über den Wohlfahrtsstaat, in: DÖV, 1970, H. 1/2, S. 15 ff.) und Roman Schnur (Politische und gesellschaftliche Ordnungsprobleme der sozialen Sicherheit, in: Leistungsbereitschaft – Soziale Sicherheit – Politische Verantwortung, Veröff. der Walter-Raymond-Stiftung, Bd. 8, Köln-Opladen 1967, S. 138 ff.)

23 Als sich Roman Schnur (a.a.O., S. 145, 165) vor zehn Jahren darüber beklagte, daß in der Bundesrepublik die Meinung überhand nehme, man könne »die grundlegende Unterscheidung zwischen sozialer Sicherheit im engeren Sinne und Wohlfahrtsförderung aufgeben«, und daß daher überall »unter falscher Flagge Einkommensverteilungspolitik getrieben« werde, indem man den Topos »soziale Sicherheit« verwende, »um öffentliche Leistungen aller Arten über möglichst alle Bürger auszugießen«, gab Arnold Gehlen zu bedenken, daß die Unterscheidung zwischen bloßer »Sicherung gegen elementare Notlagen« und »Wohlfahrtspolitik« schwierig werde, wenn die Sorge für den »Lebensstandard« zu den »legitimen Aufgaben der Regierung gehört« (a.a.O., S. 156).

24 So der »Sozialplan« der SPD: W. Auerbach u. a., Sozialplan für Deutschland, Berlin u. Hannover 1957, S. 11

25 In Sozialgesetzen und -verordnungen wird die Phrase des Art. 1 GG meßbar und

kommensurabel. Die »Regelsätze« der Sozialhilfe, die Bestimmungen über die »angemessene« Wohnfläche im sozialen Wohnungsbau usw. geben wenigstens die »untere Grenze« der Menschenwürde an. Soziologisch dürfte die »Menschenwürde« heute noch als die »bescheidene Lebensführung« einer kleinbürgerlichen Existenz zu charakterisieren sein. (Vgl. K. Lidy, Definition und Messung der Armut, Diss. Heidelberg 1974, S. 158)

26 So der Bundeskanzler im Geleitwort zur Propagandabroschüre »Tips für Arbeitnehmer« (7. Aufl., Jan. 1978, hrsg. v. Presse- u. Informationsamt d. Bundesregierung

27 Vgl. z. B. Lidy, a.a.O., S. 134

28 Bundesminister f. Jugend etc. (Hrsg.), Sozialhilfe – Ihr gutes Recht, Bonn 1978, S. 3

29 Vgl. die Wohngeldtabellen in: Presse- und Informationsamt der Bundesregierung (Hrsg.), Wohngeld '78, Bonn 1977, S. 20 ff.

30 Die Einkommensgrenzen für den sozialen Wohnungsbau richten sich nach der Personenzahl der Haushalte. Zur Zeit wird als maximales Bruttoeinkommen zugrunde gelegt für den »Haushaltungsvorstand« 18 000 DM, für eine zweite Person zusätzlich 9 000 DM und für jede weitere Person 4 200 DM. Zum durchschnittlichen Nettoeinkommen vgl. die Untersuchung des Instituts für Wirtschaftsforschung (Berlin) über die Einkommen sozialer Gruppen im Jahr 1977 (Überblick in der FAZ v. 11. 8. 78). Danach verfügten zwei Drittel aller Angestelltenhaushalte und drei Fünftel aller Arbeiterhaushalte über mehr als 2000 DM netto im Monat. Das durchschnittliche Nettoeinkommen der Arbeiterhaushalte betrug 2501 DM, das der Angestelltenhaushalte (einschließlich Beamte) 2877 DM. Daten für 1973 in: Gesellschaftl. Daten 1977, S. 175 ff.; für 1962 und 1969: E. Ballerstedt und W. Glatzer, Soziologischer Almanach, Frankfurt/New York 1975, S. 384 ff.

31 Vgl. die Regelsatzverordnung § 3 Abs. 1 und 2, dazu die kritischen Bemerkungen in der Denkschrift des Deutschen Landkreistags v. 18. 6. 1976 (»Änderungsvorschläge des Deutschen Landkreistages zum Bundessozialhilfegesetz und anderen Leistungsgesetzen des Bundes«, bes. S. 5)

32 Vgl. H. Strang, Erscheinungsformen der Sozialhilfebedürftigkeit, Stuttgart 1970, S. 67 ff.

33 Strang (a.a.O., S. 70 ff) stellt noch ein weiteres Stadium, die »tertiäre« Armut, vor. Aus seiner Darstellung wird jedoch nicht deutlich, ob es sich hier um eine Steigerungsform, sozusagen den Superlativ der »sekundären« Armut, oder um eine eigene Form handelt. Es ist lediglich zu erfahren, daß sie »ein komplexes, amorphes und diffuses Bild unterschiedlicher Mangelsituationen und individueller Lebensnotstände« biete.

34 A. H. Maslow, Psychologie des Seins, München 1973, S. 37 ff. Nach Peter R. Hofstätter (Einführung in die Sozialpsychologie, Stuttgart 1959, S. 184) hat Kurt Goldstein (The organism, New York 1939) den generellen »Trieb zur Selbstverwirklichung« zuerst »entdeckt«.

35 Chr. v. Ferber, Sozialpolitik in der Wohlstandsgesellschaft, Hamburg 1967, S. 33 ff., bes. S. 65 u. S. 45 f.; H. Achinger, Sozialpolitik als Gesellschaftspolitik, Frankfurt 1971, S. 11 ff., bes. S. 33 f.

36 G. Weisser, Art. Soziale Sicherheit, in: HdSW IX, S. 399 ff.
37 Guldimann, a.a.O., S. 16 ff., S. 95 ff.
38 »Bereichert die Soldaten«, soll Septimius Severus gesagt haben, »und verachtet den Rest.« (V. Pareto, Les systèmes socialistes, T 1, Paris 1926, S. 85). Wer sich auf die Volksmassen stützt, muß die Massen bereichern. Im demokratischen Rom läßt man den Wählern bezirksweise Frühstücke servieren (O. Spengler, Der Untergang des Abendlandes, Bd. 2, München 1923, S. 570). Zur Politik der sozialen Wahlgeschenke: Schnur, a.a.O., S. 147; H. P. Widmaier, Sozialpolitik im Wohlfahrtsstaat, Hamburg 1976, S. 77; H. P. Bank, Die Sozialgesetzgebung der Bundesrepublik Deutschland und ihr zeitlicher Zusammenhang mit den Wahlterminen seit 1949, in: Recht der Arbeit, 4, 1970, S. 101 ff.; sowie die scharfsinnige Analyse von U. Fehl, Öffentliche Versorgung und Wählerstimmenmarkt, in: Jahrbuch für Sozialwissenschaft, Bd. 28 (1977), H. I, S. 83 ff.
39 Ch. Maurras, De la colère à la justice, Genf 1942, S. 118
40 R. Hepp, Die Polizei im sozialen Polizeistaat, in: G. K. Kaltenbrunner (Hrsg.), Der Apparatschik, Freiburg-Basel-Wien 1976, S. 62 ff.
41 Die aufgerundeten Zahlenangaben beziehen sich zum Teil auf das Jahr 1975. Fundstellen: G. Tietz, Zahlenwerk zur Sozialversicherung in der Bundesrepublik Deutschland, Berlin 1963 ff.; Der Bundesminister für Arbeit und Sozialordnung (Hrsg.), Übersicht über die Soziale Sicherung, Bonn 1977 (Stand: 1. 4. 77); Presse- und Informationsamt der Bundesregierung (Hrsg.), Gesellschaftliche Daten 1977, Stuttgart 1977
42 Sozialbericht 1978, Deutscher Bundestag – 8. Wahlperiode, Drucksache 8/1805
43 Die Behauptung, »daß 70 % der Sozialleistungen von denen aufgebracht werden, die sie erhalten« (so N. Gansel, SPD, nach: Der Spiegel, 32. Jg., Nr. 5 v. 30. 1. 1978, S. 32) gehört zu den Verschleierungsformeln jener Reformer, die suggerieren möchten, daß »die Armen für die Armen bezahlen«. In Wirklichkeit zahlen die reichen Armen für die armen Armen.
44 Vgl. vor allem die Beschlüsse zur Sozialpolitik auf dem Hamburger Parteitag der SPD (1977) in: Vorstand der SPD (Hrsg.), SPD-Parteitag Hamburg – Dokumente, Bonn o. J. (1977), S. 22 ff.; dazu: Fehl, a.a.O., S. 90 f.
45 Die Rücksicht auf das Sekuritätsbedürfnis des Wahlvolks schlägt sich in der Vorsicht nieder, mit der die herrschenden Topoi »umfunktioniert« werden. Hat für den zuständigen Bundesminister selbst das nivellierende Wohngeld nur »einen verläßlichen Beitrag zur sozialen Sicherheit in unserem Lande geleistet« (Anschreiben zur Wohngeldfibel »Wohngeld '78«), dann wagt sich ein Antrag auf dem SPD-Parteitag schon mit der Forderung einer »gerechten sozialen Sicherung für alle« hervor (Vorstand der SPD, a.a.O., S. 26). Der Durchbruch ist z. B. in einer Pressemitteilung des hessischen Sozialministers (v. 7. 8. 1978: »Keine Scheu vor Sozialhilfe«) gelungen, wo es heißt, daß »mit dem Netz der sozialen Sicherung... das Verfassungsgebot der sozialen Gerechtigkeit durchgesetzt« werde.
46 H. Schelsky, Gesellschaftlicher Wandel, in: Auf der Suche nach Wirklichkeit, Düsseldorf 1964, S. 337 ff.

47 Rosa Luxemburg in einem Artikel in »Die Rote Fahne«, zit. nach: Decouflé, a.a.O., S. 112
48 Vgl. P. R. Hofstätter, Was heißt Sicherheit?, in: H. Achinger u. a., Wo ist Sicherheit?, Stuttgart 1960, S. 7 ff., bes. S. 11 f.; F. X. Kaufmann, Sicherheit als soziologisches und sozialpolitisches Problem, Stuttgart 1973, S. 49 ff.
49 F. Nietzsche, Also sprach Zarathustra, Werke (Hrsg. K. Schlechta), 2. Bd., München 1973, S. 328 (»Von alten und jungen Weiblein«)
50 Vgl. die Literatur bei O. F. Best, Art. »Held« II in: J. Ritter (Hrsg.), Hist. Wörterbuch der Philosophie, Bd. 3, Stuttgart 1974, S. 1049. Eine Fülle von Material ist in der soziologischen Bourgeois-Literatur enthalten, vor allem in der älteren (Sombart, Groethuysen, Gmelin u. a.). Von Werner Sombart auch die Kriegsschrift »Händler und Helden« (Leipzig 1915). Für den Zusammenhang Kapitalismus-Sozialismus die berühmte These von: J. A. Schumpeter, Kapitalismus, Sozialismus und Demokratie, Bern 1950, bes. S. 219 ff., und die Werke von Georges Sorel. Vgl. jetzt die Bibliogr. v. A. Mohler in: J. Freund, Georges Sorel, Schriftenreihe der C. Fr. v. Siemens Stiftung, Juli 1977, S. 53 ff., und die Auswahl v. M. Freund (Der falsche Sieg, Berlin 1944, bes. S. 74 ff.)
51 Vgl. die knappe Charakterisierung des französischen Frühbourgeois bei R. Pernoud, Les origines de la bourgeoisie, Paris 1969, S. 87. »Elle a le risque en horreur.« Dort auch der Hinweis auf den Drang nach Staatspfründen, die Sicherheit verheißen. Offenbar ein zeitloses Motiv.
52 Vgl. H. de Montherlant, Pitié pour les femmes, Ausg. Coll. Folio, Paris S. 59: »la recherche d'un maximum d'approbation pour un minimum de risques.« (»Quelle définition de la bourgeoisie!« pensa Costals.) »Was für eine gute Definition des Reformsozialismus!« könnte man sagen.
53 A. Sauvy, Théorie générale de la population, T. II, Paris 1954, S. 154 ff.
54 Nietzsche, a.a.O., S. 284; vgl. dazu: F. X. Kaufmann, Die Überalterung, St. Gallen 1960, S. 421 mit den Rentneridealen, die die reformsozialistischen Parteien in ihren Wahlkampfbroschüren ausmalen!
55 Schelers Definition des Heldenethos nach: Best. a.a.O., S. 1048
56 G. Sorel, Reflexions sur la violence, Paris 1925, S. 79
57 Vgl. R. Hepp, Amtsprestige oder Sozialprestige? Die Polizei zwischen Staat und Gesellschaft, in: Zeitschrift für Politik, 24. Jg. (1977), H. 2, S. 122 ff.
58 Schmitt, a.a.O., S. 8
59 Deutsche Zeitung v. 27. 5. 1977
60 H. Rumpf, Land ohne Souveränität, Karlsruhe 1969, S. 70
61 Vgl. H. Laufer, Die freiheitliche demokrat. Grundordnung und ihre Grenzen in: Bayer. Verfassungsgerichtshof (Hrsg.), Verfassung und Verfassungsrechtsprechung, München 1972, S. 73 ff., bes. S. 78
62 M. Weber, Gesammelte Aufsätze zur Wissenschaftslehre, Tübingen 1951, S. 491
63 H. Boldt, Der Ausnahmezustand in historischer Perspektive, in: Der Staat, Jg. 6, 1967, H. 4, S. 409 ff.
64 Vgl. IG-Metall (Hrsg.), Notstandsentwurf '67 – Text und Kritik, Frankfurt o. J., S. 15

65 Sozialbericht 1978, Bundestag-Drucksache 8/1805, 20, vgl. auch: Politik – Aktuelle Informationen der SPD, Nr. 1 (Februar 1978)
66 H. Baier, Medizin im Sozialstaat, Stuttgart 1978, S. 176
67 Baier, a.a.O., S. 176
68 Vgl. z. B. Der Spiegel, 32. Jg., Nr. 5 v. 30. 1. 1978
69 Spiegel, a.a.O., S. 33
70 FAZ v. 30. 4. 77; vgl. auch R. Zeppernick, Die Bedeutung der Finanz- und Sozialpolitik für die Einkommensverteilung, Finanzarchiv NF. Bd. 32, 1974, S. 425 ff.
71 Capital, 17. Jg., Nr. 6 (Juni 1978), S. 159
72 Quick v. 8. 9. 77
73 B. Molitor, Die Illusion der Gleichheitsapostel, in: FAZ v. 24. 9. 1977, S. 15
74 F. X. Kaufmann, a.a.O.
75 H. Schmitt-Lermann, Der Versicherungsgedanke im deutschen Geistesleben des Barock und der Aufklärung, München 1954, S. 147
76 E. Liefmann-Keil, Soziale Altersvorsorge, Göttingen 1967, S. 199

Heinz-Dietrich Ortlieb
Entkolonialisierung als Ernstfall am Beispiel Schwarzafrikas

I. Das Risiko der Freiheit

Es entspricht einer allgemeinen menschlichen Erfahrung, daß der Abbau autoritärer, paternalistischer Bevormundung den Emanzipierten nur hilft, wenn die letzte Phase der Herrschaft mit Erfolg für die Vorbereitung auf den Ernstfall einer selbständigen Existenz verwendet wird. Dies ist um so wichtiger, je größer die Anforderungen sind, welche die natürliche und soziale Umwelt an die Menschen stellt, das heißt, je mehr eigene Gestaltungsfähigkeit die Umwelt abverlangt, in welche die Befreiten entlassen werden. Fehlt eine solche Vorbereitung, dann erweisen die der Freiheit Überantworteten sich allein als existenzunfähig, sie geraten in neue Abhängigkeiten oder gehen sogar zugrunde. – Dieses Gesetz gilt gleichermaßen für die Emanzipation einzelner Menschen, sozialer Gruppen und Völker. Daß es nicht beachtet wurde, war wohl der Grund, weshalb Revolutionen, an ihren vorgegebenen Zielen gemessen, weitgehend scheiterten, selbst wenn sie zu einem Herrschaftswechsel führten.

Was die emanzipatorische Polemik aller fanatischen Freiheitskämpfer immer unbeachtet gelassen hat, ist, daß – von ausgesprochen korrupten und dekadenten Phasen abgesehen – autoritäre Machthaber auch Ordnungsfunktionen wahrnehmen, mit denen sie nicht nur ihre Privilegien, sondern gleichzeitig disziplinierend die Lebensgrundlage aller anderen mehr oder weniger mitsichern. Aus dieser polemischen Blindheit reiner Emanzipatoren erklärt sich zum guten Teil, weshalb man sich nach einer Revolution im »Ernstfall des Befreitseins« so schwer tat, eine Gesellschaft freigesetzter Individuen wieder ausreichend zu disziplinieren. Man könnte daher mit Hannah Arendt sagen: »So haben wir zu unserem Leidwesen erfahren, daß es um die Sache der Freiheit besser in Ländern bestellt sein kann, in denen trotz noch so empörender Zustände eine Revolution nie ausgebrochen ist, und daß die Bürgerrechte selbst in Ländern, in denen Revolutionen blutig niedergeschlagen wurden, zuweilen besser aufgehoben sind als dort, wo die Revolution scheinbar gesiegt hat, das heißt nicht in Konterrevolution oder Restauration endete, wiewohl sie ihr ursprüngliches Ziel nicht erreichte.«[1]

Die Mißachtung eines grundlegenden Entwicklungsgesetzes, oder der Ernstfall ist nicht vorgesehen
Für den geistig-moralischen Zustand der heutigen westlichen Völker ist es nun symptomatisch, daß bei ihnen auf allen drei Ebenen gegen dieses Entwicklungsgesetz verstoßen wurde und noch verstoßen wird. So wie in der Familie die Eltern ihre Kinder allzu sehr sich selbst überlassen, fühlen sich auch unsere Regierungen unter dem Einfluß vermeintlich progressiver Meinungsmacher in ihrer Gesellschaftspolitik zu immer mehr Demokratie verpflichtet und perfektionieren immer mehr soziale Sicherheit, ohne in der Erziehung, Bildung und Information der Staats- und Wirtschaftsbürger dafür zu sorgen, daß es zu keinem Mißbrauch der sozialen Freiheitsrechte kommt. Im Gegenteil wird vieles getan, um schon die Jugend statt zu Kooperationsbereitschaft, Selbstkontrolle und Selbstkritik zu erziehen, lieber zu immer mehr Konfliktbereitschaft in der Verfolgung eigennütziger Interessen anzuhalten, so als gälte es, bei uns Revolution vorzubereiten und Interessenkämpfe zu animieren, nicht aber eine Demokratie funktionierbar zu machen.

Den gleichen Stil finden wir nun auch bei der Entkolonialisierungs- und Entwicklungspolitik der westlichen Länder. Eine ausreichende Übergangs- beziehungsweise Vorbereitungsphase ist den ehemaligen Kolonialvölkern von ihren Kolonialherren vorenthalten worden. Teils waren diese ihrer immer kostspieliger werdenden kolonialen Verantwortung müde geworden, teils gaben sie dem zunehmenden ideologischen Druck in der Welt und im eigenen Lande nach. Wenn man auf die gesellschaftlichen Veränderungen innerhalb der westlichen Welt blickt, erscheinen Dekolonisation und heutige Rollenansprüche der »Dritten Welt« nicht als ein Entwicklungserfolg exotischer Völker, die für den Ernstfall der Selbständigkeit mündig geworden sind, sondern als eine Zerfallserscheinung des Führungswillens und der Führungsfähigkeit der abendländischen Völker.[2] Das gilt besonders für die Entkolonialisierung Schwarzafrikas, dem unsere Hauptaufmerksamkeit gelten soll, weil dort die Entwicklungsproblematik verhältnismäßig einheitlich liegt. Gerade die anarchistischen Tendenzen in den westlichen Gesellschaften selbst bestätigen, daß sich Emanzipationsbestrebungen nicht schlechthin gegen als fremd empfundene Autoritäten wenden, sondern nur gegen solche, die der Wahrnehmung ihrer Herrschaftsfunktion müde oder überdrüssig oder unvermögend geworden sind, ihr noch sachgerecht zu entsprechen.

Der kritische Punkt, von dem aus Emanzipationsbestrebungen die Existenzfähigkeit einer Gesellschaft untergraben, ist überschritten, wenn das Freiheitsverlangen sich nicht mehr bloß gegen den Mißbrauch von Führungsmacht wendet, sondern diese schlechthin abzuschaffen sucht. Der Staat verliert dann Kraft und Fähigkeit, als oberste Instanz, gesellschaftlich zu koordinieren; und in der Gesellschaft und Familie weiß man nicht mehr, was »Brutpflege« verlangt, damit die nächste Generation ihre Lebensfähigkeit behält. Dieser Punkt wird meist überschritten, wenn Wohlstand eine Generation überdauert, so daß Jahrgänge vorherrschend werden, die keinerlei Form von Entsagung selbst mehr kennengelernt haben.

Ernstfall »Not« als progressive Kraft oder von der Problematik des Wohlstandes
Wir dürfen nämlich nicht vergessen, daß wir Menschen seit Tausenden, ja seit Millionen von Jahren physisch und psychisch auf Not vorprogrammiert sind. Das Wort »Not« aber heißt »Zwang und Bedrängnis«; es ist das Gegenteil von Freiheit und Wohlleben. Wir Menschen sind also als Art daraufhin angelegt, unter dem Ernstfall von Zwang und Bedrängnis zu leben und uns mit diesem Zustand instinktiv und rational auseinanderzusetzen, um ihn uns nach Möglichkeit vom Halse zu schaffen. Wir sind aber nicht gewöhnt, ohne diese Auseinandersetzung zu leben. Gelingt es einmal, die Not zu überwinden, so werden sich nach einiger Zeit Minderheiten finden, die dafür Ersatz zu beschaffen wissen, und wenn es sich um die Herbeiführung einer Katastrophe handelt. Die Geschichte liefert eine Fülle von Beispielen, wie privilegierte Schichten und Völker an zu viel Freiheit und Wohlstand zugrunde gingen, wobei meist offenblieb, ob sie ihre diesbezüglichen Privilegien schließlich nicht mehr verteidigen konnten oder dies nicht mehr wollten, weil sie auf das Erlebnis eines neuen Ernstfalles erpicht waren.

Diese Überlegung wirft ein nicht gerade günstiges Licht auf die Tatsache, daß es niemals in der Geschichte mehr Wohlleben und mehr Freiheitsrechte als in den westlichen Wohlstandsgesellschaften gegeben hat. Denn schon macht sich als Symptom für die Instabilität unserer Ordnung ein ambivalentes Verhalten der Bürger zu den Errungenschaften des eigenen Systems bemerkbar und dies besonders bei jüngeren Jahrgängen, die nichts als Wohlstand gekannt haben und die Voraussetzungen seines Fortbestandes nicht mehr bedenken, auf jeden Fall dafür nicht mehr in Leistungspflicht genommen werden wollen. Da der Wohlstand scheinbar selbstverständlich wird, wendet sich das menschliche Interesse von dem Problem seiner Erhaltung mit neiderfüllter Vehemenz der Frage seiner Verteilung zu; und die Auffassung setzt sich durch, daß jeder unabhängig von seinem Leistungsbeitrag gleiche Ansprüche erheben darf. Damit wird »Solidarität mit unten und gegen oben« zum herrschenden Prinzip erhoben, ganz gleich, was das im konkreten Fall heißen mag und zu welchen Absurditäten und lebensgefährlichen Risiken dies führt. Unterentwickelte Völker gelten dann schlechthin als »Unterprivilegierte« und »Milieugeschädigte« und werden zu »Hätschelkindern der Weltpolitik«, und es interessiert kaum jemanden der Geberländer, welche Wirkungen die Zuwendungen auf das Leistungspotential der Empfänger haben und ob Entwicklungsländer schließlich das Schicksal der meisten Hätschelkinder erleiden.

Auf ein in dieser Weise schrumpfendes Realitätsbewußtsein paßt dann auch die anarchistische Kurzschlußformel: der von jeder Herrschaft befreite Mensch wird sich am vollkommensten selbst verwirklichen, und der Abbau von Herrschaft in jedweder Form ist deshalb etwas schlechthin Progressives. Eine solche ideologische Grundposition durchtränkt allmählich das öffentliche Bewußtsein der westlichen Welt und findet dort auch beim Establishment zunehmend Anpasser, ohne daß die Betroffenen sich des Vorganges recht bewußt werden.

Problematische Konsequenzen für Welt- und Entwicklungspolitik
Für die Welt- und Entwicklungspolitik des Westens hat diese anarchistische Grundposition ihre besondere Problematik, weil sie zwar in der Weltöffentlichkeit von Nord und Süd, Ost und West gleichermaßen vertreten wird; aber allein die westlichen Regierungen glauben mit Rücksicht auf die öffentliche Meinung, diese Idee auch praktizieren zu müssen. Dagegen begnügen sich die übrigen Regierungen weitgehend mit der Verkündung der egalitären Theorie und halten sich die Hand frei, von ihr in der Praxis ausschließlich im Sinne der Staatsräson, das heißt zum Vorteil ihrer Völker oder vielleicht noch mehr zum Nutzen des dort herrschenden Establishments Gebrauch zu machen.

Dies bringt die westlichen Industrievölker weltpolitisch unvermeidlich ins Hintertreffen und macht es ihren Vertretern unmöglich, über Sinn, Zweckmäßigkeit und Erfolgsaussichten der Entwicklungshilfe, welche heute die Fortsetzung oder zweite Phase der Entkolonisierung bestimmt, vernünftig zu diskutieren geschweige denn Entscheidungen zu treffen, die sowohl den eigenen Interessen als auch denen der Hilfsbedürftigen selbst gerecht werden.

Unter der Herrschaft eines egalitären Zeitgeistes ist man offenbar weder historisch noch ethnologisch zu denken fähig, zumal wenn die kolonialistische Vergangenheit ihren rotgefärbten Schatten hinter sich wirft. Die entscheidende Frage, nämlich die nach dem Kultur- und Mentalitätswandel, ist deshalb tabu geworden. So wird geflissentlich übersehen, daß das entscheidende Entwicklungsproblem darin besteht, den ökonomisch-technischen Entfaltungs- und den mentalitätsmäßigen Anpassungsprozeß im Gleichgewicht vonstatten gehen zu lassen, und daß, wo dieser Anpassungsprozeß allzu sehr zurückbleibt, Entwicklungshilfe nutzlos wird. Wo sie Not beseitigt, ohne die in Not Befindlichen zu aktivieren, kann sie sogar leicht negative Wirkungen haben.

Unser Laster, dem wir im Westen frönen, liegt also darin, daß wir in der eigenen Familie, im eigenen Lande und gegenüber den Entwicklungsländern gleichermaßen zu verheimlichen suchen, warum Freiheit vor allem Bereitschaft und Fähigkeit zu Selbstverantwortung und zu eigenem Risiko verlangt und warum Sinn und Unsinn einer humanitär gemeinten Entwicklungshilfe nur richtig eingeschätzt werden können, wenn die mentalen Unterschiede zwischen allen Beteiligten realistisch gesehen und in Rechnung gestellt werden.

Damit sind die Grundgedanken dieser Darlegungen bereits vorweggenommen. Ohne Vollständigkeit zu beanspruchen, wollen wir nun in einige Details der Problematik gehen und zu zeigen versuchen, weshalb gerade die heute vorherrschende egalitäre Weltideologie hindert, die überstürzte Entkolonialisierung durch eine Entwicklungshilfe, die den Realitäten gerecht wird, auszugleichen.

II. Mentale Entwicklungsbedingungen der abendländischen Zivilisation

Menschen und Völker haben in ihrem Existenzkampf mit der Natur zwei Möglichkeiten. Sie können versuchen, so gut es geht, sich physisch und psychisch der natürlichen Umwelt anzupassen. Dann stehen sie ständig vor dem Ernstfall der Existenzbedrohung. Sie können es aber auch unternehmen, durch Unterwerfung der Naturkräfte die Umgestaltung ihres Lebensraums rational in den Griff zu bekommen. Damit gelingt es ihnen, zum Ernstfall der Existenzgefährdung Distanz zu gewinnen und ihn auf unbestimmte Zeit zu vertagen. Je nachdem, wozu die jeweilige Umwelt animierte und wir Menschen uns animieren ließen, ist in der Geschichte stets mehr oder weniger von beiden Möglichkeiten Gebrauch gemacht worden.

Fortschritt als Vertagung des Ernstfalls

Sieht man es als eine von allen Lebewesen nur den Menschen offenstehende Eigentümlichkeit an, bewußt den zweiten Weg zu gehen, hält man es also für ein artspezifisches Kennzeichen des Menschen, als Homo faber seine Umwelt ständig selbst zu schaffen und umzuschaffen, und hält man dementsprechend Fortschritt für gegeben, wenn es gelingt, auf diesem Wege die Existenzsicherung immer selbstverständlicher werden zu lassen, dann hat die Menschheitsgeschichte mit der abendländischen Zivilisation offenbar ihren Höhepunkt erreicht. Beispiele dafür – vom modernen Komfort des Massenkonsums, der weit über das hinausgeht, was sich früher selbst privilegierte Schichten leisten konnten, über die technische Beherrschung der Natur, durch die wir schließlich hinter dem Mond landeten, bis hin zur Atombombe, die allerdings eine neue, alles wieder in Frage stellende Dimension des Ernstfalles am Horizont erscheinen läßt – sind uns allen geläufig.

Mit der Macht über die Natur wuchsen abendländischen Völkern auch die Mittel zu, andere Völker zu beherrschen und eine Weltherrschaft von bis dahin unbekanntem Ausmaß zu errichten, deren Begrenzung zunächst vornehmlich in den Machtkämpfen untereinander lag. Es scheint fast zwangsläufig gewesen zu sein, daß mit der Naturbeherrschung auch die Neigung wuchs, diesen Fortschritt auf den Kampf mit seinesgleichen um die Beherrschung der Welt anzuwenden, wie auch umgekehrt aus dem Herrschaftskampf die Notwendigkeit sich verstärkte, die naturgegebenen Machtmittel rationeller auszunutzen und zu entwickeln. Zwar lag ein solcher Anlaß zur Rationalisierung der Lebensformen schon mehr oder weniger zu allen Zeiten bei allen Völkern vor, aber erst dem Abendland blieb es vorbehalten, dabei die moderne technische Zivilisation und die dazugehörige arbeitsteilige Wirtschaftsgesellschaft zu schaffen, die den Höhepunkt der Naturbeherrschung mit sich brachte. Da dieser zivilisatorische Fortschritt mit der Befreiung von jedweder Not identisch zu sein scheint, soll er nun heute im Namen des egalitären Zeitgeistes allen Völkern zuteil werden, wobei übersehen wird, daß gerade dieser Zeitgeist einer Mentalität entspricht, durch die der für alle verlangte Fortschritt unmöglich werden kann.

Mentalitätswandel durch Emanzipation und Disziplinierung

Die Entstehung der abendländischen Zivilisation ist nur erklärbar aus dem, was über Renaissance, Reformation und Aufklärung im Laufe von Jahrhunderten mit dem europäischen Geiste geschah. Sie ist für andere Völker unnachahmbar, wenn man nicht bereit ist, diesen Mentalitätswandel weitgehend, wenn auch in eigener kultureller Variante, nachzuvollziehen.

Wie schwer das ist, zeigt die Tatsache, daß – von Ländern und Subkontinenten, in die europäische Auswanderer einströmten, abgesehen – es nur Japan und neuerdings offenbar einigen kleineren asiatischen Ländern gelang, dem abendländischen Beispiel zu entsprechen. Allenfalls scheint das alte Kulturvolk Chinas auf teils bedächtige, teils hektische Weise diesem Wege nachzufolgen. Und selbst im Hinblick auf die Schwierigkeiten, mit denen Rußland in seiner wirtschaftlichen Entwicklung noch ein halbes Jahrhundert nach der großen Revolution zu kämpfen hat, stellt sich die Frage: liegt dies an der Erstarrung der kommunistischen Doktrin, liegt es am »Überspringen der kapitalistischen Entwicklungsphase«, liegt es an den zu frühen weltpolitischen Lasten eines »roten Imperialismus«, oder steht hinter alledem nicht auch, daß das Völkergemisch Sowjetrußlands eine andere geistig-historische Herkunft als der Westen hat?

Die Mentalität, aus der sich die europäische Zivilisation und die sie fundierende Wirtschaftsgesellschaft entwickelte, war durch zwei Tendenzen bestimmt, die man merkwürdiger- und bezeichnenderweise heutzutage bei uns für unvereinbare Gegensätze hält: durch geistige Emanzipation und Disziplinierung zugleich. Mit diesen beiden Begriffen lassen sich die mentalen Voraussetzungen umschreiben, die für die Entstehung des zivilisatorischen und wirtschaftlichen Fortschritts erforderlich waren. Im ersten Fall handelte es sich um eine allmähliche Distanzierung von einem festgefügten Weltbild und einer traditionsbestimmten Lebensführung, die das Denken und Handeln der Menschen im Üblichen fixierten. Dadurch wurde eine Rationalisierung der Handlungsweisen möglich, die extravertiert auf die Gestaltung der natürlichen und sozialen Umwelt gerichtet war.

Die Emanzipation von traditionalen Hemmungen brachte aber auch das andere Moment ins Spiel, nämlich neue Möglichkeiten der Disziplinierung von Individuen und Gruppen. Denn Fortschritt in Politik und Wirtschaft bedeutete nicht zuletzt, daß die Menschen in einer arbeitsteiliger werdenden Gesellschaft neue Spielregeln für die Zusammenarbeit fanden und freiwillig oder gezwungenermaßen diese Ordnung auch akzeptierten. Die Kombination beider Prinzipien (Emanzipation und Disziplinierung) traten am sichtbarsten in der Gestalt des rationalen Staates und der kapitalistischen Unternehmung in Erscheinung: eines Staates, in welchem der Absolutismus selber in öffentlicher Verwaltung sowie im Schul- und Heerwesen den Weg zu allgemeiner Versachlichung und Aufklärung ebnete, einer Unternehmung, die, von Handels- und Geldgeschäften herkommend, allmählich auch den Produktionsbereich genau kalkulierend erfaßte. Beides fand seine schärfste persönliche Ausprägung im Typus des preußischen Beamten und des puritanischen Geschäftsmannes.

Beide Institutionen und Typen waren in ihrer zweckgerechten Mittelfindung ausgerichtet auf ihre Durchsetzung im Kampf um Macht und Reichtum. Sie mußten beispielgebend auf ihre soziale Umwelt einwirken; denn sie zwangen jeden, der im Existenzkampf mit ihnen eine Chance haben wollte, sich der gleichen rationalen Methoden zu bedienen. Ein planvoll verwertetes Erfahrungswissen lieferte die Methoden zur bestmöglichen Zweckerfüllung, ob es sich nun um die Technik und Organisation von Produktion, staatlicher Verwaltung oder Kriegsführung handelte. Noch entscheidender aber war die nachhaltige Initiative, diese Methoden auf allen Gebieten der Lebensführung anzuwenden und sie allmählich auch der schweigenden passiven Mehrheit von Staats- und Wirtschaftsbürgern aufzunötigen, um bei ihnen als Untertanen und Proletariern völlig unsentimental einen systemkonformen eigenen Leistungsbeitrag zu erzwingen.

Das galt für den Kampf der Dynastien und Nationen genauso wie für den marktwirtschaftlichen Wettkampf privater und öffentlicher Unternehmungen, nachdem diese vom merkantilistischen Staat zum eigenen Nutzen zugelassen und gefördert worden waren, um sich später als Privatkapitalismus von diesem Staat zu emanzipieren und ihn in Gestalt der mit Reichtumsmacht versehenen bürgerlichen Klasse emanzipatorisch zu unterwandern und umwandeln zu helfen.

Europäische Historiker, insbesondere Werner Sombart[3] und Max Weber, haben die treibenden Kräfte, die vom rationalen Staat und von der kapitalistischen Unternehmung auf die wirtschaftliche Entwicklung ausgingen, in Geschichtswerken und Monographien über den Kapitalismus eindrucksvoll beschrieben.

Dieser in wechselseitiger Beziehung stehende Emanzipations- und Disziplinierungsprozeß ist auf vielfältigen Ebenen verlaufen, oft durchkreuzt von irrationalen Gegenkräften, die drohten, diesen Prozeß schon in der Phase des Frühkapitalismus wieder zu stoppen; sei es, daß die kapitalistische Dynamik in eine feudale Rentengesinnung zurückzufallen drohte; sei es, daß Wissenschaft und Technik noch nicht weit genug waren, um die Grenzen, die das Rohstoff- und Energieproblem dem Frühkapitalismus setzten, überwinden zu helfen; sei es schließlich, daß Religionskriege die Vitalkraft der Völker und ihrer treibenden Minderheiten fast zur Auszehrung brachten.

Freiheit als Selbstverantwortlichkeit
Im Zusammenhang mit unserem Thema muß aber noch etwas anderes besonders hervorgehoben werden: Die auf Leistung und Erfolg ausgerichtete Haltung, die auf die abendländischen Völker von ihren aktiven Minderheiten ausstrahlte, beruhte auf dem Glauben an die Freiheit und Selbstverantwortlichkeit des einzelnen. Kein Schicksal, keine Umwelt, keine Magie

konnten als Entschuldigung für Erfolg oder Mißerfolg herangezogen werden. Das bot keinen Raum für Neid gegenüber dem Erfolgreicheren und kaum Platz für böses Gewissen, weil man der vom Glück Begünstigte war. Für den bekanntesten Preußenkönig war es selbstverständlich, daß seine Offiziere nicht nur ihr Handwerk verstünden, sondern auch Fortune besäßen. Das gleiche wurde von den »merchant adventurers« erwartet. Und auch für die puritanischen Geschäftsleute gab es keine Entschuldigung für einen Mißerfolg außer eben der, daß man von Gott verlassen oder verworfen war. Der Erfolg bestätigte die Erfüllung der sozialen Verpflichtung vor Gott und dem König.

Desgleichen wurden spätere Kämpfe um mehr Freiheits- und Mitbestimmungsrechte diszipliniert durch das persönliche Erfolgsrisiko. Revolutionäre mit Pensionsansprüchen und Beraterverträgen hatten damals noch keine Chance, Wirkung zu haben. Aus bloßer Mißlaunigkeit am Wohlstand wagte man nicht, auf die Barrikaden zu gehen; das blieb unseren Jahren vorbehalten.

Und auch die autoritären Gewalten konnten den Besitzstand ihrer Privilegien nur wahren, solange sie ihrer selbst sicher waren und die dafür erforderliche Selbstbestätigung dadurch gewannen, daß sie ihre Funktionen erfüllten, nämlich die Ordnung aufrecht erhielten und eine Weiterentwicklung zuließen, welche die Existenz ihres Gemeinwesens – mochte es nun Familie, Gemeinde oder Nation heißen – und seiner Mitglieder sicherten und förderten.

Es sei daran erinnert, daß es zum Beispiel der preußische Kriegsminister Roon war, der energisch gegen die Verelendung des Industrieproletariats protestierte, nicht weil dieser erzkonservative Mann Marxist gewesen wäre oder von Mildtätigkeit überfloß, sondern weil er das Gemeinwesen des preußischen Staates, für den er Verantwortung trug, gefährdet sah. Und einem Staatsmann wie Bismarck, der prophylaktisch die Sozialversicherung einführte, ist ein Staatssozialismus nicht ganz fremd gewesen, wenn er auch etwas anderes darunter verstand als Ferdinand Lassalle oder gar Karl Marx.

Das waren zunächst harte Lebensbedingungen in nicht sonderlich humanen Zeiten; aber sie waren neben der Entstehung der modernen Wissenschaft und Technik die wichtigste Voraussetzung für den späteren Wohlstand der europäischen Völker. Die heutigen Entwicklungsländer (und viele von uns mit ihnen) irren, wenn sie (und wir) meinen sollten, sie könnten ihren Wohlstand auf eine billigere Tour erwerben. Technisches Wissen und Kapital können wir ihnen liefern. Das übrige müssen sie selbst erleiden, so wie unsere Vorfahren es für uns erlitten haben. Deshalb stellt sich die Frage, ob die Entkolonialisierung, mit der die Schwarzafrikaner nicht in die Freiheit ihrer alten Welt, sondern in die einer neuen, von den Gesetzen der westlichen Zivilisation beherrschten Welt entlassen wurden, nicht zu einem »Fluch der Freiheit« (Coulmas) werden muß. Und dies eben darum, weil die Kolonialherren zunächst zu wenig für die Vorbereitung zur Selbständigkeit ihrer Kolonialvölker getan haben, um anschließend schon den ersten Ansprüchen auf Selbstbestimmung allzu eilfertig nachzugehen und der Illusion behilflich zu sein, als ließe sich durch Entwicklungshilfe des Westens das Wirtschaftsniveau der früheren Kolonialgebiete bereits in ein bis zwei Generationen annähernd auf das Niveau der Industrievölker anheben.

III. Überstürzte Entkolonialisierung

Was hat nach dem zweiten Weltkrieg zu der überstürzten Entkolonialisierung geführt? Die Änderung der realen Machtverhältnisse in der Welt reicht als Erklärungsgrund nicht aus. Zwar kam es zu einem militärischen Patt zwischen Ost und West; aber die ökonomische Überlegenheit der westlichen Welt nahm noch weiter zu. Indessen ökonomische Erfolge allein sind kein ausreichendes Fundament für ein kulturelles Selbstbewußtsein, ohne welches man mit Macht nicht mehr umzugehen versteht. Im Gegenteil, allzu nachhaltiger Wohlstand weckt viel eher Zweifel an sich selbst.

Und hier sind wir bei dem entscheidenden Punkt; denn auch innerhalb der Kolonialimperien waren es nicht umwerfende revolutionäre Kräfte, welche die alte Herrschaft bedrohten. »In jeder Gesellschaft«, schreibt Peter Coulmas, »leben... Neuerer und Idealisten, Unzufriedene und Verräter, die wider den Stachel der politischen Autorität löcken und sich zur Empörung berufen fühlen. Je nach der Natur des Regimes, das sie bekämpfen, dürfen sie sich äußern oder werden verfolgt, gedemütigt, zum selbstkorrigierenden Gewissensopfer gezwungen oder umgebracht. Solange die Herrschaftsordnung jedoch intakt ist, werden sie binnen kurzem vergessen. Denn ihre Forderungen stoßen bei der Bevölkerung auf Teilnahmslosigkeit oder Unverständnis. Die Opponenten bilden keine Gefahr für den Bestand der Ordnung, sie dienen eher – wie die Bakterien in einem gesunden Körper – ihrer Konsolidierung, indem sie die Verantwortlichen zwingen, sich mit der Herausforderung auseinanderzusetzen, sich gegen Gefahren zu wappnen und auf der Hut zu bleiben.«[4] Und er fährt an späterer Stelle fort: »Zur Empörung gegen die Herrschaft werden Völker gemeinhin nicht getrieben, weil Ungleichheit und soziales Unrecht herrschen, sondern eher wenn sich die Oberschicht als unfähig erweist, ihre Regierungspflichten ordnungsgemäß zu erledigen und das Land nach außen hin erfolgreich zu vertreten, oder wenn es ihr nicht gelingt, das Volk an ihren politischen Erfolgen teilhaben zu lassen (wie es bei den Kolonialreichen der Fall war). Unhaltbar ist also, weil bloße politische Propaganda, die Behauptung..., Fremdherrschaft müsse wegen ihres unmoralischen Charakters Empörung und Revolution hervorrufen und sei darum zum Untergang verurteilt.«[5]

Die Hauptursache für die plötzliche Auflösung der Kolonialreiche ist vielmehr in dem zu suchen, was in der westlichen Welt selbst geschehen war: mit ihrer inneren Verfassung, mit der Mentalität ihrer neuen, anders ausgelesenen Führungsschicht, kurz mit ihrem Zeitgeist, durch den der Emanzipationstrend in einen unüberbrückbaren Gegensatz zu Disziplin und Selbstverantwortung geraten mußte (oder anders ausgedrückt: Das Gleichgewicht zwischen Emanzipation und Disziplinierung, zwischen Freiheit und Ordnung wurde gestört). Die Emanzipation des einzelnen, das Wachsen individueller Freiheitsspielräume, hatte den abendländischen Völkern in den ersten neuzeitlichen Jahrhunderten deutliche Impulse auf geistigen, wirtschaftlichen und politischen Gebieten verliehen. Die Freisetzung der individuellen Vernunft erwies sich zunächst als neue Chance auch für den Lebenskampf der Völker. Revolutionen schienen dies zu bestätigen. Hierarchien mußten daher im Laufe der Zeit immer mehr als bloßer Vorwand für den Herrschaftsanspruch privilegierter Schichten gelten. Damit wurde jede Hierarchie schlechthin der Ausbeutung verdächtig. So entstand mit der Aufklärungszeit eine kontinuierliche egalitär-liberalistische Unterströmung, die nach mancherlei Rückschlägen schließlich mit der Zerschlagung des Hitler-Reiches, der »autoritären Hierarchie par excellence«, und unter der ständigen ideologischen Auseinandersetzung mit dem Sowjetkommunismus bei uns im Westen einem Höhepunkt zustrebt.

Es ist alles andere als zufällig, daß die kolonialistische Weltherrschaft der westlichen Völker überstürzt zuende ging, als ihre Großmächte unvorhergesehen mit Hilfe zweier Weltkriege die Nationwerdung des Kommunismus in Rußland veranlaßt und dadurch eine neue gleichwertige Gegenmacht zum Westen in die Weltpolitik gebracht hatten. Diese Gegenmacht stammte ideologisch aus dem gleichen aufklärerischen Emanzipationsprozeß, aus dem auch die kapitalistische Welt des Westens hervorgegangen war. Westlicher Kapitalismus und Sowjetkommunismus sind ihrer ideologischen Herkunft und Zielsetzung nach beide auf Freiheit und Gleichheit aller Menschen angelegt, wenn auch mit unterschiedlicher Bewertung der beiden Pole. Im Westen setzte man zunächst mehr auf Freiheit, um dann zunehmend in die egalitäre Richtung abzuweichen. Der Sowjetkommunismus betont die Gleichheit, nach deren weltrevolutionärer Verwirklichung sich die Freiheit aller von selbst verstehen soll. Er gibt vor, im Namen aller unterdrückten und ausgebeuteten Menschen und Völker alle Arten von Feudalismus und Kapitalismus in der Welt beseitigen zu wollen. So lange bleibt für ihn Freiheit ein bürgerliches Vorurteil. Mit diesem Ziel führt er den weltrevolutionären Klassenkampf auf zwei Ebenen: international zur Befreiung »kolonialistisch« oder »neokolonialistisch ausgebeuteter Völker«, innerhalb kapitalistischer Nationen zur Befreiung des »unterdrückten Arbeiterproletariats«.

Dabei geht der Kommunismus von dem utopischen Menschenbild des Marxismus aus, von der Vorstellung: die Menschen seien alle gut und gleich, nur von den Verhältnissen ihrer sozialen Umwelt verdorben und entfremdet, einer Umwelt, in der die auf feudalem und privatkapitalistischem Eigentum beruhenden Herrschaftsverhältnisse das eigentliche Übel seien.

Es ist verständlich, daß solche ständig geführten ideologischen Angriffe nicht nur koloniale Völker revolutionär aktiviert haben, sie haben auch Einfluß auf die öffentliche Meinung in den freiheitlichen Gesellschaften des Westens gewinnen können. Ganz gleich, wie es in den kommunistischen Ländern selbst aussieht, unter der Wirkung der Sowjetpropaganda, verstärkt durch deren Parteigänger im freien Westen, mußten auch dort die Freiheitsvorstellungen eine zunehmend egalitäre Schlagseite gewinnen. Ein Trend, der durch die Erinnerung an das rassistische Zwischenspiel des Nazismus eine zusätzliche Motivation erfuhr und durch die egalitären Erfolge der westlichen Konsumgesellschaften einen permissiven Charakter erhielt.[6]

Im Zuge des Säkularisierungsprozesses in der westlichen Welt erfuhr auch der christliche Missionsgedanke eine gleichgerichtete Schwächung, die heute in der Entstehung eines »Christentums ohne Gott« kulminiert. Sie hat in protestantischen Kirchen zu einer Unterwanderung durch Elemente geführt, die offensichtlich bemüht sind, religiöse Motive und den Einfluß der Kirche für die politischen Zwecke eines Anarchomarxismus oder Linksliberalismus zu mißbrauchen. Diese Entwicklung hat auch in Missionskreisen zu einer Trennung der Geister geführt, von denen die Seite der »Gottlosen« den revolutionären heißen Krieg gegen die weißen Enklaven im südlichen Afrika offen propagiert, während sich ihre Gegner schwertun, eindeutige Positionen zu beziehen.

Denn in den westlichen Wohlstandsgesellschaften macht sich heute generell ein revolutionsfreundlicher anarchistischer Trend bemerkbar, der das Ansehen von Macht und Herrschaft überhaupt in Frage stellt, ein Trend, der subkutan schon in den fünfziger Jahren vorhanden war, aber erst ein Jahrzehnt später eruptiv mit der Jugendrevolte in Erscheinung trat. Auf diese Weise verdorrten nicht nur vollständig die mentalen Voraussetzungen für eine Selbstrechtfertigung des Westens, noch Anspruch auf Weltherrschaft zu haben. Es verschwand auch das Verständnis dafür, warum es nicht nur für sie selbst gefährlich ist, wenn fortgeschrittene Völker und Schichten, welche die Erfahrungschance hätten, weise zu werden, statt dessen in Unsicherheit und Defaitismus abgleiten und die Herrschaft an vitalere, meist aber auch naivere und rücksichtslosere Nachfolger abtreten.

Als Folge und Begleiterscheinung dieser Dekadenz konnte die revolutionäre Forderung nach »Selbstbestimmung der Völker« – zunächst von Indien ausgelöst – eine Kettenreaktion unter den Kolonialvölkern nach sich ziehen und dort zur Konstituierung der »Dritten Welt« führen, deren Mitglieder sich gegen den Westen abzusetzen und mit Erfolg kurzfristig eine Entkolonialisierung zu erzwingen suchten. Unter dem solidarischen Druck dieser »Dritten Welt« verschwanden auch in Afrika die Kolonialmächte Hals über Kopf aus ihren Schutzgebieten, ohne daran zu denken, die aus den innereuropäischen Machtkämpfen des 19. Jahrhunderts als zufällige »Beutestücke« entstandenen Länder in neue, lebensfähige Einheiten umzuwandeln und ihnen unter nationalem oder internationalem Mandat eine ausreichende Übergangszeit für die politische und wirtschaftliche Selbständigkeit zu gewähren. Es entstand die große Zahl zum Teil kleiner und kleinster schwarzafrikanischer Pseudonationen, die entscheidenden Einfluß auf die Mehrheitsverhältnisse in der UNO gewinnen mußten. Was blieb ihnen anderes übrig, als diese Position und das böse Gewissen der westlichen Wohlstandsvölker auszunutzen, um sich an der Entwicklungshilfe für die Versäumnisse ihrer früheren Kolonialherren schadlos zu halten. Auch hier zeigt sich wieder wie so oft in der Geschichte: Ist der richtige Zeitpunkt, der im Hinblick auf die Vorbereitung der Entkolonialisierung spätestens nach dem Ende des ersten Weltkrieges gelegen hätte, einmal verpaßt, so verhindern andere Konstellationen, das Versäumte nachzuholen.

Mit der überstürzten Entkolonialisierung sah man sich nun gezwungen, die Gestaltungsmacht an eine einheimische Führungsschicht abzugeben, die erst in Andeutungen vorhanden war. Für die oberen Ränge konnte man wenigstens in den ehemals britischen und französischen Kolonialgebieten auf Intellektuelle zurückgreifen, die zum Teil an abendländischen Hochschulen studiert und sich dort entweder die kommunistischen oder liberalistischen Gesellschaftstheorien mehr oder weniger zu eigen gemacht hatten und diese Ideologien zur Befreiung ihrer Heimat benutzten, um sich selbst an die Macht zu bringen. Bei dieser Gelegenheit wurde das Wort Kolonialismus, lange Zeit ein neutraler Fachbegriff, über Nacht zu einem demoralisierenden Schimpfwort.

IV. Antikolonialismus als Anspruchsideologie der »Befreiten«

Daß Führungsschichten derjenigen Ideologie anhängen, die sie an die Macht brachte beziehungsweise an der Macht halten soll, ist – wie überall – auch in Entwicklungsländern die Regel. So hängt man dort mindestens auf internationalem Parkett jenem Egalitarismus an, der den Kolonialismus so abrupt beendete und dem auch in den westlichen Ländern kaum noch jemand zu widersprechen wagt. Zu dieser Ideologie gehört vor allem die Kolonialismustheorie. Diese Theorie spielt in der internationalen Diskussion um die Entwicklungshilfe selbst heute noch eine entscheidende Rolle und birgt die Gefahr in sich, die entscheidende Entwicklungsproblematik zu verschleiern.

Die antikolonialistische Ausbeutungstheorie
Sie enthält eine Anklage, die auf folgende drei Thesen hinausläuft:
1. daß die Kolonialvölker in den vergangenen Jahrhunderten von den europäischen Kolonialmächten in Abhängigkeit gebracht, manipuliert und ausgebeutet wurden;
2. daß dies wohl die entscheidende Ursache für die heutigen Entwicklungs- und Reichtumsunterschiede zwischen Industrie- und Entwicklungsvölkern wäre; und
3. daß sich daraus die Verpflichtung der Industrievölker ergäbe, Entwicklungshilfe bis zur wirtschaftlichen und zivilisatorischen Gleichstellung aller Völker zu leisten.

Zur ersten und dritten dieser Thesen ist für denjenigen, dem es um Wahrhaftigkeit geht, wenig zu sagen. Es ist gar nicht zu bestreiten, daß die Kolonialgeschichte kein humanitäres Ruhmesblatt in der Geschichte des Abendlandes ist; wobei man allerdings hinzusetzen muß, daß solche Ruhmesblätter in der Weltgeschichte überhaupt spärlich zu finden sind.[7] Auch wird niemand eine gewisse Verpflichtung zur (oder Zweckmäßigkeit der) Entwicklungshilfe für die Industrievölker grundsätzlich abstreiten wollen, obwohl es im Interesse der Entwicklungsländer selbst nicht zweckmäßig zu sein scheint, solche Verpflichtungen aus ehemaliger Ausbeutung abzuleiten. Nicht jedes Land, das einstmals ausgebeutet hat, ist heute ein fähiger und geeigneter Entwicklungshelfer. Ob es allerdings jemals zu einer wirtschaftlichen und zivilisatorischen Gleichstellung aller Völker kommen kann, mag füglich bezweifelt werden. Es scheint jedenfalls nicht ausgeschlossen zu sein, daß wir in Europa – auch und vielleicht gerade in Deutschland – dank unseres zur Anarchie drängenden fast manischen Zwanges zur »reinen Emanzipation« eines Tages degeneriert und dezimiert ziemlich hinten rangieren werden.

Dagegen ist die zweite Behauptung von entscheidender entwicklungspolitischer Bedeutung und Gefährlichkeit. Der Glaube, Ausbeutung und Manipulation in der Vergangenheit wären die entscheidenden Ursachen für die Reichtums- und Entwicklungsunterschiede zwischen Industrie- und Entwicklungsländern, kann als Legende leicht Illusionen nähren, die jede Entwicklungschance im Keim ersticken müssen.

Vom Nachteil der Kolonisierten
Um nicht in Verdacht zu geraten, damit irgend etwas beschönigen zu wollen: Es soll keineswegs in Zweifel gezogen werden, daß die europäische Kolonialherrschaft in manchen überseeischen Gebieten zum Absterben ganzer Gewerbekulturen, zur Verödung von Landstrichen und zur Dezimierung der einheimischen Bevölkerung geführt hat. Aber auch in Europa gingen damals die Machthaber mit ihresgleichen, mit der eigenen Bevölkerung und deren Wohlstand, nicht gerade rücksichtsvoll um. Wenn wir von der Urbevölkerung Nordamerikas und den Folgen des Sklavenhandels für manche Gebiete West- und Ostafrikas (der allerdings kein ausschließliches Monopol der Weißen war) absehen, ist wohl kaum ein Kolonialgebiet durch Kriege jemals so entvölkert worden wie Deutschland in der Zeit des Dreißigjährigen Krieges.

Im übrigen sollte nicht übersehen werden, daß die koloniale und maritime Welterschließung seit dem 16. Jahrhundert nur einen Teil jenes Bestrebens der europäischen Merkantilstaaten darstellt, als geschlossener Macht- und Wirtschaftskörper miteinander zu konkurrieren. Damit aber war ein in der Weltgeschichte nach Ausdehnung und Intensität bisher unbekannter wirtschaftlicher Machtkampf entbrannt, dessen Binnenproblematik uns aus der Geschichte des europäischen Frühkapitalismus und Merkantilismus geläufig ist. Dementsprechend waren die europäischen Kriege von der Mitte des 17. Jahrhunderts bis zur Revolutionsepoche vornehmlich Handels- und Kolonialkriege, in deren Verlauf das Bemühen um eine planvolle und rationale Erschließung der Produktivkräfte überseeischer Besitztümer allmählich an die Stelle raubwirtschaftlicher Ausbeutung trat, wie sie in früheren Geschichtsepochen auch außereuropäischer Kulturen üblich war.

Selbst wenn man nicht so weit gehen will wie William Tubman, der verstorbene Staatschef von Liberia, der die Rückständigkeit seines Landes gern damit entschuldigte, daß ihm leider eine koloniale Vergangenheit fehle, darf man heute für Afrika als Kontinent insgesamt wohl feststellen: Die nachteiligen Folgen der weißen Herrschaft sind allein schon durch die erfolgreiche Bekämpfung der endemischen Krankheiten mehr als ausgeglichen worden. Allerdings hat der medizinische Fortschritt durch seine

Förderung des Bevölkerungswachstums auch neue Probleme geschaffen.[8]

Welche Rolle spielten aber die Kolonialgewinne für die europäische Entwicklung? Zweifellos sind Gewinne auch aus afrikanischen Kolonialgebieten Quellen der Kapitalbildung mancher europäischer Staaten gewesen. Wie bedeutungsvoll diese Quellen im Zeitalter des Früh- und beginnenden Hochkapitalismus überhaupt waren, ist allerdings schwer abzuschätzen. Doch eins ist gewiß: diese von einigen europäischen Kolonialmächten zwangsweise aus den Kolonialbesitzungen eingetriebene »Kapitalhilfe« hat recht unterschiedliche Wirkungen gezeitigt. Spanien und Portugal, die ersten Nutznießer kolonialer Reichtümer in der Neuzeit, sind durch den Verzehr ihrer Kolonialbeute (überwiegend aus Lateinamerika) in der wirtschaftlichen Entwicklung eher behindert als gefördert worden. Es erwies sich für sie eben als bequemer, Staatsbetrieb und Kriege durch Gold- und Silberimporte aus Mittelamerika zu finanzieren, als Gewerbewirtschaft im eigenen Lande zu entwickeln. Dagegen bot der koloniale Zuschuß dem Gewerbefleiß Englands und Hollands ein willkommenes zusätzliches Mittel, im Take-off voranzukommen. Als Holland und Belgien jüngst ihren Kolonialbesitz einbüßten, hat dies ihren nationalen Reichtum nicht geschmälert. Jedenfalls ist das wirtschaftliche Wachstum dieser Länder vorher nie größer gewesen als in den Jahren der Entkolonialisierung. Für beide Länder war es letztlich billiger, ihre Kolonialgebiete freizugeben, als sie, den wachsenden Ansprüchen einer Weltmeinung entsprechend, auf eigene Kosten weiter zu entwickeln. Auch kann man nicht sagen, daß Deutschland durch das Fehlen oder Abhandenkommen von Kolonialbesitz in seiner wirtschaftlichen Entwicklung behindert worden wäre.

Als Gegenbeispiel ließe sich England anführen, das von einer wirtschaftlichen Misere in die andere fiel, als es sein Kolonialreich verlor. Doch der Grund dafür war wohl mehr »die englische Krankheit« oder (nach Priestley) »The Englishness«.

Das Beispiel der Ölländer

Wie wenig Reichtum allein wirtschaftliche Entwicklung garantiert, zeigen auch die Verhältnisse in den mit Ölquellen gesegneten heutigen Entwicklungsländern. Bei vielen von ihnen sieht es so aus, als ob sie die Fehler wiederholen, die Spanien und Portugal zur Zeit der Konquistadoren gemacht haben. Es besteht die Gefahr, daß sie zu viel von ihren Öleinkünften für Krieg und Konsum verpulvern werden, um noch genug für eine vielseitige Entwicklung ihrer eigenen Volkswirtschaft übrig zu behalten. Eines der krassesten Beispiele liefert Libyen, das Kriege finanziert und im übrigen seine wenig zahlreiche Bevölkerung schon mit hoher Konsumkraft für eingeführte Güter ausstattet, ohne ihr erst einmal zuzumuten, eigene Leistungen in der Entwicklung von Industrie und Landwirtschaft vorzuweisen. In anderen arabischen Ölstaaten beruht die wirtschaftliche Entwicklung überwiegend auf Fremdarbeitern aus Nachbargebieten, während die Einheimischen ohne nennenswerte eigene Arbeit als Konsumenten am Naturreichtum ihrer Länder teilnehmen. Ähnliche Kritik ließe sich an den Verhältnissen in Nigeria üben, dessen Staatschef solcher Entwicklung (1978) im Augenblick durch ein Austerity-Programm zu begegnen sucht. So wie die Dinge bisher laufen, steht zu befürchten, daß, wenn Aladins Wunderlampe einmal ausgebrannt sein wird, der Wohlstand dieser Nationen in sich zusammenfällt und nur noch Reichtumsruinen hinterläßt.

Von der Gefährlichkeit der Kolonialismuslegende
Diese Beispiele aus Geschichte und Gegenwart zeigen, daß Kapitalzufluß nutzlos ist, wenn das Know-how und die Bereitschaft zur Investition und wirtschaftlicher Expansion fehlen, und daß hochentwickelte Industrienationen, sofern ihr Wille zu rationeller wirtschaftlicher Expansion nicht erlahmt, keiner kolonialen Dépendencen bedürfen, um ihren Wohlstand zu mehren. Nicht Raubwirtschaft, sondern andere Faktoren mentaler Art waren es, welche die moderne arbeitsteilige Wirtschaftsgesellschaft Europas entstehen ließen.

Wird dies nicht begriffen, dann wird die Kolonialismus-Legende weiterhin die Rolle einer Viertelwahrheit spielen, aus der voreilige Hoffnungen und falsche Handlungsmaximen abgeleitet werden. Mit Sicherheit ist dann zu erwarten, daß der Antikolonialismus als Ideologie die wirtschaftliche Entfaltung der schwarzafrikanischen Länder heute und in Zukunft weit mehr behindert, als es der Kolonialismus als Herrschaftsform in der Vergangenheit je getan hat. Denn für die Industrie- und Entwicklungsländer in Vergangenheit und Gegenwart gilt gleichermaßen: nicht Raub, Bettelei und Erpressung oder Naturreichtümer, sondern ausdauernde Selbsthilfe, nicht intellektuelle Sophistik, sondern praktisch angewandte Intelligenz bringen Menschen und Völker mit Sicherheit voran.

V. Anpassungsprobleme der Schwarzafrikaner

Keine Rückkehr in den »Urzustand«
Wenn die Dekolonisation lediglich die Rückkehr der Schwarzafrikaner in den »Urzustand«, ehe die Weißen kamen, hätte bedeuten können, wäre der Ernstfall der Freiheit vielleicht (?) weniger ernst gewesen. Aber die Rückkehr in den Schutz und zu den magischen Lebenshilfen der alten Ahnen-

ordnung war aus den verschiedensten Gründen nicht mehr möglich. Denn die weißen Kolonialherren hatten ja nicht nur »ausgebeutet«, sie hatten auf ihre Art Schutz und Lebenshilfen anzubieten, die bisweilen wirkungsvoller waren als die einheimischen. Auch als Konsument war man schon mit den Annehmlichkeiten der europäischen Zivilisation gelegentlich recht intensiv in Berührung gekommen. Das hatte ebenfalls die Tragfähigkeit der alten Ordnungen aufgelöst. Vor allem aber hinterließen die Weißen eine wenn auch schmale Schicht europäisch ausgebildeter Schwarzer, die nicht zuletzt aus ihrer Zivilisiertheit, das heißt aus ihrer »Gleichheit« mit den Weißen, ihren Anspruch auf Herrschaftsnachfolge ableiteten. Im übrigen verlangte der Machtkampf, der jetzt zwischen den potentiellen Nachfolgern ausbrechen mußte, daß man für die eigene Durchsetzung die zivilisatorischen Machtmittel der Weißen brauchte: nämlich Technik, Organisation und wirtschaftliches Wachstum.

Die weltweit deklarierte »Selbstbestimmung der Völker« bedeutete für Afrika nach innen selbstverständlich keine demokratische Mitbestimmung der gesamten Bevölkerung nach westeuropäischem Muster, auch wenn man schon aus Nachahmungstrieb oder als ideologisches Alibi ein solches Muster vielfach formal nachzuahmen suchte. Wie alle Revolutionen war auch die Dekolonisation lediglich ein Machtwechsel, der zunächst einmal offenließ, wer von den »Befreiten« Nutznießer oder Benachteiligter sein würde. Von einer Humanisierung des Lebens im europäischen Sinne konnte nach Abzug der Weißen wohl in den seltensten Fällen gesprochen werden. Häufiger kam das Gegenteil vor. Auch war es den neuen Machthabern wohl kaum möglich auszumachen, ob sie sich mit ihren Völkern darüber einig waren, wohin der Weg gehen sollte. Bleibt dies doch selbst in westlichen Demokratien trotz Meinungsbefragungen, Bürgerinitiativen und demonstrativen Basisgruppen meist ungeklärt.

Wahrscheinlich ergäbe eine Meinungsbefragung auch in Afrika Übereinstimmung darüber, daß die Mehrheit an höherem Lebensstandard, an mehr Sicherheit vor Naturkatastrophen, vor endemischen Seuchen und vor anderen Gefahren der natürlichen und sozialen Umwelt interessiert ist. Ob man aber auch einig darüber wäre, die Bedingungen zu akzeptieren, die Opfer an Altgewohntem zu bringen, die erforderlich sind, um diese Ziele zu erreichen, ist eine ganz andere Frage. Kann man überhaupt schon vorweg ausreichend Klarheit darübr schaffen und an die Betroffenen weiter vermitteln, was jene Entwicklungsbedingungen konkret für den einzelnen bedeuten werden?

Nur eins ist sicher, ob nun auf kommunistische oder liberal-kapitalistische Weise ein effizienteres Gemeinwesen organisiert werden soll, man kommt um eine rationellere leistungs- und erfolgsorientierte Lebensführung nicht herum. Das gilt in erster Linie aber nicht nur für die Staatsfunktionäre und privaten Unternehmer, die den wirtschaftlichen und organisatorischen Fortschritt voranbringen sollen. Es verlangt von den schwarzafrikanischen Völkern im Hinblick auf ihre kulturelle Herkunft, ihre andere Einstellung zur Freiheit des einzelnen, in Anbetracht ihrer magischen Verflochtenheit mit der Umwelt und wegen ihrer klimatischen Belastungen noch eine sehr viel größere Anstrengung und Selbstentäußerung, auf jeden Fall etwas ganz anderes, als was den Europäern im Laufe der letzten zweihundert bis vierhundert Jahre im gemäßigten Zonengürtel an »Fortschritt« zugemutet worden ist. Hinzu kommt die Ungeduld, die immer da ist, wenn etwas ausdrücklich gewollt, geplant wird. Ein eigenständiger Kulturwandel zur Erreichung bestimmter Zielsetzungen ist ein langwieriger Prozeß von Wechselwirkungen zwischen rationalen und traditionalen Faktoren,[9] der durch willkürliche Beschleunigungsversuche nicht selten gerade auf Ab- und Umwege gebracht wird.

Entwicklung ist immer ungewiß
Marxistische Anhänger geschichtsmetaphysischer Glaubensbekenntnisse, die dazu neigen, in die Geschichte stringente Gesetzmäßigkeiten hineinzuinterpretieren, die es dort gar nicht gibt, meinen, daß der abendländische Entwicklungsprozeß notwendig, ja unvermeidlich zwangsläufig war. Im Rückblick mag dies so scheinen. Aber ebensogut oder leichter noch lassen sich viele unentbehrliche Entwicklungsfaktoren erkennen, die eher zufälliger als zwangsläufiger Natur gewesen sind. Auf jeden Fall war die Entwicklung keine von den agierenden und reagierenden Menschen gewollte. Die Motive unterschieden sich häufig von dem, was sich ergab; unbeabsichtigte Nebenwirkungen wurden zu Hauptwirkungen und entfalteten nicht selten eine Eigendynamik.

Wie schwer es ist, einen beispielhaften sozialökonomischen Entwicklungsprozeß willkürlich nachzuvollziehen, zeigte sich, als Lenin für den Kommunismus beschloß, entgegen der Marxschen Theorie die kapitalistische Phase zu überspringen. Mit seiner Annahme, die Faktoren, die für eine Industrialisierung und für den Aufbau einer nachkapitalistischen Ordnung erforderlich wären, aus der Entwicklung des Kapitalismus ablesen und dann selbst willkürlich setzen zu können, unterschätzte er bei weitem die Imponderabilien wirtschaftlicher und sozialer Wandlungsprozesse sowie ihre unterschiedliche Gegebenheit in verschiedenen Völkern und Kulturen; abgesehen davon, daß Lenin nicht bloß vom Kapitalismus »abschreiben«, sondern die Menschen mit Hilfe von anderen als den kapitalistischen Motivationen zu einem über den Kapitalismus hinausgehenden Aufbauwerk bewegen wollte.

Mentalitätswandel ist unvermeidlich
Vor einer ähnlich prekären Problematik stehen auch die schwarzafrikanischen Völker und ihre Politiker. Ihre Entscheidungen über alle entwicklungsbestimmenden Probleme (um nur die wichtigsten zu nennen): über die Einschmelzung widerstrebender Stämme zu Volk und Nation, über die Art der Ausbildung (und wieweit diese im eigenen Lande oder in Industrieländern erfolgen darf), über Kapitalbildung, Investitions- und Lohnpolitik, über die Rolle von Gewerkschaften und Genossenschaften und nicht zuletzt, wie bei alledem die Zusammenarbeit mit fremdländischen Entwicklungshelfern aussehen soll – alle diese Entscheidungen werden viel stärker, als es offenbar bisher der Fall war, die Frage ins Auge fassen müssen: Gelingt es dabei, die einheimische Bevölkerung weiter auf die Realitätsebene einer extravertierten Mentalität zu bringen, oder ist unbeabsichtigt gar das Gegenteil der Fall. Sonst können, wie so oft bei sozialen Veränderungen, Nebenwirkungen zu Hauptwirkungen werden und vom eigentlich Angestrebten total ablenken.

Um einem häufigen Mißverständnis vorzubeugen: worum es dabei geht, ist nicht die Frage nach der Intelligenz. Sicherlich besitzen verschiedene Völker und Rassen auch unterschiedliche Häufigkeit von Intelligenzen im Sinne von Begabungen für bestimmte Arten von Tätigkeiten. Für das Funktionieren moderner Ordnungssysteme kommt es aber gar nicht so sehr auf etwas mehr oder weniger Intelligenz an, sondern auf die Wirklichkeitsebene, darauf, was im täglichen Leben für relevant oder nicht relevant, für selbstverständlich oder nicht selbstverständlich gehalten wird. Denn auch intellektuelle Fähigkeiten werden besonders von den Interessen und Gewohnheiten bestimmt, die sie zur Entfaltung bringen oder eine solche verhindern.

Was bedeutet das?
Die entscheidende Frage ist daher, wieweit es jeweils möglich ist, das Interesse der Schwarzafrikaner auf das gleiche Objekt zu lenken, auf welches das Interesse der Europäer gerichtet war, als sie ihre technische Zivilisation entwickelten. Dabei genügt es nicht, daß sich die Afrikaner für hohen Lebensstandard oder technische Errungenschaften gleichermaßen begeistern wie die Europäer. (In dieser Hinsicht dürften wenig Schwierigkeiten bestehen.) Sie müssen vielmehr ein unmittelbares Interesse den Mitteln und Methoden selbst entgegenbringen, die zu jenen wirtschaftlichen und technischen Ergebnissen geführt haben, oder mindestens, die das neu etablierte Ordnungssystem funktionieren lassen. Es genügt beispielsweise nicht, daß junge Afrikaner den Ehrgeiz haben, Lesen und Schreiben zu lernen aus Freude am Wort und am Palaver oder um wie Europäer in einem Büro oder hinter einem

Schalter zu sitzen und ihr Statusbedürfnis zu befriedigen. Sie müssen auch ohne Showeffekt für sich allein Routinearbeiten erledigen mögen und dürfen auch in Handarbeit nicht ohne weiteres etwas Erniedrigendes sehen. Es müssen auch in Afrika genügend Menschen interessiert sein, die Verwaltungsvorschriften ihrer Behörden, die Existenzbedingungen ihrer Firmen oder die technischen Produktionsabläufe in ihren Fabriken zu kennen, zu verstehen und sie notfalls zweckgerecht abwandeln zu können. Sie müssen aber auch in unerwarteten Situationen vorausschauend neu disponieren können. Das heißt, das ganze Ausbildungs- und Erziehungsproblem in Afrika ist in erster Linie kein Problem der rezeptiven und formalen intellektuellen Schulung, sondern der Weckung von Interesse und Verständnis für praktisch-rationale Gestaltung und Beherrschung der Umwelt.

Das Problem des erforderlichen Mentalitätswandels ist beim Schwarzafrikaner daher nicht schon durch die Beseitigung des Analphabetentums und durch die totale Verschulung einer Generation zu lösen. Günstigstenfalls wird es mehrere Generationen brauchen, um der Ausbildung die erforderliche praktische Wirksamkeit zu geben. Weil dies weltweit ignoriert wird, meinen heute viele schwarze Intellektuelle, genauso wie ihre weißen Mentoren, wenn sie etwa als Lehrer oder Theologen eine gewisse »Palaverintelligenz« erreicht hätten, könnten sie schon heute mit allen praktischen Problemen einer modernen Wirtschaftsgesellschaft fertig werden. In dieser Hinsicht geht es ihnen übrigens nicht anders als vielen intellektuellen Kritikern der westlichen Welt, die ebenfalls durch einen Mangel an praktischer Intelligenz und Urteilskraft zu Fehleinschätzungen verleitet werden.

Was mit dem Wort »Palaverintelligenz« gemeint ist, hat der Verfasser bei anderer Gelegenheit in bezug auf unsere eigenen kritischen Intellektuellen in Europa und Amerika etwa folgendermaßen formuliert:[10] Für solche Menschen erweist sich die Wahrheit nicht aus dem gelungenen Werk und der Bestätigung durch den praktischen Erfolg, sondern schon daraus, ob sie in der theoretischen Diskussion ihren Part durchzuhalten vermögen. In die sich daraus ergebende Gefahr, die Wirklichkeit falsch zu interpretieren, geraten besonders leicht »jugendliche« Gemüter aller Altersklassen, die über zu geringe und einseitige Erfahrungen verfügen, vor allem, wenn sie überzeugt sind, gerade ihnen, der »freischwebenden Intelligenz«, gebühre es, eine bessere Welt zu schaffen. So wird bei ihnen ein Sendungsbewußtsein hervorgerufen, das sie nicht veranlaßt, nun mit Intensität und Ausdauer Wissen und praktische Erfahrungen zu sammeln und mit Bedacht an ihr mühevolles Vorhaben zu gehen, sondern das sie glauben macht, noch in den vagesten Vorstellungen befangen, sofort mit Aktionen beginnen zu dürfen.

Es wird daher alles davon abhängen, ob in und für Afrika zu praktischer oder zu »Palaverintelligenz« ausgebildet wird. Wird sich die »Palaverintelligenz« allzu sehr verbreiten – und das ist dort bei einer Vorherrschaft von Lehrern und Pastoren leicht der Fall –, so wird in den afrikanischen Ländern eine zu breite Schicht von Intellektuellen entstehen, die in der Praxis nicht ihrem eigenen Anspruch gemäß verwendbar ist, die Schuld dafür den bestehenden Herrschaftsverhältnissen, das heißt heute in Schwarzafrika meist dem »Neokolonialismus«, zuschreibt und ein Faktor ständiger sozialer Unruhe wird, welche die Entwicklung ihres Landes eher stört als fördert. Ansätze dazu sind schon heute gerade in den fortgeschrittenen Ländern Schwarzafrikas erkennbar.

Bezeichnenderweise besteht ein besonders hoher Prozentsatz der Arbeitslosen zum Beispiel an der Elfenbeinküste aus Halbintellektuellen mit allgemeiner Schulbildung, die meist darum keine Arbeit haben, weil sie sich weigern, eine Beschäftigung anzunehmen, die unterhalb ihres gerade erworbenen »Bildungsstandes« liegt. Berufsschulen, die unmittelbar auf einen praktischen Beruf vorbereiten, sind unbeliebt.[11] So hat heute dort manch arbeitsamer Handarbeiter den Renommierintellektuellen seiner Familie mit zu ernähren. Auf diese Weise geht manch schwarzafrikanischer Nachwuchs als Arbeitskraft der alten Stammeswirtschaft verloren, ohne deshalb schon bereit und fähig zu sein, seinen Teil zur Weiterentwicklung seines Landes beizutragen. Damit steht man aber vor der Alternative, entweder die Entwicklung sehr langsam angehen zu lassen und viel Leerlauf in Kauf zu nehmen oder immer mehr qualifizierte Fachkräfte aus Europa zu holen. Solche Kräfte müssen aber hoch bezahlt werden, damit sie überhaupt kommen; was dann sofort als »Neokolonialismus«, das heißt als neue Ausbeutung, beklagt wird.

Die große Utopie
Das merkwürdige ambivalente Verhältnis des Schwarzafrikaners zum Weißen, der ihm einerseits Vorbild ist, dessen Bevormundung er andererseits aber radikal ablehnt, ist wahrscheinlich die schwerste Hypothek, welche die Entwicklungspolitik in Schwarzafrika belastet. Denn diese Ambivalenz wird genährt von der Vorstellung eines magischen Vorganges, als seien nämlich mit der politischen Befreiung und der Übernahme der Herrschaftsrolle durch den Schwarzafrikaner bereits alle Fähigkeiten des Europäers auf ihn übergegangen. Man hat selbst bei hochgebildeten Afrikanern gelegentlich den Eindruck, daß etwas von diesem unrealistischen Optimismus in ihrem Urteil unbewußt mitschwingt, auch wenn diese Intellektuellen als neue Führungskräfte ihres Landes tagtäglich mit vielen Schwierigkeiten konfrontiert werden. Jedoch, unterscheidet sich dies so sehr von den Illusionen weißer Anarchisten, daß alle alles gleich gut könnten?

Diese Utopie, auf welcher Antikolonialismus und sich antirassistisch gebärender Rassismus in Afrika beruhen, trägt – wenn auch mit Unterschieden – das politische Leben der schwarzafrikanischen Völker. Sie fördert zwar bis zu einem gewissen Grad den Einschmelzungsprozeß, ohne den sich größere völkische Einheiten in Afrika vielleicht nicht bilden können. Aber gleichzeitig ist sie der große Hemmschuh für den tatsächlichen Fortschritt der wirtschaftlichen und zivilisatorischen Entwicklung. Denn sie vernebelt den Blick für Realitäten, für die tatsächliche Härte der Anforderungen, die die Umstellung auf einen völlig anderen Arbeits- und Lebensstil an jeden einzelnen stellt. Damit wird die ganze Schwierigkeit deutlich, vor der die politische Führung in Afrika steht. Auch wenn sie sich selbst den Blick nicht trüben läßt, nimmt sie diese Utopie gern in Anspruch, um die Massen in Bewegung zu bringen und zu halten. Sie muß aber gleichzeitig die Utopie abbauen und ernüchternde Forderungen stellen, um das auch nur ansatzweise zu verwirklichen, was die große Utopie verspricht.

Zerfall des europäischen Vorbildes
Daß Schwarzafrikaner allzusehr das gegenwärtige Europa vor Augen haben, daß sie glauben, das nachahmen zu können oder gar zu müssen, was sie in Europa vor sich sehen, enthält für sie – auch wenn sie sich von Animositäten freihalten – noch andere gefährliche Irritationen.[12] Immer noch wird ein großer Teil schwarzafrikanischer Spezialisten und Führungskräfte durch jahrelangen Aufenthalt an westlichen Fachhochschulen und Universitäten ihren Heimatländern entfremdet. Gewöhnung an die Zustände in westlichen Wohlstandsgesellschaften verleitet gerade die Tüchtigsten von ihnen häufig, in westlichen Ländern zu bleiben, zumal wenn sie dort ihrer Ausbildung entsprechende gute Berufsaussichten haben. Daß ein Braindrain zuungunsten der Entwicklungsländer stattfindet, ist Anlaß für den Vorwurf, die Industrieländer beuteten auch geistig die Entwicklungsländer aus. Doch liegt die Ursache für diese Art von »Ausbeutung« wohl weniger in einer böswilligen Abwerbung als in der Verführung durch den Lebensstandard von Wohlstandsgesellschaften. Zum asketischen Einsatz im eigenen Heimatland ist dann häufig nur noch der bereit, dem die Emotionalität revolutionärer Hochstimmung mehr bedeutet als der persönliche Wohlstand, der selbst dann aber meist in seinem Heimatland »in Politik« und nicht »in Entwicklung« machen will.

Die Hauptgefahr für die Entwicklungsländer liegt aber darin, daß ihre ausbildungsbeflissenen Nachwuchskräfte in den Wohlstandsländern des Westens auf eine soziale Atmosphäre treffen, in der Askese, Selbstdisziplin, Leistungswille und -fähigkeit sowie unbedingte Kooperationsbereitschaft nicht mehr als Verhaltensideale gedeihen. Der puritanische Unternehmer und der preußische Beamte, die Leitbilder der europäischen Entwicklung, sind im öffentlichen Bewußtsein des Westens unter dem libertinen und egalitären Trend des letzten Jahrzehnts schnell zu lächerlichen Figuren geworden. Auch wird bei uns mit dem Vordringen eines pseudo-religiöse Züge annehmenden Milieuglaubens die Freiheit und Selbstverantwortlichkeit des einzelnen immer stärker eingegrenzt, dafür aber sein Anspruch als Milieugeschädigter auf unbegrenzte Versorgung durch Staat und Gesellschaft ausgeweitet.

Alles, was Entwicklungsvölker sich erst mühevoll aneignen müßten, um den gewünschten Fortschritt zu erzielen, wird also bei uns schon wieder in Frage gestellt. Einer so veränderten westlichen Welt kann man dann kaum noch glauben, daß sie sich früher tatsächlich unter Aufbietung aller körperlichen und geistigen Kräfte auf den heutigen Entwicklungsstand emporgearbeitet hat. Dieser Zweifel bestätigt augenscheinlich die Kolonialismustheorie, die Behauptung also, daß die Europäer alles auf Kosten ihrer früheren Kolonien geschafft hätten; und dies wird um so glaubwürdiger, wenn Europäer sich heute in ihren eigenen Ländern zunehmend wie leistungsunwillige Playboys benehmen. Ein weiterer Widerspruch sollte für Entwicklungsländer darin liegen, daß sie ihre Interessen in westlichen Staaten ideologisch gerade von solchen politischen Kräften vertreten sehen, die das Leistungspotential ihres eigenen Landes für vernachlässigungswert halten. Doch ist man – wie es scheint – hüben wie drüben vor lauter emotionalem Engagement kaum noch in der Lage, solche Widersprüche zu erkennen. – So steht zu befürchten, daß der Westen durch eigene Schwäche selbst in einen Ernstfall der Existenzbewährung gerät und durch wirkungsvolle Entwicklungshilfe nicht mehr nachzuleisten vermag, was zur Zeit der Kolonialherrschaft versäumt wurde. Es bleibt zu fragen, was der Ernstfall, in dem sich die afrikanischen Völker befinden, bei ihnen in ihrer Auseinandersetzung untereinander an Eigendynamik wird auslösen können. Dazu hier nur noch ein kurzes Wort.

Innerafrikanische Auseinandersetzungen – eine treibende Kraft?
Im alten Europa ging die Antriebskraft, qualifizierte Menschen zum Zuge kommen zu lassen, die den Fortschritt vorantrieben, zunächst von den Machtkämpfen der durch das Ansehen von »Thron und Altar« etablierten Dynastien aus, die ein Staatsbewußtsein und schließlich, verstärkt durch emanzipatorische Basiskräfte, die nationale Idee förderten. Auch in Afrika werden wir mit ähnlichen Kämpfen schon deshalb rechnen müssen, weil Völker und Stämme zusammenstreben, die durch die koloniale Grenzziehung auseinandergerissen, oder weil andere auseinanderstreben, die willkürlich vereinigt wurden. In Europa hing der Ausgang solcher Kämpfe

weitgehend davon ab, wer über die effizientere Organisation von Staat und Wirtschaft verfügte. Aber gilt dies heute und in Zukunft auch für Afrika? Wird bei den schwarzafrikanischen Ländern nicht viel entscheidender sein, von welchen fremden Mächten sie Waffenhilfe erhalten? Und werden nicht gerade solche Staaten am ehesten bereit sein, fremde Waffenhilfe anzunehmen, die mit ihrer eigenen Entwicklungspolitik wenig Erfolg haben? Dann ist es aber unwahrscheinlich, daß die künftigen internen Auseinandersetzungen in Schwarzafrika nennenswerte wirtschaftliche und gesellschaftliche Rationalisierungseffekte auslösen werden. Dies um so weniger, wenn es im südlichen Afrika zu einer Vertreibung der weißen Bevölkerungsreste kommen sollte, durch deren Verbleiben sich der Fehler überstürzter Entkolonisierung vermeiden ließe.

Dafür ist die Gefahr um so größer, daß Schwarzafrika zum Kampfplatz weltpolitischer Auseinandersetzungen wird. Die heutigen schwarzafrikanischen Regierungen sind sich dieser Gefahr offensichtlich bewußt. Ihr loser Zusammenschluß in der Organization of African Unity (OAU) verfolgt ja nicht zuletzt den praktischen Zweck, interne Auseinandersetzungen zu vermeiden. Aber dieser Zusammenschluß hat sich gerade in dieser Hinsicht bisher als wenig wirkungsvoll erwiesen. Er wird ausschließlich von einem gegen die Weißen gerichteten »antirassistischen Rassismus« zusammengehalten und hat daher weit mehr emotionalen als rationalen Rückhalt. Mit Rücksicht auf solche Irrationalitäten sähen Politiker des Westens es am liebsten, wenn die letzten »weißen Herrschaftsenklaven« im südlichen Afrika so schnell wie möglich liquidiert würden. Mit einer solchen Politik gibt man aber einem alles andere als humanen »panafrikanischen Rassismus« auf Kosten der betroffenen südafrikanischen Völker nach. Ja, man ermuntert sogar die Schwarzafrikaner, sich in ihren Aktivitäten nicht konstruktiv nach innen, sondern destruktiv nach außen zu wenden. Es wäre eine Fortsetzung der großen humanitären Drückebergerei, die der Westen mit der überstürzten Entkolonialisierung Afrikas eingeleitet hat. Eine solche Politik brächte auch keine Garantie für den Westen, den notwendigen weltstrategischen Einfluß auf Afrika tatsächlich zu gewinnen.

Konstruktiver, wenn auch weit schwieriger und im Widerspruch zu der heute herrschenden egalitären Weltmeinung wäre es, dafür Sorge zu tragen, daß die weißen Minderheitsregierungen in Rhodesien, Südwest-Afrika und Südafrika in ihren Ländern eine Symbiose der verschiedenen Rassen ermöglichten, die auch der schwarzen Bevölkerung sichtbare Entwicklungschancen böte. Die Errichtung solcher Kondominien ließe sich in ihrem Tempo allerdings nicht von der Ungeduld schwarzer, eine eigene Willkürherrschaft anstrebender Revolutionäre oder »progressiver« weißer Ideologen bestimmen. Sie bedürfte, wenn auch nicht im gleichen Umfang wie die

Entwicklung sich selbst überlassener schwarzafrikanischer Länder, eines weit längeren Zeitraums, als es die heute vorherrschende Weltmeinung wahrhaben will. Andererseits müßten aber auch die heutigen südafrikanischen Regierungen deutlicher erkennen lassen, daß es ihnen nicht bloß auf die Erhaltung eines unhaltbaren Status quo ankommt, sondern daß sie Konzessionen machen wollen und daß sie Konzeptionen haben, die der schwarzen Bevölkerung vielleicht sogar bessere Chancen bieten, als diese sie bisher in den meisten selbstregierten Ländern Schwarzafrikas besitzen. Ein solches konstruktives Gespräch ist aber nur möglich, wenn die öffentliche Meinung im Westen nicht in realitätsfremden ideologischen Vorstellungen verharrt, sondern die tatsächlich zu lösenden Probleme zur Kenntnis nimmt und erkennt, daß die Haltung der weißen Minderheitsregierungen nicht in erster Linie einem zur Unbeweglichkeit erstarrten Konservatismus entspringt, sondern einem Wissen, was man von schwarzen Lebenspartnern erwarten kann und was nicht. – Auch die zwischenvölkischen Spannungen in Afrika, nicht nur zwischen Schwarz und Weiß, sondern auch zwischen Schwarz und Schwarz, geben also keinen Anlaß zu großem Optimismus.

VI. Entwicklungshilfe im Zeitalter der Entkolonialisierung (Zusammenfassung und Ergebnis)

Das Bild, das heute von der europäischen Kolonialherrschaft in Afrika mit dem Pinsel unseres egalitären Zeitgeistes gemalt zu werden pflegt, gibt die Bedeutung jener Phase für die schwarzafrikanischen Völker unvollständig, auf jeden Fall einseitig wieder. Ausbeutung, Unterdrückung und sonstige Untaten, bei denen heutige Kritiker gern besonders nachhaltig und genüßlich verweilen, sind selbst in den extremsten Fällen nicht schlimmer gewesen als das, was schwarzafrikanische Stämme einander selbst immer wieder angetan haben. Die eigentliche Problematik der europäischen Kolonialherrschaft liegt viel eher gerade in ihren positiven, aber unvollkommenen Leistungen.

Denn Schutz und Lebenshilfen, die sie den Beherrschten gewährten, förderten bei diesen den Abbau ihrer autochthonen Lebensformen und lösten ihren traditionalen Verankerungen aus sozialen Institutionen, die auf ihre Weise durchaus geeignet gewesen waren, ein Überleben in ihrer meist tropischen Umwelt zu garantieren. Doch geschah zu wenig, um den Schwarzafrikanern bei der kulturellen Adaption an die europäischen Einflüsse behilflich zu sein, damit sie eine halbwegs ausgeglichene Existenzform als Ersatz für die verlorene finden konnten; und schon gar nicht verfolgten die

Kolonialverwaltungen das Ziel, dabei eine baldige politische und wirtschaftliche Selbständigkeit vorzubereiten.

Erst Ende des 19. Jahrhunderts war die Aufteilung Afrikas unter den europäischen Staaten abgeschlossen. Was dann kam, um den Unterworfenen mit der »indirect rule« der Engländer eine Selbstverwaltung zu geben oder sie mit der Politik der »association« und »assimilation« der Franzosen in Nation und Kultur des Mutterlandes zu integrieren, vom »Paternalismus« der Belgier und der »lusitanischen Mission« der Portugiesen ganz zu schweigen, ging doch immer davon aus, daß das europäische Patronat auf unabsehbare Zeit erhalten blieb.[13] Von einer Vorbereitung auf den Ernstfall der Selbstverantwortlichkeit kann in keinem Fall die Rede sein.

Hier liegt das eigentliche Versagen der Kolonisatoren. Denn man kann nicht Völker fremder Kultur aus dem ökologischen Gleichgewicht ihrer eigenen Lebensformen herausreißen, um sie sich dann selbst zu überlassen. Hieraus, nicht aus einer angeblichen oder tatsächlichen früheren Ausbeutung läßt sich allein eine Verpflichtung zu Entwicklungshilfe ableiten. Jedoch eine solche Hilfe, welche die Probleme der Akkulturation und des Mentalitätswandels in den Mittelpunkt ihrer Bemühungen stellen müßte, ist so lange nicht durchführbar, als die egalitäre Weltideologie, auf die heute West und Ost, Nord und Süd gleichermaßen eingeschworen sind, alle Beteiligten für diese Probleme blind macht.

Gleichzeitig geraten die schwarzafrikanischen Länder immer mehr in die Auseinandersetzungen der Weltmächte um den strategisch zu sichernden Zugang zu den Rohstoffbasen Afrikas. Sie bleiben dabei selbst um so hilfloser, je weniger ihren Völkern die Akkulturation gelingt. So muß bei ihnen der Eindruck entstehen, daß sie mit der Entkolonialisierung vom kolonialistischen Regen in die Traufe neuer Abhängigkeiten geraten sind, Abhängigkeiten, die sie von ihrer Ideologie aus nur als »Neokolonialismus« zu begreifen vermögen. Für sie ist der Ernstfall der Freiheit in einen neuen Ernstfall der Unfreiheit umgeschlagen.

Auch das Dilemma des Westens in seiner Haltung zu den Entwicklungsländern (nicht nur in Afrika) trägt ein doppeltes Gesicht. Solange seine Regierungen und deren Meinungsmacher nicht begreifen, daß sie mit ihrem Marsch in die permissiv mißverstandene Freiheit und Gleichheit in ihrer eigenen Gesellschaft selbst auf dem ideologisch fixierten Weg zur Selbstzerstörung sind, werden sie auch nicht fähig sein, sich von falschen Maßstäben zu befreien, um eine realistische Welt- und Entwicklungspolitik treiben zu können, wozu immer auch Machtpolitik gehören muß.

Wer, einer generellen Permissivität verfallen, nicht mehr gewillt ist, an sich selbst zu glauben und Führung und Verantwortung zu übernehmen, vermag mit Opfern so wenig Hilfreiches auszurichten, wie er auch seine eigenen Interessen nicht mehr wahrzunehmen weiß. So steuert der Westen selbst, bei sich zuhause wie in der Welt, einem neuen Ernstfall der Existenzbedrohung zu.

ANMERKUNGEN

1 Hannah Arendt, Über die Revolution, München ²1974, S. 147
2 Diesen Standpunkt hat schon Anfang der sechziger Jahre Peter Coulmas in seinem Buch, Der Fluch der Freiheit. Wohin marschiert die Farbige Welt?, Oldenburg 1963, vertreten.
3 Werner Sombart, Der moderne Kapitalismus, München 1928; Max Weber, Wirtschaft und Gesellschaft, Tübingen ⁵1972; ders., Gesammelte Aufsätze zur Religionssoziologie, Tübingen ⁶1972
4 Peter Coulmas, a.a.O., S. 36
5 Peter Coulmas, a.a.O., S. 55
6 Dazu ausführlicher Heinz-Dietrich Ortlieb, Vom totalitäten Staat zum totalen Egoismus. Anarchistische Schatten deutscher Vergangenheit, Zürich 1978
7 Eine ausgewogene Beurteilung der kolonialistischen Ära findet man bei Rudolf von Albertini, Europäische Kolonialherrschaft 1880-1940, Zürich 1976, S. 15 ff. und 385 ff.
8 Auf die besondere Rolle des Bevölkerungswachstums für die Entwicklungsländer weist u. a. Knut Borchardt in seiner Schrift, Europas Wirtschaftsgeschichte – ein Modell für Entwicklungsländer?, Stuttgart 1967, besonders nachdrücklich hin. Er schreibt dort (S. 23): »Während in Europa die Bevölkerung erst angewachsen ist, als wirtschaftliches Wachstum bereits im Gange war, erleben einige der größten und bereits dichtest bevölkerten Entwicklungsländer heute eine Explosion, die jedes aus Europa berichtete Tempo übersteigt und auch dem wirtschaftlichen Wachstum zuwiderläuft. Damit ist ein Ende des Elends in diesen Ländern in weiteste Ferne gerückt.« Das gilt nicht nur für Indien, sondern auch schon für einige afrikanische Länder.
9 Eine Vorstellung von den Problemen des Kulturwandels vermittelt plastisch Hermann G. Schütte, Verständigungsschwierigkeiten zwischen schwarzen und weißen Menschen, in: Hermann G. Schütte und Heinz-Dietrich Ortlieb: Afrika betet anders, Hamburg 1977, S. 9 ff.; vgl. auch Ernst Dammann, Das Miteinander von Weiß und Schwarz – Probleme der Akkulturation in Schwarzafrika, in: Hamburger Jahrbuch für Wirtschafts- und Gesellschaftspolitik, 22. Jahr (1977), S. 205 ff.
10 Vgl. Heinz-Dietrich Ortlieb, Die Machtergreifung der Intellektuellen, in: Hamburger Jahrbuch für Wirtschafts- und Gesellschaftspolitik, 18. Jahr (1973), S. 297
11 Vgl. Franziska Raynaud, Bildungs- und Ausbildungsprobleme in Westafrika, in:

12 Vgl. auch Knut Borchardt, a.a.O., S. 25 f.
13 Vgl. dazu Rudolf von Albertini, Dekolonisation, Köln-Opladen 1966, S. 148 ff., 323 ff. und 568 ff.

WILHELM E. MÜHLMANN
Der Ernstfall als ständige Erfahrung in den Primitiv-Kulturen
(Über die Unwahrscheinlichkeit unserer modernen Existenz)

In den vorangegangenen Vorträgen ist das Thema des »Ernstfalls« von Politikern, Juristen, Nationalökonomen und Historikern behandelt worden. Dabei ist ein Material vorgelegt worden, das sich auf unseren eigenen, abendländischen Kulturhorizont bezieht. Ich selber habe die Absicht, diesen unseren eigenen Horizont zu überschreiten und zu untersuchen, wie sich die Frage des »Ernstfalls« ausnimmt, wenn wir auch die außerokzidentalen, die sogenannten primitiven und orientalischen Kulturen mit in Betracht ziehen. Meine Absicht zielt dabei auf das Vergleichen und auf eine Konkludenz, die aus diesem transkulturellen Vergleichen gewonnen wird. »Naturgeschichte beruht überhaupt auf Vergleichung«, meinte Goethe.[1] Und wenn er dabei vorzüglich die Aspekte der vergleichenden Anatomie im Auge hatte, so ist doch das Verfahren des morphologischen Vergleichens zu seiner Zeit schon vor allem durch Herder und W. v. Humboldt auf die Gestalten des Geistes, die Kulturen und die Sprachen ausgedehnt worden. Heute aber haben wir exaktere Methoden und ungeheuer erweiterte und vertiefte Kenntnisse vor allem der orientalischen und der sogenannten primitiven Kulturen gewonnen, die uns das Vergleichen mit uns selbst erleichtern. Es wäre daher nicht länger angängig, uns auf den kleinräumigen Rahmen der Bundesrepublik zu beschränken. Auch die Soziologie kann nicht begrenzt bleiben auf eine »Soziographie auf Bundesebene« (heute nur noch ein provinzielles Anliegen), sie muß vielmehr auf die großen Räume Bezug nehmen. Von einem Nomos der großen Räume, wie er Carl Schmitt vorgeschwebt hat,[2] sind wir heute freilich entfernter als je, geistig vielmehr besteht eine Tendenz, auf immer kleinere Räume zurückzufallen.[3] Doch in der Idee muß dieser Nomos sichtbar bleiben.

Dies gilt auch für den Begriff des »Ernstfalls«. Erproben wir ihn bei uns

– und die vorangegangenen Vorträge haben das ja zur Genüge getan –, so können wir ihn auf eine begrenzte Weltansicht beziehen, in der er – der Ernstfall – mehr oder weniger plötzlich und unerwartet Zustände der Ausnahme bezeichnet, die einen Seltenheitswert, das heißt historisch (können wir sagen) eine geringe Chance der Verwirklichung und statistisch eine *geringe Wahrscheinlichkeit* aufweisen. In unserem Erwartungshorizont ist der Ernstfall normalerweise nicht vorgesehen, und wann und wo er auftritt, haftet ihm das Moment der Überraschung an, und seine praktische Behandlung, etwa bei Flutkatastrophen oder im Falle eines politischen Umsturzes (oder beim Wiederauftreten von Seuchen, die man bei uns für längst erloschen gehalten hatte), ist stark auf die Improvisation und das Eingreifen persönlichen Führertums angewiesen. Dabei unterlaufen Fehler, wie bei allen Ereignissen, die eben nur selten auftreten und daher nicht nach erprobten Aktionsmustern behandelt werden können. Und sozialpsychologisch haftet diesen Fällen, eben weil sie unerwartet und unwillkommen auftreten, leicht etwas von einem Skandal an, so als ob sie sich eigentlich »nicht gehörten«, nicht hätten passieren dürfen. Die Seltenheit der Ernstfälle bei uns unterstützt nämlich das Sekuritätsbedürfnis und das Sekuritätsdenken überhaupt. Auf das wenig Wahrscheinliche sind wir psychisch nicht vorbereitet, nehmen es übel und suchen sogar nach dem Sündenbock.

Die Frage stellt sich, ob es nicht andere Kulturhorizonte gibt, in denen die Sachlage anders ist und dementsprechend auch eine andere typische Einstellung der Menschen erfordert. Vielleicht ist der Ernstfall als Ausnahmefall doch nur eine Erscheinung, die lediglich auf Grund ganz besonderer historischer, soziologischer und anthropogeographischer Bedingungen möglich gewesen ist.

Dem ist in der Tat so. Was bei uns ein Ernstfall ist im Sinne des selten auftretenden Ausnahmefalls – die Flutkatastrophen zum Beispiel, die Erdbeben, die Gefährdung durch wilde Tiere, vor allem aber: die Unsicherheit der Nahrungsgewinnung, der Kampf um das »tägliche Brot«, das Fehlen der öffentlichen Sicherheit, die Gefährdung durch mörderische Überfälle, der politische Umsturz, das alles ist in den sogenannten Primitivkulturen sehr viel häufiger, wird daher zu *Elementen einer stetigen Gewärtigung, geht ein in Lebenserfahrung und Weltbild.* Bei chronischer Unterernährung zum Beispiel (wie bei den Massen in Indien) ist das Hungern kein Ernstfall, sondern konstitutionell. Das ist nur ein extremes Beispiel. Wenn der Ernstfall zu einer Summe des Geschehens wird, ist er nicht mehr »Fall« (nicht mehr kasuell), sondern statistische Serie, es bleibt ihm zwar der Ernst, aber man ist immerhin darauf gerüstet, er bestimmt den Erwartungshorizont im Sinne einer hohen Wahrscheinlichkeit des normalerweise zu Gewärtigenden. Beispiele: Bei den Wildbeutern (Jäger-Sammlerinnen, Fischer) das Zurücktreten der Vorratswirtschaft (sie fehlt nicht völlig), das »Von-der-Hand-in-den-Mund-leben«, die Ungewißheit, ob der morgige Tag Jagd- oder Sammelglück bringen wird; das ständige Gewärtigen der Unbilden der Witterung, der Begegnung mit reißenden Tieren, des Überfallenwerdens durch menschliche Feinde. Schon wieder hat der Tiger aus dem Dschungel sich einen Mann geholt – das kommt eben vor, es gibt keine absolute Sicherung dagegen. Auch gegen Mißernte gibt es keine absolute Sicherung (magische Vorkehrungen und Wettermachen, aber Wettermacher ist ein zweifelhafter Beruf, seinerseits unsicher, wehe dem Erfolglosen! – praktisch kommt so wenig dabei heraus wie bei einer Bittprozession). Gebete und Beschwörungen der Wettermacher verstehen wir als Belege für die qualvolle Hilflosigkeit des Menschen gegen die Naturgewalten. Gegen schlechten Fang und erfolglose Jagd gibt es keine Versicherung – vergleichsweise kann man sich bei uns gegen alles versichern, sogar gegen schlechtes Urlaubswetter. Der Druck der physischen Umwelt wird auf das stärkste erlebt, und er wird umgesetzt, transzendiert in das Erlebnis der »Mächte«. Wenn in der Einöde des grönländischen Polarabends das vom Hochwasser überflutete Eis gegen die Schären knirscht, wimmernd wie feines Kinderweinen, hört der Eskimo die Klagen der Unterirdischen. Ein riesenhafter Eisbär ist die numinose Verdichtung eines Eisberges, nur die Spitze, der Kopf guckt aus dem Wasser hervor, der gewaltige Körper ist unter Wasser. Wenn er atmet, erheben sich Wirbel aus dem Meer, und große Eisblöcke und ganze dichtbesetzte Kajaks fliegen ihm in die Nasenlöcher, unter dem Hohngeschrei der unterseeischen Dämonen. Asiaq ist als weiblicher Dämon die Beherrscherin der Winde. Da der Wind alles auf den Kopf stellt, wird Asiaq mit »verkehrten« Merkmalen dargestellt, Augenspalten, Nase, Mund und Brüste um neunzig Grad verdreht – die sinnbildliche Verkehrtheit der Welt. Das Häßliche, Erschreckende, Groteske und Absurde spielt eine große Rolle im Denken der Eskimos, es wird eingezeichnet in die Strukturmerkmale der Welt. Ich sage eingezeichnet, es wird wirklich gezeichnet – auch das Schöne – und plastisch gebildet in Stein, Barlach übertreffend. Aber auch die mythische Erzählung, außerordentlich beliebt und gepflegt, ist ja Gestaltung. Wenn das Gefühl der Angst besteht und das Bewußtsein herrscht, den »Mächten« ausgeliefert zu sein, so ist diese faktische Existenzlage doch nicht alles, denn was im Bilde und im Mythos gestaltet wird, ist ja in gewisser Weise eine geistige Bewältigung der Faktizität – die natürlich nichtsdestotrotz bestehen bleibt.[5] Die Auseinandersetzung des Homo sapiens mit dem arktischen Klima, das man primär als »unzumutbar« empfinden würde, ist an und für sich ein großartiges Beispiel seiner aktiven Anpassungsfähigkeit an die physische Umwelt. Doch der

Druck dieser Umwelt bleibt Tatsache, und die zahllosen Verdichtungen der »Mächte« in Bild und Sprache künden von der Angst – wenn schon von einer teilweise bewältigten Angst. Resultat ist eine ständige Präsenz des Todes und der Magie, die übrigens nicht im Gegensatz steht zu einer ausgesprochenen Fröhlichkeit des Temperaments – ein völkerpsychologischer Beitrag zum Thema der »pessimistischen Weltanschauung«. Schopenhauer hätte seinen Spaß daran gehabt, natürlich einen grimmigen. Der arktischen Extremanpassung steht andererseits die tropische Anpassung in den entsprechenden Breiten in Asien, Afrika und Amerika gegenüber als kaum minder bewundernswert. Ich kann darauf nicht näher eingehen, sondern nur betonen, wie sehr auch hier die »Mächte« eine Rolle spielen, wohltätig sowohl als auch bösartig. Ist es doch auffällig, wie sehr angesichts der polytheistischen Religionen unser Verständnis der Gottheiten leidet unter dem uns ungewohnten Doppelaspekt: die indische Kali, die tibetische Tara sind sowohl gütig als auch böse, aber sogar im griechischen Pantheon weisen Apollon, Dionysos, Aphrodite und andere diesen Doppelaspekt auf. Auch der Sonnengott kann bösartig sein, ebenso der Blitzeschleuderer.

Es ist aber nicht unbedingt erforderlich, daß wir exotische Kulturen aufsuchen, um den Ernstfall als strukturellen Regelfall zu veranschaulichen. Die vorindustrielle Epoche bei uns kennt ähnliche Soziallagen ja auch, in einzelnen Fällen bis in die Gegenwart oder fast bis in die Gegenwart. Man denke etwa an die gefahrvollen Berufe des Bergmanns, des Seemanns, des Hochseefischers. Gorch Fock, der Dichter der Niederelbinsel Finkenwärder, erwähnt den Grabstein auf dem Finkenwärder Friedhof mit der Aufschrift »Gestorben an Land« und bemerkt dazu: »Wenn ein Finkenwärder [Nordsee-] Seefahrer an Land stirbt, so schreibt man es auf den Leichenstein, weil es so selten vorkommt. Was auf der See lebt, stirbt auch auf der See und braucht keinen Kranz und keinen Stein.«[7] Und analog berichtet Margaret Mead aus Küstendörfern der Atlantik-Fischer in Portugal die Häufigkeit der schwarzgekleideten Frauen, der Witwen der auf See Verbliebenen.[8] Ich möchte hier den Begriff der *»riskierten Existenzen«* einführen, in Abwandlung eines Wortes von Jacob Burckhardt, der sich seinerseits an den betreffenden Stellen[9] hohnvoll über das moderne Sekuritätsdenken äußert; der riskierten Existenzen, für die das Wagnis des Lebens zum täglichen Brot gehört, und für die Regelfall ist, was für uns ein Ausnahmefall ist – und Ausnahme, was wir für die Regel nehmen: den »natürlichen« Alterstod im Bett. Wir haben uns daran gewöhnt, die Verhältnisse der bürgerlichen Sekurität zum Maßstab zu nehmen, jedoch bei einer vergleichenden Betrachtung der kultursoziologischen Existenzlagen versagt dieser Maßstab, und wir sind dann gezwungen, umzudenken. Das ist sehr schwierig, denn die Lagen der »riskierten Existenzen« sind getragen von einem *Kreaturbewußtsein*, das uns abhanden gekommen ist, weil wir als Menschen der Zivilisation uns an den Gedanken der Machbarkeit von allem und jedem gewöhnt haben.

Der Gegensatz von Ernstfall und Regelfall kulminiert in der Einstellung zum Tode. Beim modernen Zivilisationsmenschen wird der Tod normalerweise nicht mit in das Leben hineingenommen, er ist vielmehr der radikale Ernstfall, der das Leben beendet. Eben deshalb muß er mit allen Mitteln verhindert beziehungsweise hinausgeschoben werden. Dabei wirkt entscheidend mit die faktische Progression der Lebenserwartung, die ja in der vorindustriellen Epoche auch bei uns dreißig Jahre (und weniger) betrug, heute aber auf siebzig Jahre (oder mehr) angewachsen ist auf Grund der modernen Heilkunde und Lebensfürsorge. »Lebenserwartung« ist hier zunächst eine statistische Größe, aber sie ist nicht nur das: sie ist auch eine sozialpsychologische Größe geworden. Ihre statistische Steigerung hat nach dem Gesetz des »progressiven Verlangens«[10] eine immer mehr gesteigerte Anforderung an die Verlängerung der physischen Existenz hervorgerufen; nicht gerade eine Anforderung, die bis zur Unsterblichkeit geht (denn dazu versteigt sich selbst die Hybris des modernen Zivilisationsmenschen nicht), aber doch bis aufs Äußerste, den Ärzten geradezu drohend Abgeforderte. Das freiwillige ärztliche Ethos des »Hippokratischen Eides« wird hier deformiert durch die Unbedingtheit der öffentlichen Forderung. Ein früher Tod ist geradezu »abnorm« geworden und ist als Ereignis erklärungsbedürftig, während umgekehrt das hohe und höchste Alter als »normal« gelten. Der Gegensatz wird eklatant, wenn wir vergleichen mit Kulturhorizonten mit einer geringeren Lebenserwartung, und zwar brauchen wir dazu gar nicht unbedingt die Lebensformen der Kultur der Armut bei Naturvölkern oder die der »riskierten Existenzen« überhaupt zu vergleichen, sondern es genügen schon Formen der verfeinerten höfischen Kultur wie etwa im alten Japan der Heian-Periode; Formen, die eben bei aller kulturellen Verfeinerung nicht über die modernen Abwehrmittel gegen epidemische Krankheiten (wie etwa die Malaria) verfügten, so daß die statistische Lebenserwartung dementsprechend niedrig blieb. Wenn man ein Dokument vergleicht, wie den berühmten Genji-Roman der Hofdame Murasaki Shikibu (um 1000 n. Chr.), ist man erstaunt festzustellen, daß vierzigjährige Männer und Frauen sich bereits als »alt« empfinden und sich psychologisch auf das Ende vorbereiten. Für mich persönlich besteht kein Zweifel daran, daß die hier vorwaltende Lebenserwartung – jetzt als sozialpsychologische Erfahrungsgröße verstanden – eine der Ursachen für die Rezeption des Amida-Buddhismus im damaligen Japan gewesen ist. Der psychologische Lebens-Entwurf, als Spiegelung der statistischen Lebens-Kurve, hat eben einen existentiell anderen, kürzeren Zuschnitt. Das Leben wird nicht grundsätzlich verneint, aber es wird in seiner Köstlichkeit in einen wesentlich knapperen Zeitraum resignierend hineingedrängt. »Hinfälligkeit« ist vielleicht ein Begriff, den man hier einführen muß.

Im Gegensatz dazu also die Einstellung bei uns. Martin Heidegger spricht in »Sein und Zeit« von dem »verdeckenden Ausweichen« vor dem Tode, das die alltägliche Einstellung beherrsche, so daß die Nächsten oft noch dem Sterbenden einreden, er werde dem Tode entgehen und zurückkehren in die beruhigte Alltäglichkeit. Der Tod als phänomenale Wirklichkeit wird hier verdrängt. Heidegger hat hier aber übersehen, daß es sich dabei um eine Einstellung des Menschen unserer Zivilisation handelt, der keineswegs eine universale Bedeutung zukommt. Für die gesamten archaischen und primitiven Kulturen gilt diese Einstellung nicht. Und sogar bei uns, ich möchte das doch erwähnen, gibt es extreme Situationen der Bedrohtheit, in denen das Gefühl, ausgeliefert und hilflos zu sein wiederkehren und einem neuen Kreaturbewußtsein den Weg ebnen kann... Ich denke dabei an die Schilderungen in Solschenizyns »Krebsstation«, wo diese Grenzsituationen einprägsam geschildert werden. Abhängigkeit und Ausgeliefertsein werden hier als zur Conditio humana gehörig erlebt, und insofern werden Krankheit und Tod einem Sinnverständnis der Existenz zugänglich gemacht. Die Existenzbedrohung in einem totalitären Staat kann hier ähnlich bewußtsein-aufschließend wirken wie das Erlebnis großer Kriege. Es fällt auf, wie sehr die deutsche Dichtung im Dreißigjährigen Kriege, und nachher, durch das Gefühl der Hinfälligkeit charakterisiert ist (Gryphius: »Vanitas! Vanitatum! Vanitas! Die Herrlichkeit der Erden / Muß Rauch und Aschen werden...«). Während andererseits Zeiten des allgemeinen Wohlergehens und der Pleonexie dafür kein Verständnis haben. Sobald aber die Quadriga »Krieg, Armut, Hunger und Pest« (Lichtenberg) wieder im Lande wütet, eröffnet sich von neuem die Chance eines »Kreaturbewußtseins«. Für die alten Griechen bemerkt Grönbech,[12] der Tod als ein Dahinscheiden habe für sie eine andere Bedeutung gehabt als bei uns, keine Kluft, die zum Abgrund des Lebens führt, sondern eine Begebenheit *innerhalb* des Lebens, so daß zwischen Lebenden und Toten keine Scheidewand besteht. Das entspricht durchaus den Verhältnissen in den primitiven Kulturen, für die die Toten irgendwie mit zur Gemeinschaft der Lebenden gehören, so daß die komplette intentionale Soziologie dieser Gruppen (also nicht die Real-, aber die Kultursoziologie) Lebende und Verstorbene umfaßt. (Dies nun allerdings nicht im Sinne einer sentimentalen Gemeinschaftsromantik, sondern einer durchaus interessenbedingten Pietät, weil die Verstorbenen beziehungsweise deren Geister uns schaden können und daher pietätvoll bei Laune gehalten werden müssen.) Mitunter spiegelt sich diese Einstellung in den Zeremonien der Krise (*rites de passage*), am ausgearbeitetsten vielleicht in dem tibetischen »Totenbuch« (dem *Bardo Thödol*[13]), durch die der Verstorbene mit Hilfe bestimmter Riten in seine neue Existenz hinein gefördert wird. Der Tod ist hier nicht »Ernstfall«, sondern Krisis beziehungsweise kritische Passage in eine neue Inkarnation hinein (auf Grund buddhistischer Glaubensvoraussetzungen) und somit folgerichtig eine *Initiation*. Der Zwischenzustand zwischen Tod und neuer Inkarnation wird auf neunundvierzig Tage angesetzt. Der ganze rituelle Ablauf wird so dargestellt, als ob durch die Lesung des Totenbuchs bei der Leiche der Tote auf seinem Initiationsweg gefördert werde. Diesen Gedankengang können wir nicht mitvollziehen, denn für uns ist der Tote — eben tot, so daß es uns absurd vorkäme, auf ihn einwirken zu wollen. Wir können uns die Sache nur so zurechtlegen, daß diese Riten insgesamt, wie auch die Totenmesse, ein Weg des Selbstverständnisses des lebenden Menschen *über* den Toten beziehungsweise über den Tod sind. Aber diese Zurechtlegung ist kein genuines Verständnis dieser Riten, sondern bereits eine Übersetzung in unser Denken, also nur ein mühsam angenähertes Verständnis.

Wenn der Tod nicht der Ernstfall ist, der das Leben abschließt, wenn er nicht Untergang ist, sondern *Übergang*, die kritische Passage in eine neue Existenz, so kann es nicht ausbleiben, daß die entsprechenden Riten manchmal Ähnlichkeiten aufweisen mit den Riten bei der Geburt und bei der Jugendweihe. Denn auch diese Geschehnisse werden ja als kritische Passagen aufgefaßt. Der deutsche Ethnologe Günter Wagner hat vor rund vierzig Jahren einige Bantu-Stämme in der Nähe des Victoria-Sees in Ostafrika untersucht, die sogenannten Kavirondo-Bantu. Er beschreibt[14] die Reifeweihen bei diesen Stämmen und findet bemerkenswerte Übereinstimmungen in terminologischer und morphologischer Hinsicht zwischen den Jünglingsweihen einerseits und den Geburts- wie auch den Totenriten andererseits. Das rituelle Verhalten der Jünglinge in der Vorbereitungszeit im Busch ist in vielen Punkten dem von neugeborenen Kindern einerseits, dem von Verstorbenen oder vielmehr stellvertretend deren Hinterbliebenen angeähnelt, und zwar nicht auf Grund eines Analogiedenkens in phantasieloser Kopie, sondern in einer angeähnelten (nicht identischen) Sinnentsprechung. Geisterhaft, wie Tote, sind unter anderem die Masken der Initianden, sie werden hinterher verbrannt. Hinter dem allen steht als Kategorie der »kritische Übergang«, der auch eine Latenzzeit erfordert, wie das auch bei der tibetischen Totenmesse der Fall ist.

Bei einer vergleichenden Betrachtung werden wir uns die Frage vorlegen, worauf denn nun die so andersartige Einstellung des modernen abendlän-

dischen Zivilisationsmenschen zurückzuführen ist. Ich glaube zwei Faktorenreihen zu sehen:
1. anthropogeographische,
2. historisch-soziologische.
Da ist zunächst die einzigartige Vorzugslage der gemäßigten Breiten zu betonen. Mittel-, West- und Nordeuropa bieten nicht nur günstigere Umstände für die Entfaltung der materiellen Daseinsgrundlagen, sie sind auch bioklimatisch und geologisch begünstigt. Erdbeben, Vulkanausbrüche, Flutkatastrophen sind bei uns praktisch unbekannt (Flutkatastrophen lokal begrenzt, relativ harmlos und selten), aber schon südlich der Alpen wird es anders, die Erdbeben sind nicht seltene Ernstfälle, sondern endemisch, und ihre Verbreitung reicht vom Atlantik über die Apenninen- und Balkanhalbinsel, Vorder- und Südasien bis in die Südsee und nach China und Japan. Dem entspricht die Zone der Vulkane. Flutkatastrophen wirken am verheerendsten in Indien und China; in den über die ganze Erde verbreiteten Sintflutsagen haben sich ihre Erfahrungen niedergeschlagen. Wetterverheerungen, grimmige Winter, Heuschreckeneinfälle, Dürreperioden waren bei uns, wo sie auftraten, lokal begrenzte Ernstfälle, in der übrigen Welt sind sie weitaus häufiger und schrecklicher. Hungerkatastrophen gab es bei uns im Mittelalter und während des Dreißigjährigen Krieges, in der Ukraine 1921, in China 1920-21 und begrenzt immer wieder in China, Indien, Bangla Desh: hier noch gegenwärtig. Die großen Seuchen, Pest, Cholera, Typhus, Pocken, Malaria sind bei uns praktisch ausgestorben, in der übrigen Welt aber sind sie endemisch oder epidemisch. Die Quadriga von »Krieg, Hunger, Armut und Pestilenz« (wie Lichtenberg sich ausdrückte) ist bei uns auf die Kasuistik gelegentlicher Ernstfälle reduziert (so scheint oder schien es wenigstens), in Afrika und Asien ist sie für die breiten Massen der Bevölkerung ein Sturkturzug ihrer Existenz. Vom Kriege als »Ernstfall« ist in früheren Vorträgen dieser Reihe bereits die Rede gewesen, aber es muß betont werden, wie sehr ein ausgeklügeltes System internationaler Friedenssicherung eine Leistung ganz besonderer historischer Umstände ist. Die Schaffung größerer »Friedensgebiete« ist tatsächlich nur in wenigen Gebieten der Erde gelungen, und auch das (mit Ausnahme von Europa) relativ spät. In weiten Gebieten Asiens, der Südsee-Inseln, Südamerikas, Afrikas hört tatsächlich die Binnenmoral friedlicher Beziehungen außerhalb der Sippen-, Klan- oder Stammesgrenzen auf, das heißt man muß auf feindselige Auseinandersetzungen gefaßt sein und hat demgemäß teil an der Seelenlage einer konstitutionellen Verängstigung. Die koloniale Überlagerung der außerokzidentalen Welt hat faktisch den Frieden innerhalb größerer Räume erzwungen – ich sage »erzwungen«, um auf die Zweischneidigkeit dieser Pazifizierung hinzuweisen. Aus alledem erhellt, daß eine Menta-

lität kollektiver Sicherheit das Resultat besonderer historisch-soziologischer Geschehnisse ist: der *pax romana, pax britannica* und so fort. Fällt diese Herrschaftsklammer weg, so bricht in vielen Fällen das alte Chaos wieder herein, wie man heute in vielen Zonen Afrikas und Asiens beobachten kann. Das Errungene geht wieder verloren, die Freund-Feind-Beziehung in ihrer originären Schärfe wird wieder endemisch beziehungsweise strukturell.

Die negative Seite dieser Reflexion besteht darin, daß wir uns im modernen Rechts- und Sozialstaat an die errungenen Sicherheiten gewöhnt und das Gefühl für ihre Unwahrscheinlichkeit verloren haben.* Wir nehmen als Naturgeschenk, was in Wahrheit ein kompliziertes Architekturwerk der Geschichte ist. Unter der Selbstverständlichkeit dieser Hinnahme kann die Bereitschaft zu einer Korrektur unseres schiefen Blickwinkels bis auf Null sinken. Es ist mir persönlich aufgefallen, wie oft in den Vorträgen dieser Reihe der Terminus »Verdrängung« den Rednern in den Mund gekommen ist. Von meinem Spezialkollegen Robert Hepp (Osnabrück) stammen die Sätze: »Daß das ›System der sozialen Sicherheit‹ nicht nur Risiken resorbiert, sondern auch solche produziert, wird im öffentlichen Bewußtsein verdrängt« und: »Das staatserhaltende System ist inzwischen selbst zu einem Staatsrisiko geworden.« Angespielt wird hier auf das »Soziale« als überwertige Idee oder Ideologie der Staatsräson, welche außer der sogenannten »sozialen Not« nichts anderes mehr sehe und eine Denkweise heranzüchtet, die ich selber früher als »Sozialhedonismus« gekennzeichnet habe.[15] Auch der Verfassungsjurist, der in der Reihe gesprochen hat (Isensee), hat davor gewarnt, daß der aus dem Rechtsstaatsdenken verbannte oder verdrängte »Ernstfall« sich hinterrücks in den Verfassungsalltag einschleichen könne. Es ist aber unvermeidlich, möchte ich hinzufügen, daß die »Verdrängung« als eine sozialpsychologische Erscheinung Platz greift, sobald ein Phänomen als Ereignis so selten wird, daß sein Auftreten als Skandal empfunden wird. Skandale aber sind *tabu*. Genauer: Die Tabu-

---

* »Unwahrscheinlichkeit« nach geläufiger Redeweise. Genau müßten wir sagen: äußerst geringe Wahrscheinlichkeit, von einem angenommenen prähistorischen prognostischen Standpunkt aus. Wir können natürlich, genau genommen, nur Grade der Wahrscheinlichkeit angeben, denn in der Abschätzung des wenig, mehr, in hohem Grade usw. Wahrscheinlichen besteht nur eine zusammenhängende Variabilität, nicht aber eine dem Wahrscheinlichkeitsbegriff widersinnige alternative Variabilität. – Daß ein Abschätzen des »Wahrscheinlichen« historischen Gegenständen gegenüber nicht quantitativ exakt durchführbar ist, befreit uns nicht von der Forderung, grundsätzlich exakt zu denken.

Zu beachten ist, daß die Feststellung: »nicht alternative, sondern zusammenhängende Variabilität« grundsätzlich für die in diesem Vortrage herausgearbeiteten gegensätzlichen typischen Einstellungen gilt. Es sind Idealtypen im Sinne Max Webers, in ihren Manifestationen durch fließende Übergänge miteinander verbunden.

ierung setzt dort ein, wenn das Phänomen, das man für selten und deplaciert gehalten hat, strukturell zu werden *beginnt*, ohne daß das Bewußtsein diesen Schock verarbeiten kann. Daraus ergibt sich eine terminologische (nicht eine sachliche) Divergenz: Was die vorangegangenen Redner als »Ernstfälle« bezeichnet haben, verstehe ich durchweg als den Moment des Übergangs des Ausnahmefalls in den strukturellen Regelfall: als Bewußtseinsschock. Überall aber wird sichtbar, daß das System unserer Sekurität auf den Voraussetzungen eines Vernunftkonsenses beruht, die gar nicht selbstverständlich sind. Ich pflege dafür folgendes (harmlose) Beispiel zu verwenden. Stellen Sie sich vor, die Passanten auf einer Großstadtstraße würden in ununterbrochener Folge einen Zebrastreifen passieren; sie würden dadurch den Fahrverkehr zum Erliegen bringen, doch niemand könnte ihnen etwas anhaben, denn auf dem Streifen sind sie ja bevorrechtet. Nur ein Vernunftappell könnte da helfen. Oder auch nicht. Paul Carell hat von dem Tabu gegenüber dem Ernstfall »Krieg« gesprochen. Ja, aber ist denn der Krieg ein »Ernstfall«? Auch nach 1945 ist er seit über dreißig Jahren in den internationalen Beziehungen strukturell, nur daß wir das nicht wahrhaben wollen, solange bloß »hinten weit in der Türkei die Völker aufeinander schlagen«, will sagen in Korea, in Indien oder Vietnam oder Kambodscha, oder im Libanon und in Syrien, oder in Zaire, Nigeria, Äthiopien und Eritrea. Der psychologischen Verdrängung entspricht die faktische Verdrängung der Kriegshandlungen auf periphere Schauplätze, die uns angeblich nichts angehen und jedenfalls nicht unmittelbar berühren. Weggeschoben werden die unmittelbar feindseligen Waffenhandlungen, und weggeschoben in die Tabuzone werden die Probleme. Auch der sogenannte »kalte Krieg«, als ob nicht längst der geistige, der propagandistische Krieg das Hauptelement im Austrag der internationalen Konflikte geworden wäre. Der geistige Krieg, wozu auch der Sprachgebrauch gehört, indem man den »kalten Krieg« dadurch abschafft, daß beide Partner übereinkommen, ihn für beendet zu erklären, was natürlich einer von beiden glauben muß, das heißt wir. Dabei ist geändert worden nur die Terminologie, zum Beispiel mit dem Zauberwort »Entspannung«, das nur dazu dient, den Gegner aus seiner Position zu vertreiben.[16] Ein klassisches Beispiel für die Dialektik von Ernstfall und Regelfall ist das Flüchtlingswesen. Schon vor Jahrtausenden haben die Herrscher der altorientalischen Länder, Assyrer, Babylonier, Perser und andere, die Praxis geübt, unzuverlässige Randbevölkerungen in ihren Imperien »umzusiedeln« in das Binnenland, und noch die Inka-Herrscher in Peru haben das gemacht. Es gibt geradezu einen zyklischen Prozeß von Eroberung und Arrondierung der Imperien an den Rändern, Verpflanzung der Randbevölkerungen ins Innere, neuer Eroberung und Arrondierung und so weiter. Aber das sind natürlich barbarische

Methoden alter Zeiten – hatten wir gedacht, und als 1920-21 die kleinasiatischen Griechen aus dem türkischen Staatsgebiet vertrieben wurden, da galt dies als ein barbarisches Relikt, ein skandalöser Einzelfall, der eigentlich in unser humanes und aufgeklärtes Zeitalter nicht mehr hineinpaßte; ebensowenig wie die Verfolgung der Armenier. Das waren gewaltige Sensationen in den zwanziger Jahren. Dann kamen die Vertreibungen in der Sowjet-Union (Kaukasier und Wolga-Deutsche) und die Vertreibungen nach 1945, immer noch erschien dies alles als ein unzeitgemäßer Skandal. Das Tabu-Denken hilft sich gegenüber diesen Phänomenen immer mit der Ausrede, daß dergleichen Maßnahmen »eigentlich überwunden« seien. Inzwischen ist das Verfolgen und Verjagen bestimmter mißliebiger Minderheiten und das daran anschließende Flüchtlingswesen in zahlreichen Ländern Asiens und Afrikas eine so allgemeine Erscheinung geworden, daß die Erkenntnis sich aufdrängen *müßte*: Hier handelt es sich nicht mehr um einzelne, im ganzen aber antiquierte Skandalfälle, sondern um Züge, die zur Struktur der heutigen internationalen Beziehungen gehören.* Entsprechendes gilt für die Religionskriege: Der Dreißigjährige Krieg war mitnichten der letzte »Ernstfall« auf diesem Gebiet, beendet durch den Westfälischen Frieden 1648, sondern die Religionskriege sind in der Gegenwart wieder aufgelebt, nicht etwa nur in Irland, sondern auch im Vorderen Orient, im Libanon und in Syrien, in Sri Lanka, Indien, Bangla Desh, Burma, auf den Philippinen. Unsere Entrüstung und unsere skandalisierte Reaktion ändern gar nichts daran, daß es sich dabei um Strukturzüge der modernen Freund-Feind-Beziehungen handelt, die an den religiösen Gegensätzen bloß ideologisch festgemacht werden. Es verschlägt dabei gar nichts, ob eine Religion etwa dogmatisch Toleranz und Feindesliebe verkündet: Der Fanatismus als ein überreligiöses Phänomen schlägt durch gegenüber allen Bekenntnissen. Und der Fanatismus ist, wenn ich mich nicht täusche, eine sozialpsychische Erscheinung, die in den heutigen Gruppenbeziehungen im Wachstum begriffen ist. Hier liegt noch ein weites Forschungsfeld für die sogenannte »Gruppendynamik«. Für die Prognose der Zukunft wären solche Einsichten nicht unerheblich, vor allem wenn die historische Dimension hinzugenommen und auf die »Zeitgeschichte« ausgedehnt wird

---

* »Internationale Beziehungen« ist vielleicht nicht ganz richtig, weil diese Gruppenkämpfe innerhalb der Neustaaten wenigstens beginnen. Mit der Massenflucht überschreiten sie dann die Grenzen. Es sind aber auch keine »nationalen« Probleme, denn alle diese neustaatlichen Gebilde umschließen ja keine Nationen, obwohl sie u. U. in der UN vertreten sind. »Klassenkämpfe« sind es auch nicht, obwohl sie propagandistisch manchmal zu solchen erklärt werden. Sondern es handelt sich um Kämpfe zwischen verschiedenen ethnischen Gruppen, die sich in den neuen Staatsgebilden nicht miteinander vertragen können, oder um Auseinandersetzungen politisch dissidenter Gruppen.

und wir genötigt werden, die Zeitereignisse in bezug auf ihre soziologische und politische Relevanz abzuklopfen. Es könnte ja sein, daß es historische Einzelereignisse gibt, an den verschiedensten Stellen der Erde, Einzelereignisse, die zunächst nur als solche imponieren (weil sie eben »sporadisch« auftreten, wie Polybios gesagt haben würde), bei denen aber ein Historiker mit Gespür aufpassen und sich fragen sollte: könnte das, was ich hier sehe, nicht in universalem Maßstabe strukturell *werden*?

Zum Schluß eine ganz kurze Erörterung der Frage: Was kann man tun? Gibt es mögliche Maßnahmen, um einer verhängnisvollen Entwicklung in den Arm zu fallen, Leiden zu lindern, das Strukturellwerden einzelner Katastrophenfälle wenn nicht zu verhindern, so doch in seinen Folgen nach Möglichkeit abzuwehren und die Lichtenbergsche Quadriga von »Krieg, Hunger, Armut und Pestilenz« zu bekämpfen. Ich meine, daß unsere Möglichkeiten nur gering sind, und zwar hauptsächlich infolge der rapiden Bevölkerungsvermehrung auf der Erde, der sogenannten Bevölkerungsexplosion. Aber das ist ein Thema für sich, und ich kann nur den Tatsachenkomplex als solchen erwähnen, der dafür verantwortlich ist, daß unser Eingreifenwollen in der Hauptsache angewiesen ist auf das Bremsen, Heilen und Lindern (das ist das eine) und (zweitens) daß es nur lokal begrenzt wirksam sein kann, ohne wie die Menschheitsbeglücker der Aufklärungszeit (es gibt sie immer noch) gleich das Heil der ganzen Menschheit bewirken zu wollen. Ich lasse daher auch alle Maßnahmen außer Betracht, die der Ideologie des Fortschritts verpflichtet sind oder sonstwie säkularisierte Heilslehren zur Basis haben, darunter auch das prekäre Thema der sogenannten Entwicklungshilfe. Es bleiben also nur die wenigen »Taten« übrig, bei denen Erträge und Leistungsquoten angebbar sind und eine Erfolgskontrolle mithin möglich ist. Das ist, wie gesagt, wenig, aber es muß erwähnt werden.

Dabei ist durchweg im Auge zu behalten, daß alle Organisationen, die sich mit Hilfsmaßnahmen in der sogenannten »Dritten Welt« befassen, von »Ernstfällen« oder »Notfällen« reden, wo ich selber glaube, daß wir es mit strukturellen Merkmalen dieser Welt zu tun haben.

Da ist vor allem die Tätigkeit des Internationalen Roten Kreuzes zu nennen, dessen Hilfsaktionen auf dem Gebiete des Katastrophenschutzes und der Katastrophenhilfe wichtig sind: bei den Erdbeben in der Türkei 1975 und 1976, in Guatemala 1976, in Italien (Friaul) 1976, in Rumänien 1977.

Als Einzalaktion erwähne ich die Aktion des Portugiesischen Roten Kreuzes für die Flüchtlinge aus Angola. Es ist meine Überzeugung, daß der Sektor der Fluchthilfe und der Flüchtlingsbetreuung in Zukunft noch immer größere Bedeutung gewinnen wird, so daß Organisationen und organisatorische Techniken auf diesem Gebiet nach Ausbau verlangen. Denn (wie ich schon gesagt habe) das Flüchtlingswesen ist geradezu ein Paradefall für den Übergang kasuell-vereinzelter Vorgänge in das Strukturelle. — Ein anderes Gebiet ist die Bekämpfung der großen Seuchen: Typhus, Fleckfieber, Pest, Cholera und Malaria, von denen die beiden letztgenannten (Cholera und Malaria) zur Zeit wieder in der Zunahme begriffen sind. Wenn Pocken und Malaria bei uns auftreten, sind sie wirklich nur vereinzelte Ernstfälle, die als Skandal empfunden werden. Es ist aber noch nicht gesagt, daß sie auch bei uns für alle Dauer ausgerottet sind.

Von großer Bedeutung scheinen mir die Erfahrungen der sogenannten Notfall-Medizin zu sein, vor allem auch darum, weil es sich dabei um Hilfeleistungen unter erschwerten Bedingungen handelt.[17] Die heutige Welt ist durch Technisierung und Übervölkerung anfälliger geworden für das regelhafte Überhandnehmen katastrophaler Ausnahmefälle, die eben darum keine Ausnahmefälle mehr bleiben. Technische und Industriekatastrophen, Eisenbahn-, Bus-, Fähren- und Flugzeugkatastrophen werden wahrscheinlich an Zahl noch zunehmen; ebenso muß in stärkerem Maße mit der Möglichkeit von Massenvergiftungen und Epidemien gerechnet werden, weil die Handhabung und Ausnutzung der technischen Fortschritte und Abwehrmittel nicht Schritt halten kann mit der Verfeinerung und Verbesserung dieser Abwehrmittel selbst, vor allem nicht in den sogenannten Entwicklungsländern. Sogar bei uns ist ja die Umschulung des Personals auf neue und verfeinerte Methoden ein Problem. Andererseits nehmen Flüchtlinge, Obdachlose, Schutzbedürftige aller Art an Zahl zu. Die Hilfeleistung ist kein einfaches Werk der Humanität, sondern quasi eine angewandte Wissenschaft, die sich aber nicht im Medizinischen und Karitativen erschöpft, sondern sich auf zahllose menschliche und administrative Probleme mit Langzeitmaßnahmen, Papierkrieg und bürokratischen Erschwerungen einstellen muß. Der »Ernstfall« besteht hier in der Multiplikation und Komplikation zahlreicher unvorhergesehener Faktoren. Die gewohnten Maßstäbe einer technisch perfekten, auf den letzten Stand der Forschung gebrachten Klinik oder auch einer ausgeklügelten sozialpsychologischen Gruppendynamik versagen hier. Gerechnet werden muß mit so ungewöhnlichen, im System unseres Denkens gar nicht mehr vorgesehenen Erscheinungen wie der Massen-Panik, mit Hemmungen und Blockierungen im Transport, Versagen durch Mangel an geschultem Personal, Mangel an Personal überhaupt (ob geschult oder ungeschult), mit Sprachschwierigkeiten, Mangel an Mitteln und Einrichtungen, Epidemiegefahr und anderem mehr. Gehofft werden muß in solchen Lagen auf das unvermittelte Auftreten initiativer und entschlossener Persönlichkeiten, aber das ist eben eine Hoffnung, kein berechenbarer Faktor. Vorträge, wie sie hier gehalten worden sind und wie ich selber einen halte, sind dazu bestenfalls eine Vorübung ins Unreine; tritt der »Ernstfall« selber auf, wird alles anders aussehen.

Anmerkungen

1. J. W. v. Goethe, Erster Entwurf einer allgemeinen Einleitung in die vergleichende Anatomie (1795, publiziert 1820), Werke Bd. 17, Zürich 1952, S. 231
2. Carl Schmitt, Der Nomos der Erde im Völkerrecht des Ius Publicum Europaeum, Berlin 1950
3. Wilhelm E. Mühlmann, Homo Creator. Abhandlungen zur Soziologie, Anthropologie und Ethnologie, Wiesbaden 1962, Kap. 22: Abhängigkeit und Zivilisation: Kolonialsoziologische Analysen, spez. S. 404
4. Knud Rasmussen, Grönlandsagen, Berlin 1922, S. 14, 16, 48, 121
5. E. Lot-Falck, Textes eskimo, in: Les Amériques 2, Paris 1962, S. 11-49
6. Immer noch die beste Zusammenfassung bietet: Richard Thurnwald, Repräsentative Lebensbilder von Naturvölkern, Berlin 1931 (Die menschliche Gesellschaft in ihren ethno-soziologischen Grundlagen Bd. I)
7. Gorch Fock, Nordsee, Hamburg 1916, S. 150 f.
8. Margaret Mead, Brombeerblüten im Winter. Ein befreites Leben, Reinbek 1978, S. 18
9. Jacob Burckhardt, Ges.-Ausg. Bd. VII, S. 49, 196
10. Wilhelm E. Mühlmann et al., Chiliasmus und Nativismus. Studien zur Psychologie, Soziologie und historischen Kasuistik der Umsturzbewegungen, Berlin ²1964, S. 410 ff., 417 ff.
11. Martin Heidegger, Sein und Zeit, Tübingen ¹⁰1963, S. 253
12. Vilhelm Grönbech, Hellas. Griechische Geistesgeschichte Bd. I (rde Nr. 215/216), Reinbek 1965, S. 167, 169
13. W. Y. Evans-Wentz (Hrsg.), Das tibetanische Totenbuch, oder Die Nach-Tod-Erfahrungen auf der Bardo-Stufe, Zürich 1953
14. Günter Wagner, Reifeweihen bei den Bantustämmen Kavirondos und ihre heutige Bedeutung, Arch. f. Anthropologie, N. F. Bd. XXV: 85-100, 1939, hier S. 92 ff.
15. W. E. Mühlmann, op. cit. Anm. 10, S. 406 ff.
16. A. Wohlstetter, The Delicate Balance of Deterrence, Foreign Affairs Vol. 37, 1958-59, S. 234: »To be tense where there is danger is only rational.«
17. Mario Rossetti, Wesen und Grundbegriffe der Katastrophenmedizin, DIA 12/77, S. 97 ff.

KNUT BORCHARDT
Nachwort

I.

In der Carl Friedrich von Siemens Stiftung in München sind seit 1973 Symposien abgehalten worden, in denen die Lebensverhältnisse unserer Zeit anhand von Schlüsselwörtern befragt werden sollten. »Leistungsprinzip«, »Jugendkult«, »Glück« und »Schicksal« waren solche Gegenstände des Nachdenkens und der Auseinandersetzung. Mit dem wiederum von Armin Mohler angeregten und organisierten Symposium »Der Ernstfall« setzte die Stiftung im Sommer 1978 ihre Bemühungen fort, die Gegenwart auszuleuchten.

Anders als bei den Vorläufer-Symposien »Was ist Glück?« (1975) und »Schicksal? Grenzen der Machbarkeit« (1976) fehlt dem Titel diesmal das Fragezeichen. Hat er es nicht verdient? Sehr gewöhnlich und handlich ist der Begriff Ernstfall ja nicht. Und während man über die Begriffe Glück und Schicksal immerhin schon Enzyklopädien um Auskunft angehen kann, sucht man in ihnen vergeblich nach dem Stichwort Ernstfall. Er hat die Wissenschaft offensichtlich noch nicht so gereizt, daß der Versuch unternommen worden wäre, über ihn im Zusammenhang nachzudenken. Freilich ist der Begriff als solcher niemandem fremd. Er gehört der Umgangssprache an. Hin und wieder taucht er auch in der Wissenschaft auf. Vor kurzem ist ein Buch von Hartmut von Hentig unter dem Titel »Spielraum und Ernstfall« erschienen. Schon vor etwa fünfzig Jahren hat Carl Schmitt, auf den sich mehrere Autoren dieses Bandes deshalb berufen, dem Phänomen Ernstfall eine zentrale Stelle in seinem System politischen Denkens eingeräumt. Aber gerade diese Wurzel mag der späteren unbefangenen Verwendung im Wege gestanden haben. Jedenfalls blieben die Berufungen auf den Begriff verstreut und etwas beliebig.

Die Ankündigung der Vortragsreihe zum Ernstfall erzeugte denn auch einige Überraschung. Wie zu erwarten war, bestand zunächst ein Bedürfnis zu erfahren, was denn nun der Ernstfall, zumal in der Form des rhetorisch dramatisierenden Kollektivsingulars, sei. Die Autoren hatten sich im Verlauf der Vorbereitung ihrer Beiträge darauf geeinigt, dem Publikum schon in der Einladung einen ersten Definitionsversuch an die Hand zu geben. Er ist unten in Abschnitt II abgedruckt. Aber die Redner behielten sich doch auch vor, ganz eigene Überlegungen anzustellen und der Kritik zu unterbreiten. Deshalb blieb im Verlauf der ganzen Vortragsreihe die Frage »Was ist ein/der Ernstfall?« ein Thema der Erörterung.

Weil aber die Klärung dieser Frage nicht die eigentliche Absicht des Symposions war, durfte im Titel schließlich doch kein Fragezeichen stehen. Den Autoren war jedenfalls unbeschadet der mangelnden Präzision des Begriffs nicht strittig, daß es Ernstfälle gegeben hat und weiterhin geben wird. Sie fanden es interessant, sich mit ihnen zu beschäftigen, um das Wissen über sie zu vertiefen. Zugleich lag es nahe, Empfehlungen, ja Warnungen für konkrete Ernstfallvermutungen anzudeuten oder direkt auszusprechen. Im Sinne einiger Beiträge hätte dieser Band hinter dem Themenbegriff deshalb sogar ein Ausrufungszeichen tragen können. Freilich hätte das auch ein Mißverständnis provoziert, als ob die Autoren absichtsvoll in beunruhigter Zeit weitere Unruhe hätten verbreiten wollen. Konkretes Ernstfalldenken will zwar falsche Sicherheitsempfindungen aufstören, aber nicht die unproduktive Unruhe oder Verwirrung fördern. Deshalb blieb es bei der Frage und Ausruf gleichermaßen umschreibenden Form des Titels.

Daß der Band nicht »Ernstfälle«, sondern »Der Ernstfall« heißt, ergibt sich aus dem Befund. Die behandelten Ernstfälle weisen zwar nicht in jeder Beziehung gleichartige Züge, aber doch zahlreiche bemerkenswerte Gemeinsamkeiten auf, die erst bei vergleichender Betrachtung hervortreten. Natürlich soll nicht davon abgeraten werden, einzelne Abschnitte in Hinblick auf ein spezielles historisches, ökonomisches, staatsrechtliches, militärpolitisches, sozialpolitisches, entwicklungspolitisches Interesse zu lesen und möglicherweise die allgemeine Ernstfallproblematik dabei in den Hintergrund treten zu lassen. Ja, es muß sogar ausdrücklich auf die Gefahr hingewiesen werden, daß der Begriff Ernstfall der Wirklichkeitserkenntnis auch im Wege stehen kann. Bekanntlich gibt es eine Form der verschleiernden Verwendung dieses Begriffs. *Rüdiger Altmann* hat es in seinem Eröffnungsvortrag gezeigt. Wer vom Krieg, vom Tod, vom Konkurs eines Unternehmens nicht sprechen will, redet vom Ernstfall – wie der Tod eines Patienten vom Personal im Krankenhaus »Zwischenfall« genannt wird. »Ernstfall wird das Schlüsselwort für die Erwartungen, die keiner so recht aussprechen will, zu einem Omen ohne Namen.« (*Altmann*). Dieser Gefahr erliegen die vorgelegten Beiträge gewiß nicht, denn sie machen Ernstfälle konkret aus, ja beschreiben sie zum Teil schmerzhaft genau. Aber das Neuartige des vorliegenden Bandes ist doch die gemeinsame Thematisierung des Phänomens Ernstfall und der Versuch, seinen Nutzen für die Erkenntnis der Beschaffenheit unseres Gemeinwesens zu erproben.

Aus dieser Absicht ergaben sich auch die Auswahl der Themen und die Anordnung der Beiträge. Natürlich konnte keine Enzyklopädie angezielt werden. Manche Ernstfälle, die man gerne behandelt gewünscht hätte, blieben unbearbeitet: beispielsweise bestimmte naheliegende Katastrophenszenarios, technische Zusammenbrüche in großen vernetzten Systemen, plötzliche radikale Veränderungen der weltwirtschaftlichen Beziehungen (historisch und prognostisch), Revolution und Bürgerkrieg – vor allem auch Ernstfälle der Individualexistenz in ihren mannigfachen Erscheinungsformen (zum Beispiel des religiösen Ernstfalls, des Todes eines Elternteils als Ernstfall der Familienexistenz). Aber die Zahl der Vorträge mußte begrenzt bleiben, und die vorliegende Auswahl der Themen ergab sich auch aus der Verfügbarkeit der Autoren an den vorgegebenen Terminen. Doch ist das Spektrum der hier versammelten Arbeiten sicherlich groß genug, um die Fruchtbarkeit der Fragestellung unter dem gemeinsamen Begriff zu erweisen.

Die Anordnung der Beiträge bedarf einer kurzen Erläuterung. Während vom zweiten bis zum achten Vortrag einzelne Ernstfälle beziehungsweise Ernstfallkomplexe behandelt werden, haben die einführenden »Vorüberlegungen zum Ernstfall« von *Rüdiger Altmann* und die abschließenden Bemerkungen von *Wilhelm Mühlmann* zum Thema »Der Ernstfall als ständige Erfahrung in den Primitivkulturen« einen anderen Charakter. Sie thematisieren die Ernstfallproblematik insgesamt, vergleichen, systematisieren. Auch in unseren »Nachüberlegungen zum Ernstfall« sollen vor allem Aspekte hervorgehoben werden, die in mehr oder weniger charakteristischer Form bei den einzelnen Fällen aufscheinen und somit auf gemeinsame Strukturmerkmale der behandelten Situationen hinweisen.

II.

Autoren und Mentor der Reihe hatten sich, wie schon erwähnt, während der Vorbereitung auf eine Erläuterung des Begriffs Ernstfall geeinigt, die hier mitgeteilt werden muß, weil sie zum Verständnis des Ganzen beitragen kann. Zudem berufen sich einige Autoren in ihren Ausführungen wiederholt auf diese Erläuterungen, insbesondere auf die Begriffe »normierte Ausnahme« und »nichtnormierte Ausnahme«. Sie sind erst in der gemeinsamen Arbeit geschaffen worden, um verschiedene Ernstfälle voneinander zu unterscheiden. Die vorgegebene Formulierung lautete:

»Der Ernstfall ist eine durchaus nicht seltene, dennoch aber eigentümliche Erscheinung. Nicht alles was ernst ist, nennen wir einen Ernstfall. Der Ton liegt auf Fall. Wir wollen unter Ernstfällen eine Klasse von ›Übergangssituationen‹ begreifen. In ihnen erhalten Abläufe im Leben von Menschen (oder Menschengruppen) und/oder erprobten Institutionen, auch Systemen, mehr oder weniger plötzlich einen neuartigen Charakter. Zwei Arten von Übergängen können unterschieden werden:
1. Übergang aus einem zuvor als normal empfundenen Zustand in einem neuen, der zwar als solcher nicht der bisherigen Normalität entspricht, aber doch als Möglichkeit schon vorausgedacht worden ist. Wir sprechen hier von der ›normierten Ausnahme‹.
2. Übergang – von der Normalsituation oder von der Situation der normierten Ausnahme – in die ›nichtnormierte Ausnahme‹, die durch etwas seiner Art nach unvorhergesehenen Neues charakterisiert ist.

Nur für den Fall 1 kann man sich begrifflich Vorkehrungen als Ernstfallvorbereitung denken, seien es besondere Ablaufmuster, seien es Kompetenzwechsel auf neue, eben Ausnahme-Institutionen. Und in Hinblick hierauf kann man dann auch von ›Bewährung‹ solcher Vorkehrungen sprechen. Sie hängen weitgehend davon ab, ob man sich ein richtiges Bild vom möglichen Ernstfall gemacht hat.«

Diese Erläuterungen waren in ihrer Gedrängtheit gewiß zu abstrakt formuliert, um voll verständlich zu sein. Liest man sie aber im nachhinein, erkennt man das gemeinsame Fundament der Vorträge wieder und werden sogleich auch anschauliche Beispiele vor Augen stehen. Doch bleibt noch einiges nachzuzeichnen. Das soll im folgenden geschehen.

III.

Zunächst muß noch einmal abgrenzend hervorgehoben werden, daß nicht alles Ernste in Rede steht, wenn von Ernstfällen gesprochen wird. Es gibt zahlreiche Bedrohungen der Existenz von Personen, Familien, Städten, Regionen, Unternehmen, Versicherungen, Staaten, Staatensystemen, die wir nicht in Zusammenhang bringen mit dem Begriff Ernstfall. Ernstfälle sind immer Fälle, das heißt plötzliche Einbrüche in ein zuvor als normal und legitim empfundenes Geschehen. Nicht daß auch die Ursachen für solche Fälle plötzlich kommen müßten! Sie können sich in einem längeren Prozeß entwickeln. Aber irgendwie muß dann Quantität in Qualität umschlagen, damit es zum Fall kommt, der Ablauf ein anderer wird »Die

Würfel sind gefallen« – das macht den Unterschied von vorher und nachher aus.

Es gibt zahlreiche Lebensformen und Geschehensabläufe, die durch solche Ernstfälle plötzlich verwandelt werden können. Deshalb sind Ernstfälle (in der Masse) nicht ganz selten. Insbesondere wenn man solche Ereignisse wie den Tod des Elternteils zu den Ernstfällen (der Familienexistenz) rechnet, auch den Großbrand damit meint (Ernstfall für die direkt Betroffenen und auch für die Feuerwehr, die jetzt nicht nur übt, sondern tatsächlich zum Einsatz kommt für das, worauf sie sich vorbereitet hat), sind Ernstfälle sogar zahlreich. Dennoch hat *Mühlmann* recht, wenn er in seinem Schlußbeitrag vergleichend auf das Merkmal der Seltenheit, der Unwahrscheinlichkeit der Vorgänge, die wir Ernstfall nennen, abhebt. In bezug auf das jeweils betrachtete Gemeinwesen ist der Ernstfall eben objektiv selten, und er ist entsprechend der Mentalität der Betroffenen mindestens subjektiv unwahrscheinlich, so daß er nicht zur Normalität des Lebens gehört. Wo der Tod nicht ständig erwartet wird, sondern Skandalon ist, wird er zum Ernstfall. Wo ein Großbrand trotz aller Brandverhütung schließlich doch einmal eintritt, die Routine der ständigen Vorbereitung, der Bereitschaft, abbricht und die Feuerwehrleute die »Stunde der Bewährung« erleben, entsteht die Dialektik von Normalität und Ausnahme, die den Ernstfall charakterisiert. Sie bedarf der deutlichen Abhebung der Situationen voneinander.

Ist *Horst Albach* anderer Meinung, wenn er den »Ernstfall als Normalfall« charakterisiert? Nach unseren vorhergehenden Bemerkungen wäre das eine paradoxe Formulierung. Die Lösung besteht darin, daß *Albach* das Phänomen auf zwei verschiedenen Ebenen betrachtet. Für das System der Marktwirtschaft ist der Zusammenbruch von einzelnen Unternehmen tatsächlich höchst normal, ja gehören Zusammenbrüche zur Überlebensvoraussetzung des ganzen Systems. Aber für das einzelne Unternehmen ist der Zusammenbruch natürlich keine tägliche Routine. Es ist vielmehr ein ganz spezieller (vielleicht erster und letzter) Fall mit einem ganz eigentümlichen Geschehensablauf. Freilich wirft diese Möglichkeit ihre Schatten voraus – so daß alle Unternehmungen nur in Kenntnis des drohenden Ernstfalls geführt werden können, was ihr Normalverhalten weitgehend mitbestimmt. *Albach* hat die Strategien der Ernstfallvermeidung geschildert.

IV.

Viele der betrachteten Fälle werden nicht schon allein dadurch zu Ernstfällen, daß sich bestimmte reale Konstellationen ändern. Zum Ernstfall gehört auch die spezielle Diagnose der Situation durch die wesentlich Beteiligten. Sie führt dann gegebenenfalls zur Erklärung des Ernstfalls, in welchem von nun an anderes gelten soll. Erst mit der förmlich ausgesprochenen oder durch Handlung manifesten neuen Deutung ist die andere Situation in ihrem neuen Charakter als Ernstfall definiert. So war es bei der Mobilmachung und der zeremoniellen Kriegserklärung früherer Zeiten. Durch sie änderten sich der Zweck und die Ordnung des staatlichen Lebens und die Art der Beziehungen zwischen den Staaten grundlegend (*Altmann, Schmidt-Carell*). Ein ähnlicher politischer Akt der Erklärung des Ernstfalls galt für die Einsetzung der Diktatoren im alten Rom und für das »videant consules« späterer Zeit (*Meier*), für den Verfassungsnotstand deutscher Staaten im 19. Jahrhundert und in der Weimarer Republik (*Diwald*), für die Notstandsverfassung der Bundesrepublik Deutschland (*Isensee*), zum Teil auch für die dramatisierten Ernstfälle der unternehmerischen Existenz, wenn der Weg zum Amtsgericht für die Betroffenen eine ganz neue Art der Existenzweise begründet (*Albach*). Selbst der Ernstfall des Todes in einer Familie bedarf, damit er als solcher die Konsequenzen der neuen Situation eröffnet, der förmlichen Erklärung des Eintritts des Ereignisses. Angesichts der Bedeutung des Falles bleibt die Erklärung des Todes übrigens nicht den Beteiligten überlassen, sondern ist einer besonders ausgewiesenen Person, dem Arzt (früher dem Geistlichen), oder – bei der Todeserklärung Verschollener – dem Gericht zugewiesen.

Wie in einigen Beiträgen ausgeführt, ist gerade die Erklärung des Ernstfalls ein erhebliches Problem, nicht zuletzt in Hinblick auf die Chance, den damit indizierten Fall erfolgreich zu bewältigen. Wer nach welchen Regeln berechtigt ist, wann den Ernstfall auszurufen, ist in einigen Fällen zwar förmlich festgelegt (für den Staatsnotstand gegebenenfalls in der Verfassung), ob aber die entsprechenden Regeln in Hinblick auf die zu lösenden Aufgaben zweckmäßig sind, ist bekanntlich oft umstritten. Dies war auch Gegenstand sorgender Überlegungen der Vortragenden (*Schmidt-Carell, Isensee*, auch *Altmann*). Wenn die Verfahren sehr umständlich sind, erhebliche Zeit für die Abwicklung der Prozeduren brauchen oder Personen zur Mitwirkung verlangen, die im kritischen Moment nicht verfügbar oder nicht entschlußfreudig sind, erwachsen hieraus erhebliche Risiken für die Bewältigung der Situation. Sie wird dann gleichsam gehindert, zum (hilfreichen) Ernstfall zu werden. Die extreme Möglichkeit einer ausbleibenden Ernstfallerklärung ist angedeutet, wenn es zu dem kommt, was ein österreichisches Witzwort sagt: »Die Lage ist hoffnungslos, aber nicht ernst.«

Andererseits ist in der Vortragsreihe nicht übersehen worden, daß auch aus allzu unklaren Tatbestandsvoraussetzungen und bei leichtfertiger Entscheidung durch die Befugten die Möglichkeit der Ernstfallerklärung Gefahren für die betroffenen Gemeinwesen erwachsen läßt, die im Vergleich mit den zu lösenden Aufgaben gewichtiger erscheinen können. Zu schweigen davon, daß beliebige Personen den Ernstfall erklären dürften, um sich Ausnahmerechte und Herrschaftstitel anzueignen – wenn etwa Terroristen den Krieg erklären wollen, um in den Genuß des Kombattantenstatus zu gelangen, oder charismatische Führer in Revolution oder Staatsstreich die gesetzte Ordnung zu überwinden trachten, um vorgebliche Bedrohungen von den Einwohnern abzuwenden.

Als im Falle der Flutkatastrophe in Hamburg 1962 ein solcher charismatischer Führer, der Innensenator Helmut Schmidt, den nicht vorgesehenen Ernstfall ausrief (ein Fall der »nichtnormierten Ausnahme« also), indem er sich zum Herrn der Lage erklärte, wurde dies zwar weitgehend gebilligt, weil es die Situation bewältigen half, die in den gegebenen Entscheidungsmustern nicht rasch und wirkungsvoll hätte bekämpft werden können, aber zugleich auch mit Sorgen betrachtet. Denn die Väter des Bonner Grundgesetzes und auch die späteren Revisoren der Verfassung dachten skeptisch über die vorsorgliche Bereitstellung von Möglichkeiten, die gesetzte Ordnung zu verlassen. Die Lehren der Geschichte, insbesondere die Erfahrungen mit den Ausnahmeregelungen der Weimarer Reichsverfassung und der Preußischen Verfassung, schienen Mißtrauen gegen die Gewährung von außerordentlichen Vollmachten nahezulegen. Freilich erweist auch der Vortrag von *Diwald*, daß die wirkliche Schwachstelle am Ende der Weimarer Republik nicht die Konstruktion der Verfassung, sondern das Fehlen des »Grundkonses der Demokraten« gewesen ist. Schon das Studium der römischen Geschichte lehrt eindrucksvoll, daß die prinzipielle Übereinstimmung der maßgeblichen politischen Kräfte über die wesentlichen Fragen des Gemeinwesens und seiner Gefährdungen zur Funktionsvoraussetzung der Stabilisierung der Situation durch den Ausnahmezustand gehört (*Meier*). Als in Rom diese Übereinstimmung nicht mehr bestand, funktionierte auch das Institut der Erklärung des Ernstfalls nicht mehr. Caesar hielt sich nicht an die Spielregeln. Auch die »Ernstfallstaaten« (*Altmann*) der zeitgenössischen sozialistischen und nichtsozialistischen Diktaturen, in denen aus der vorgeblichen oder tatsächlichen inneren und äußeren Bedrohung die Legitimation des permanenten Ausnahmezustandes abgeleitet wird, halten das Bewußtsein von den Gefahren des Verlassens der rechtsstaatlichen Regulativen ständig wach. »Ernstfallprüderie« (*Isensee*) ist somit wenigstens in bezug auf die Ernstfälle des Staatswesens wohl verständlich, wenn auch – wie in den Vorträgen gezeigt worden ist – zugleich ihrerseits höchst riskant.

V.

Weil es zum Ernstfall gehört, daß er nicht nur plötzlich als Bedrohung eintritt, sondern daß er auch wirklich ernstgenommen wird (*Meier*), schlagen Unklarheiten über den Ernst der Lage auf den Ernstfall durch. Um so schwieriger sind rationale Diskussionen über die möglichen Zukünfte und die Mittel, Ernstfälle zu bestehen. Wirklich ernste Ernstfalldiskussionen haben die Eigentümlichkeit, einen Nerv zu treffen. Sie werfen derartig verwickelte sachliche und moralische Probleme auf, daß man sie gerne verdrängt. Dem Schrecken ins Auge zu sehen, wie beispielsweise den möglichen Kriegen der Zukunft, von denen *Schmidt-Carell* schreibt, ist eine beklemmende Erfahrung. Wer hält das schon aus? Welches Gemeinwesen hält diese Vergegenwärtigung von Möglichkeiten aus? Ist es nicht naheliegend, sie zu verdrängen, den Krieg zu tabuieren (was etwas anderes ist, als ihn zu verurteilen). Aber das gilt nicht nur für den Krieg. Es scheint eine allgemeine Eigenschaft von möglichen Ernstfällen zu sein, tendenziell tabuiert zu sein. Man redet nicht viel davon, selbst wenn einiges zur Vorbereitung geschieht. In den wenigsten Familien wird nüchtern über die möglichen Konsequenzen eines plötzlichen Todes eines Elternteils geredet und hierfür ein Scenario entwickelt, das den Überlebenden die Bewältigung des Übergangs erleichtert. Wir weichen dem Tod aus, noch im Sterben (*Mühlmann*). Wo man sich sicher wähnt, wo es normal zugeht, ist die allzu deutliche Betonung der Möglichkeit des Sicherheitsentzugs in der Regel peinlich – ja es ist zu befürchten, daß allein die Diskussion über die mögliche Unsicherheit diese zu einer aktuellen macht –, statt im Gegenteil die künftige Lage zu stabilisieren. Deshalb mögen vielfach auch Spezialisten dem Publikum in unseren Staaten gar nicht zumuten, sich mit den Eventualitäten zu befassen, selbst wenn sie wissen, daß ohne eine spezifische Mentalität aller Betroffenen und ohne konkrete Vorbereitung manche dieser Eventualitäten kaum zu bewältigen sein werden. Die Diskussion über den Zivilschutz bietet in der Bundesrepublik ein belehrendes Anschauungsbeispiel. Ganz anders als in der Schweiz scheint man hier, wo die möglichen Bedrohungen weit größer sind, dem Publikum eine wirkungsvolle Vorsorge nicht zutrauen zu können, weil dies vermeintlich die Empfindung der Unsicherheit stärken könnte, die ihrerseits dann vielleicht etwas politisch Bedrohliches haben würde... kurzum: der Sachverhalt kehrt sich beim Ernstfall nicht selten um.

Bezeichnenderweise wurde denn auch in der Diskussion zum Vortrag von *Rüdiger Altmann* der Verdacht geäußert, man könne sogar mit den angekündigten Vorträgen den Ernstfall herbeireden. Dem wurde allerdings von einem verantwortlichen Polizeipräsidenten widersprochen. Konkrete

Erfahrungen veranlaßten ihn, dafür zu plädieren, mögliche Ernstfälle viel schärfer zu analysieren und sich viel intensiver auf sie vorzubereiten.

Die Verdrängung von Ernstfällen an den Rand der Existenz, ja ihre gelegentlich vollständige Tabuierung mögen manche Gründe für sich haben, sympathische Gründe sogar – und niemand wird sich für vollständige Aufhebung aller Tabus in einer Gesellschaft aussprechen wollen –, aber die eigentümliche Affinität von Ernstfällen und Tabuierung bringt in modernen Gemeinwesen doch erhebliche Risiken mit sich. *Schmidt-Carell* zitiert Bundespräsident Walter Scheel: »Weil wir an den Krieg nicht denken mögen, möchten wir auch nicht an den Soldaten denken.« Das grenzt dann gerade jene Armee, die angetreten ist, eine Bürgerarmee zu sein und keine Sonderrolle zu spielen, aus dem politisch-kulturellen Zusammenhang aus und zieht auch allgemein für legitim gehaltenen Verteidigungsanstrengungen sehr enge Grenzen. *Ortlieb* beschreibt eindringlich, wie Tabus hinsichtlich der Erkenntnis der Wirklichkeit etwa in Schwarzafrika für den Entkolonisierungsprozeß so immens gefährlich geworden seien. Die Gewinnung der Selbständigkeit sei – anders als man das habe lange sehen wollen – zumeist der Ernstfall gewesen, auf den die Beteiligten allerdings kaum vorbereitet gewesen seien. *Isensee* schildert, wie die Normalfallmentalität im Rechtsstaat zur systematischen Verdrängung von Gefahren geführt habe, die nichtsdestoweniger real sind, aber auf eine weniger vorbereitete Gemeinschaft treffen. *Hepp* legt dar, daß Ernstfallprophylaxe zwar lange Zeit dazu führen könne, die Tabus der Bürger und des Staates zu schonen – aber nur um den Preis des Risikos um so plötzlicherer und noch schwerer zu kontrollierender Systemkonflikte.

Ein Dilemma ist nicht zu leugnen: Möglicherweise beschwört eine allzu dramatische Vergegenwärtigung kommender Ernstfälle und die entsprechende institutionell-personell-materielle Vorbereitung darauf den Fall (oder andere) erst herauf, wie man im Zusammenhang mit Verteidigungsanstrengungen und speziellen Vorkehrungen zur Terrorbekämpfung behauptet hat. Auf der anderen Seite kann es aber sein, daß die Perpetuierung der Vorstellung von der Normalität ihrerseits das Gemeinwesen in Gefahr bringt und wichtige Kräfte unentwickelt läßt, vor allem das dem Anspruchsdenken und dem Sicherheitsgefühl anscheinend so unbequeme Pflichtenethos und den Gemeinsinn (*Isensee, Ortlieb*). Grenzt man zu viel aus, wahrt man die Tabus zu sorgfältig, weil man die destabilisierende Rückkoppelung offener Erörterung zu sehr fürchtet, so kann eintreten, was *Meier* wie folgt beschreibt: »Der politisch-gesellschaftliche Bestand gerät in Mitleidenschaft, aber nicht auf die Tagesordnung.«

VI.

Ernstfall nennen wir nicht jeglichen plötzlich hereinbrechenden Ernst der Lage, sondern nur solche Fälle, die in einer gewissen Weise zumindest als Typus vorhergesehen werden können und für die das Gemeinwesen auch »zuständig« ist beziehungsweise zuständig gemacht wird – das heißt einer Erwartung standzuhalten hat, es werde die Sache bewältigen. Beispielsweise ist eine tiefe Wirtschaftskrise erst dann ein Ernstfall für den Staat, wenn diesem die Regelungserwartung zugefallen ist. *Isensee* und *Hepp* haben beschrieben, welches Ernstfall-Potential dem modernen Staat im Verlauf des 20. Jahrhunderts zugewachsen ist und wie quasi utopische Ziele in den Rang von Verfassungsversprechen geraten sind. Dann definiert ihre Verfehlung fast schon den Notstand.

Für Ernstfälle, die man konkreter ins Auge fassen kann, gibt es Vorkehrungen – ausreichende und weniger ausreichende. Ob sie ausgereicht haben, wird man erst nachher wissen. Dann kommen die Vorwürfe derjenigen, die sagen, man sei nicht richtig vorbereitet gewesen; Personen, Regeln, materielle Vorsorge, Institutionen hätten sich nicht »bewährt«. Vielfach geschieht diese Diskussion aber auch schon ex ante, zumal in Demokratien. Auch die Vorträge von *Altmann, Schmidt-Carell, Isensee, Hepp* und *Ortlieb* erfassen die Zukunft möglicher Ernstfälle, wenn auch nur *Schmidt-Carell* ein Beispiel dafür gibt, wie er sich eine konkrete Situation der Zukunft vorstellt, die ein Ernstfall wäre, und worin – gemessen an den gegebenen Handlungsmöglichkeiten – ihre möglichen Schwachstellen für die Bundesrepublik liegen könnten.

Ob die Wappnung für den Ernstfall ausreicht, hängt von zahlreichen Faktoren ab, die hier im einzelnen nicht aufgeführt und erörtert werden können. Aber man kann sie ein wenig gruppieren: Waren die Antizipationen richtig? Hat man den Denkspielen, Manövern, Feuerwehrübungen, Simulationen die richtigen »Lagen« eingegeben? Hat man geeignete personelle und materielle Mittel der Vorsorge bereitgestellt und diese auch organisatorisch leistungsfähig gemacht? Hat man die Leistungsfähigkeit und die Leistungsbereitschaft ständig wachgehalten und kontrolliert? Hat man in den Fällen, in denen der Ernstfalleinsatz im Prinzip vermieden werden soll (also die Bereitschaft mit großer Wahrscheinlichkeit schon den ganzen Dienst beteiligter Personen und Institutionen darstellt) Ersatz-Bewährungen sichergestellt, weil bekanntlich nicht nur Dorffeuerwehren darunter leiden, wenn sie sich nicht bewähren können?

Dies sind Probleme, die sich bei zahlreichen Ernstfällen im Ansatz ähnlich stellen. Sie gehören meist der Klasse der »normierten Ausnahmen« an, also jener Klasse von Ernstfällen, die als Möglichkeit schon vorausgedacht und für die schon Vorkehrungen getroffen worden sind, so daß bei Ausrufung des Ernstfalls ein bestimmtes Handlungsmuster ablaufen kann, bestimmte neue Kompetenzen zugeteilt und die generellen Handlungsziele definiert sind und das Instrumentarium zum Einsatz gebracht werden kann.

Es ist ein zentrales Problem, ob und welche Möglichkeiten es gibt, die zukünftigen Fälle zu denken und sie richtig zu denken, sodann dafür Institutionen und Ablaufregeln bereitzuhalten, die die Lösung der Ernstfälle wahrscheinlich machen. Alles hängt von der Prognosefähigkeit ab, die aber – wir wissen es – begrenzt ist. »Tritt der Ernstfall auf, wird alles anders aussehen«, sagt *Mühlmann*. Es ist die Hoffnung aller Ernstfallvorkehrungen, daß nicht eben *alles* anders aussieht.

Bei »typisierten Ernstfällen« ist die Chance zu einer angemessenen Wirklichkeitserfassung vielleicht besonders groß. So einmalig im Augenblick und nach konkreter Ausgestaltung ein Großbrand auch sein mag, die Feuerwehr befaßt sich in aller Welt beruflich mit der Analyse von Bränden. Man kann Strategie und Taktik der Brandbekämpfung von Hotels, Kaufhäusern, Raffinerien lernen, den bereitstehenden Organen die Kenntnis vermitteln, sie mit Personal und Gerät ausstatten und in Übungen den Einsatz proben lassen. Aus den Erfahrungen von Ernstfalleinsätzen kann man wiederum Konsequenzen für Brandverhütung und neuerliche Brandbekämpfung ableiten. Manchmal hat man zu lernen, daß die früheren Lehren grundfalsch waren und den Schaden nur vermehrten (etwa bei den ersten großen PVC-Bränden).

Aber selbst dort, wo das Grundmuster der Ernstfalleinsätze sich bewährt, hängt der Erfolg davon ab, daß die speziellen Bedingungen erkannt werden und auf sie speziell reagiert wird, das heißt, daß eine gewisse Flexibilität gewahrt bleibt. Im Falle eines Brandes werden das die meisten einsehen (wenn auch keineswegs alle mit allen Maßnahmen einverstanden sein werden). Doch gibt es Ernstfälle, die politisch so ernst sind, daß man die Kompetenz des oder der Herren der Lage aus Furcht vor einer dem Zweck möglicherweise nicht mehr angemessenen Handlungsweise relativ eng eingrenzen möchte – und eingegrenzt hat. Hierfür enthalten die vorstehenden Vorträge einige Beispiele sowie daran anknüpfende kritische Bemerkungen.

Dabei sind zwei verschiedene Einwände zu unterscheiden. *Schmidt-Carell* hat beispielsweise den von ihm als relativ wahrscheinlich bezeichneten Ablauf eines militärischen Ernstfalls in Mitteleuropa, eines Krieges also, beschrieben und aus seiner Kenntnis der zur Zeit geltenden Vorkehrungen gefolgert, es fehle an »Normen, Regeln, Voraussetzungen« bestimmter Art, die seiner Meinung nach einer Entschärfung vorstellbarer Krisen dienen könnten. Somit wird hier im Prinzip der Bereich der »normierten Ausnahme« nicht verlassen. Es geht lediglich um die für den Fall geltenden Normen, die zweckmäßig sein können oder nicht. Allerdings weisen *Altmann, Schmidt-Carell* und *Isensee* auch darauf hin, daß man sich die Lösung von Fällen nicht durch die Utopie verstellen dürfe, es ließen sich alle voraussichtlichen Situationen schon vorgreifend richtig kalkulieren und somit normativ eingrenzen, so daß die Ausnahme nicht eskaliert; *Diwald* hat beschrieben, wie das hier angedeutete Problem der Effizienz von verfassungsmäßigen Ernstfallregelungen schon das 19. Jahrhundert beschäftigt habe. »Not kennt kein Gebot« und »Not kennt anderes Gebot« stehen sich tatsächlich seit langem gegenüber. Die »normierte Ausnahme« lebt von der Vermutung und Hoffnung, es möge mit dem anderen Gebot sein Bewenden haben. Aber es ist nicht auszuschließen, daß sich dies als Illusion erweist. *Wilhelm Mühlmann* jedenfalls folgert schon weitergehend, daß die wirklichen Ernstfälle auf Improvisation und das Eingreifen persönlichen Führertums angewiesen seien. So dachten auch die Römer, wie *Meier* beschrieben hat. Was ihnen die Sache erleichterte, war wohl der Umstand, daß sie Erfahrungen gesammelt hatten und ihre Erwartungen lange nicht enttäuscht worden sind – bis eben einer kam, der das Spiel anders spielte, weil auch die römische Situation sich verändert hatte. Das Risiko bleibt also der sich nicht an die doch wenigstens geltenden Grundnormen haltende Herr des Ernstfalles, der ihn ausgestaltet, auf Dauer stellt.

Niemand kann diese Möglichkeiten, die ja durch zahlreiche Beispiele der Geschichte belegt sind, leugnen. Gerade das Risiko nach zwei Seiten macht ja den Ernst des Ernstfalls aus und läßt verständlich sein, warum man so viele Anstrengungen in seine Vermeidung legt – bis hin zur Selbstaufgabe des Gemeinwesens, das die Risiken des Ausnahmezustands, nicht eben in die Normalität zurückzuführen, zu hoch einschätzt.

Allerdings beobachten wir in der Bundesrepublik ein merkwürdiges Phänomen, daß nämlich die Tendenz, die Ausrufung des förmlichen Ernstfalls zu vermeiden, zu einer »nichtnormierten Ausnahme« führt. Bekanntlich haben wiederholt, ganz deutlich im Entführungsfall Schleyer und der Zuspitzung durch die Flugzeugentführung nach Mogadischou, Krisenstäbe ein Krisenmanagement exerziert, das formal unterhalb der Grenze dessen bleiben sollte, was die Verfassung Notstand nennt. Und sehr verständlich wurde auch beschworen, daß dies nicht der von den Vätern des Grundgesetzes konzipierte Notstand sei. Tatsächlich aber veränderten sich in diesen Tagen die Muster der politischen Entscheidungen, wie sie im Grundgesetz niedergelegt sind (*Isensee*): die Trennung der Gewalten zwischen Exekutive und Legislative wurde partiell aufgehoben (Parlamentarier wirkten an den Entscheidungen mit), die föderative Struktur wurde verwischt (Zuständigkeiten von Bund und Ländern wurden zusammengelegt), und der Antagonismus zwischen Parteien der Regierungsmehrheit und der Opposition wurde aufgehoben (die Opposition wurde an den Entscheidungen direkt beteiligt). Vielleicht hatten diese Fälle eine gewisse Ähnlichkeit mit den altrömischen Ernstfällen, zumal die Rückkehr zur gewohnten Ordnung sich wie damals schnell vollzog.

Bemerkenswerterweise sprechen mehrere Beiträge das Element des Vertrauens an, das gerade in den Fällen riskanter Situationen von großer Bedeutung ist. Historisch wurde dies von *Meier* und *Diwald* veranschaulicht. *Isensee* hebt hervor, daß der liberale Staat grundsätzlich dem Mißtrauen in die unkontrollierte Macht verdankt wird, mit dem Risiko des Scheiterns, wenn Massierung von Macht für die Lösung eines Ernstfalls gefordert wird. Der Rechtsstaat, das ist seine Maxime, handelt berechenbar. Wie groß ist die Wahrscheinlichkeit, daß das Nichtzuberechnende eintritt, und wer soll dann wie handeln? Ist »juristische Pedanterie« (*Isensee*) die angemessene Vorsorge für kommende Ernstfälle?

Derartige Konflikte sind übrigens in unserem Leben nicht selten, werden aber vielfach in besorgniserregender Weise normativ entschieden. Jedermann kennt die bewegte Klage, es gebe keine Tugenden wie Vertrauen, Gemeinsinn und Mut mehr – und gleichzeitig legen die gleichen Kritiker dort im wörtlichen Sinne Klage ein, wo solche noch vorhandenen Entscheidungsspielräume zu Ergebnissen führen, die sie im Einzelfall nicht billigen. So drängen sie darauf, immer mehr Fälle vorgreifend zu regeln. Das Ergebnis ist zu sehen. Aus Erziehung wird in den Schulen auf dem Wege über verwaltungsgerichtliche Anordnungen und behördliche Verallgemeinerung der so entschiedenen Einzelfälle der Rechtsvollzug von Bildungsbürokraten (früher Lehrer), die sich immer mehr an umfangreiche Regelwerke halten und immer weniger selbst Verantwortung tragen. Der ärztliche Eingriff ist zunehmend dem Mißtrauen und der Drohung von Haftungsklagen ausgesetzt, und dies führt – in den USA ist dies schon zu beobachten – zu einer »defensiven Medizin«, die in erster Linie die Sicherheit des Arztes im Sinn hat und dem Patienten die Chance des riskanten Eingriffs vorenthält. Eine Polizei, die damit rechnen muß, daß nach einem Einsatz mit Gewaltausübung sich zunächst die betreffenden Beamten verantworten müssen (mit unter Umständen mehrjähriger Sperre der Beförderung), wird ebenfalls defensiv bis zur Untätigkeit.

Das Erregende an den genannten Beispielen ist, daß es selbstverständlich auch für Lehrer, Ärzte und Polizisten Normen und Kontrollen geben muß; aber wie lassen sich die Folgerungen vermeiden, die wir beobachten, daß mit der Eingrenzung von Kompetenzmißbrauch auch Autorität und Kompetenz selbst abgebaut werden, so daß die Chance auf ein besonders gutes

Gelingen ausgeschaltet wird? Das ist auch das Problem der vorausschauenden Ernstfallnormierung. Will man nicht Gefahr laufen, den Fall gänzlich ungelöst zu sehen oder ihn alsbald der »unnormierten Ausnahme« anheimzustellen, so wird man die »normierte Ausnahme« nicht mit allzuviel Mißtrauen in diejenigen belasten dürfen, die Entscheidungen zu treffen haben.

VII.

Ein Letztes bleibt noch anzusprechen, ebenfalls Riskantes. Ernstfälle, das schienen bislang in erster Linie Bedrohungen, und die Mehrzahl der Beiträge dieses Bandes hatte solche im Sinn. Aber das ist nicht die ganze Ernstfallproblematik. Ist nicht der Ernstfall vielfach das Herbeigesehnte, der Kairós, der günstige Augenblick, der dem Menschen schicksalhaft entgegentritt und genützt werden kann? Weil er den Einsatz aller Tugenden fordert – und endlich auch möglich macht? *Altmann* spricht davon, daß »die Erwartung des Ernstfalls ... zur Hoffnung auf die große Ausnahme und von da aus zur Utopie der Bewährung« werden könne. Normalität, die Regel – das ist ja nicht selbstverständlich auch das Gute und von jedermann Gewollte. Wie lähmend können sie wirken. Die Literatur ist voll von Zeugnissen des Ekels an der Normalität. Und wie oft sagen uns heute Kulturkritiker, daß Sekurität, Wohlstand, Normalität die Jugend »frustrieren«. Wie leidenschaftlich wird in Gedanken mit Abenteuern aller Arten, Revolution, Anarchie gespielt. *Isensee* erwähnt, daß in Sparta nach all der Disziplin der Friedenszeit der Ausbruch des Ernstfalls, der Krieg, geradezu mit Fröhlichkeit begrüßt worden sei. Der Kriegsanfang 1914 bietet ähnliche Zeichen von bewegter Erlöstheit. Aber Euphorie im kriegerischen Ernstfall schließt heute schon die Art der modernen Kriegführung aus. Bezeichnenderweise hat sie schon 1939 völlig gefehlt.

Jedoch kann nicht bestritten werden, daß Menschen und Gemeinschaften immer wieder einen Bedarf an Bewährung, eine Sehnsucht nach dem Außerordentlichen haben. Bewältigte Ernstfälle erweisen sich als Bestätigungen und tragen so zur Stabilisierung der Individuen und der Gemeinschaften bei. Nicht zufällig wurde früher vieles, was wir heute dem Ernstfallbegriff unterstellen, als »Prüfung« bezeichnet. Darin klingen Bedrohung und Chance zugleich an. Man konnte die Prüfung bestehen. Eine Gesellschaft, die den latenten Bedarf nach Prüfung, nach Bewährung im Außerordentlichen grundsätzlich nicht befriedigt, wäre vermutlich langfristig sehr gefährdet – und somit eigentlich ein Widerspruch in sich.

Professor Knut Borchardt war Mentor der Vortragsreihe in der Carl Friedrich von Siemens Stiftung; er führte in die einzelnen Vorträge ein, leitete die Aussprachen und stellte für das (jeweils verschieden zusammengesetzte Publikum) den Zusammenhang zwischen den Vorträgen her.

Die Autoren

HORST ALBACH: geboren am 6.7.1931 in Essen. Studium der Betriebswirtschaftslehre und Volkswirtschaftslehre in Köln und Brunswick/Maine. Stipendien der Vereinigten Staaten und der Studienstiftung des Deutschen Volkes. 1956 Diplom-Kaufmann, 1957 Diplom-Volkswirt in Köln. Habilitationsstipendium der Deutschen Forschungsgemeinschaft. Habilitation für Betriebswirtschaftslehre in Köln. Lehraufträge 1956–1958 an der Universität Köln und 1959–1960 an der TH-Darmstadt. Lehrstuhlvertretungen 1960 in Graz und 1960/61 in Kiel. 1961 Ordinarius für Betriebswirtschaftslehre an der Universität Bonn. Direktor des Instituts für Gesellschafts- und Wirtschaftswissenschaften, Direktor des Instituts für Ökonometrie und Operations Research. Sachverständigenkommission Kosten und Finanzierung der beruflichen Bildung (1970–1974), Wissenschaftsrat (1974–1977), Sachverständigenrat zur Begutachtung der gesamtwirtschaftlichen Entwicklung (1978). James Bowdoin Scholar 1953, Dr. h. c. Wirtschaftshochschule Stockholm 1973, Dr. h. c. Wirtschaftshochschule Helsinki 1976.

Monographien: Wirtschaftlichkeitsrechnung bei unsicheren Erwartungen, Köln und Opladen ^{1}1959; Investition und Liquidität, Wiesbaden 1962; Die degressive Abschreibung, Wiesbaden 1967; Beiträge zur Unternehmensplanung, Wiesbaden ^{1}1969, ^{2}1979; Steuersystem und unternehmerische Investitionspolitik, Wiesbaden 1970; Als-ob-Konzept und zeitlicher Vergleichsmarkt, Tübingen 1976; mit N. Kloten, Preispolitik auf dem Farbstoffmarkt in der EWG, Tübingen 1973; mit Th. Gabelin, Mitarbeiterführung, Wiesbaden 1977; mit G. Fandel und W. Schüler, Hochschulplanung, Baden-Baden 1978.

Zahlreiche Aufsätze in nationalen und internationalen Fachzeitschriften und in Sammelwerken.

RÜDIGER ALTMANN: geboren am 1.12.1922 in Frankfurt am Main, Dr. phil., Studium der Rechts- und Staatswissenschaften und der Soziologie in Frankfurt am Main, Berlin und Marburg. Doktor-Arbeit: »Das Problem der Öffentlichkeit und seine Bedeutung für die moderne Demokratie«. Universitätsassistent bis 1956, danach Leiter der politischen Akademie Eichholz, 1959 Eintritt in die Geschäftsführung des Deutschen Industrie- und Handelstages, 1963–1978 stellvertretender Hauptgeschäftsführer, Mitglied der Regierungskommission zur Pressekonzentration, Mitglied der Enquête-Kommission des Bundestages für auswärtige Kulturpolitik, Mitarbeit in Zeitungen, Zeitschriften und Rundfunk.

Veröffentlichungen u. a.: mit Johannes Gross, Die neue Gesellschaft, Stuttgart 1958; Das Erbe Adenauers, Stuttgart 1960; Das deutsche Risiko, Stuttgart 1962; Späte Nachricht vom Staat – Politische Essays, Stuttgart 1968; Abschied von den Kirchen, Stuttgart 1970; Fernsehfilm »Der Deutsche Bund«, 1966.

KNUT BORCHARDT: geboren am 2.6.1929 in Berlin. 1948–1951 Studium der Germanistik und Geschichte an der Humboldt-Universität Berlin, 1951–1954 Studium der Betriebs- und Volkswirtschaftslehre an der Universität München und der Freien Universität Berlin. 1954–1961 Assistent am Volkswirtschaftlichen Institut der Universität München. 1961 Habilitation für Volkswirtschaftslehre und neuere Wirtschaftsgeschichte an der Universität München. 1962–1969 ordentlicher Professor für Wirtschaftsgeschichte und Volkswirtschaftslehre an der Wirtschaftshochschule/ Universität Mannheim. Seit 1969 ordentlicher Professor für Wirtschaftsgeschichte und Volkswirtschaftslehre an der Universität München. 1971–1974 nebenamtlich Mitglied des Vorstandes des Ifo-Instituts für Wirtschaftsforschung München. Seit 1970 Mitglied des Wissenschaftlichen Beirats beim Bundesministeriums für Wirtschaft, seit 1974 ordentliches Mitglied der Bayerischen Akademie der Wissenschaften.

Veröffentlichungen u. a.: Zusammen mit W. Fikentscher, Wettbewerb, Wettbewerbsbeschränkung, Marktbeherrschung (Abhandlungen aus dem gesamten Handelsrecht, Bürgerlichen Recht und Konkursrecht, 24. Heft) Stuttgart 1957; zusammen mit W. Stolper und K. Häuser, Deutsche Wirtschaft seit 1870, Tübingen² 1966; Europas Wirtschaftsgeschichte – ein Modell für Entwicklungsländer?, Stuttgart 1967; Die Industrielle Revolution in Deutschland, München 1972; Vademecum für den Volkswirt, Stuttgart 1973; Wandlungen des Konjunkturphänomens in den letzten hundert Jahren (Bayerische Akademie der Wissenschaften. Sitzungsberichte der Philosophisch-historischen Klasse, Jahrgang 1976/1), München 1976; Grundriß der deutschen Wirtschaftsgeschichte, Göttingen 1978.

Ferner Aufsätze in Zeitschriften und Sammelwerken zur neueren und neuesten Wirtschaftsgeschichte, zur empirischen Wirtschaftsforschung und zur Wirtschaftspolitik. Mitherausgeber der »Jahrbücher für Nationalökonomie und Statistik«.

PAUL CARELL (eig. Paul K. Schmidt-Carell): geboren am 2.11.1911 in Kelbra am Kyffhäuser. Gesandter a.D., Schriftsteller. 1931 Abitur. Studium: Philosophie, Psychologie und Volkswirtschaft. Promoviert zum Dr. phil. 1936. Assistent am Psychologischen Institut der Universität Kiel. 1937 Berlin, wissenschaftliche Materialstelle der Dienststelle des damaligen Botschafters v. Ribbentrop. 1938 Auswärtiges Amt. 1939 Leiter der Presse- und Nachrichtenabteilung des Auswärtigen Amtes. 1940 Gesandter 1. Klasse. 1945–1947 Kriegsgefangenschaft und Internierung. Seit 1948 freier Schriftsteller.

Buchveröffentlichungen u. a.: Die Wüstenfüchse – Mit Rommel in Afrika, Frankfurt/M.–Berlin–Wien 1958 (neun Übersetzungen); Sie kommen – Der deutsche Bericht über die Invasion und die 80tägige Schlacht um Frankreich, Frankfurt/M.–Berlin–Wien 1960 (zehn Übersetzungen); Unternehmen Barbarossa – Der Marsch nach Rußland, Frankfurt/M.–Berlin–Wien 1963, (zwölf Übersetzungen); Verbrannte Erde – Schlacht zwischen Wolga und Weichsel, Frankfurt/M.–Berlin–Wien 1966 (zwölf Übersetzungen); Der Rußlandkrieg – Fotografiert von Soldaten, Frankfurt/M.–Berlin–Wien 1967; Unternehmen Barbarossa im Bild, Frankfurt/M.–Berlin–Wien 1978.

HELLMUT DIWALD: geboren am 13.8.1929 in Schattau in Südmähren (Tschechoslowakei). Wuchs in Prag auf. Sein erstes Studium war dem Maschinenbau gewidmet (1949 Ingenieurexamen). In seinem Zweitstudium Geschichte promovierte er 1953 in Erlangen mit einer Dissertation »Untersuchungen zum Geschichtsrealismus im 19. Jahrhundert«; 1958 Habilitation. Seit 1965 Professor für Mittlere und Neuere Geschichte an der Universität Erlangen–Nürnberg.

Buchveröffentlichungen u. a.: Das historische Erkennen. Untersuchungen zum Geschichtsrealismus im 19. Jahrhundert, 1955; Wilhelm Dilthey. Erkenntnistheorie und Philosophie der Geschichte, Göttingen 1963; Wallenstein. Eine Biographie, 1969, Taschenbuch 1975; Die Anerkennung. Bericht zur Klage der Nation, 1970; Friedrich Schiller, Wallenstein, in: Dichtung und Wirklichkeit, 1972; Anspruch auf Mündigkeit. Um 1400–1555, Propyläen Geschichte Europas Bd. 1, Frankfurt/M.–Ber-

lin–Wien 1975; Geschichte der Deutschen, Frankfurt/M.–Berlin–Wien 1978;
In der Privatdruck-Reihe »Themen« der C. F. v. Siemens Stiftung erschien als Heft 13 der im Januar 1970 in der Stiftung gehaltene Vortrag »Ernst Moritz Arndt – Das Entstehen des deutschen Nationalbewußtseins«.

ROBERT HEPP: geboren am 19.2.1938 in Langenenslingen/Hohenzollern. Studium der Geschichte und politischen Wissenschaften in Tübingen, Paris und Erlangen. Promotion in Religionsgeschichte. Als Soziologe von 1966–1968 an der Universität des Saarlandes, von 1968–1971 an der Universität Salzburg, von 1971–1977 wieder an der Universität des Saarlandes. Seit 1977 Ordinarius für Soziologie an der Universität Osnabrück. Geschäftsführender Leiter der Forschungsstelle für Phänomenologische Soziologie und Bevölkerungswissenschaft.

Veröffentlichungen u. a. im Bereich der politischen Soziologie: Politische Theologie und theologische Politik, Erlangen 1967; der Kultursoziologie: Selbstherrlichkeit und Selbstbedienung, München 1971; und der Soziologie der Polizei: Die Professionalisierungschancen von Schutzpolizei und Kriminalpolizei, Berlin 1977.

JOSEF ISENSEE: geboren am 10.6.1937 in Hildesheim. Studium der Rechtswissenschaft an den Universitäten Freiburg, Wien und München. Erste juristische Staatsprüfung 1961 in München. Referendardienst in München, abgeschlossen mit der zweiten juristischen Staatsprüfung 1965. Wissenschaftlicher Assistent an der Juristischen Fakultät der Universität Erlangen–Nürnberg. Dort Promotion 1966, Habilitation 1970 für die Fächer Staats- und Verwaltungsrecht sowie Steuerrecht. Privatdozent in Erlangen 1970–1971. 1971–1975 ordentlicher Professor an der Universität des Saarlandes in Saarbrücken. Seit 1975 ordentlicher Professor an der Rheinischen Friedrich-Wilhelms-Universität Bonn.

Veröffentlichungen u. a.: Subsidiaritätsprinzip und Verfassungsrecht, Berlin 1968; Das legalisierte Widerstandsrecht, 1969; Beamtenstreik, Stuttgart 1971; Umverteilung durch Sozialversicherungsbeiträge, Berlin 1973; Die typisierende Verwaltung, Berlin 1976.

CHRISTIAN MEIER: geboren am 16.2.1929 in Stolp/Pommern. Besuch des Humanistischen Gymnasiums in Stettin, Rostock, Hamburg. Studium der Geschichte, der klassischen Philologie und des römischen Rechts. 1956 Promotion in Alter Geschichte bei Hans Schaefer in Heidelberg. Habilitation 1963 in Frankfurt am Main. Privatdozent in Frankfurt am Main und

Freiburg i. Br. Ordinariate für Alte Geschichte in Basel, Köln und Bochum. Mitarbeit in den Gründungsgremien der Universität Bielefeld. Mitglied der Studiengruppe »Theorie der Geschichte« der Werner-Reimers-Stiftung in Bad Homburg. Mehrfache Teilnahme bei der Forschungsgruppe »Poetik und Hermeneutik«. 1977 erste Fred Lessing Lecture an der Tel Aviv University. 1979 Member des Institute for Advanced Study, Princeton, New Jersey.

Veröffentlichungen u. a.: Res Publica Amissa. Eine Studie zu Verfassung und Geschichte der späten römischen Republik 1966; Entstehung des Begriffs »Demokratie«, 1970. Verschiedene Aufsätze zur Geschichte und Verfassung der römischen Republik, zur griechischen Demokratie samt ihrer Vorgeschichte, zur Entstehung des Politischen und der Historie, zur antiken Begriffsgeschichte und zur historischen Theorie (u. a. »Fragen und Thesen zu einer Theorie historischer Prozesse«, in: Historische Prozesse, hrsg. von H.-G. Faber u. Ch. Meier, München 1978).

WILHELM E. MÜHLMANN: geboren am 1. 10. 1904 in Düsseldorf. Dr. phil. emer. Professor für Soziologie und Ethnologie. Studierte 1925–1931 in Freiburg i. Br., München, Hamburg und Berlin; zuerst Humangenetik, physische Anthropologie, nebenher phänomenologische Philosophie, später Ethnologie und Soziologie, Dr. phil. 1931 Berlin, Hauptfächer: Ethnologie und Anthropologie, 1931–1945 Redakteur von Fachzeitschriften, 1939 Habilitation (Dr. phil. habil.) Berlin, Kriegsdienst. Professor 1950–1960 Mainz, 1960–1969 (Emeritierung) Heidelberg, daselbst Begründer und Leiter des Instituts für Soziologie und Ethnologie. »Heidelberger Schule«. Forschungsschwerpunkte: 1. Ethnische Assimilation und Ethnogenese; 2. politische Soziologie (bes. Gewaltlosigkeit, Chiliasmus und Nativismus, Herrschaftstheorie, Theorie der Revolution); 3. Entwicklung und Fortschritt (auch vergleichend-kultursoziologisch Orient-Okzident); 4. Kulturanthropologie und sozio-kultureller Wandel; 5. theoretische Soziologie, Feldarbeit in den USA (Südstaaten, Rassenfrage) 1953, Sizilien (seit 1963, soziologisch und folkloristisch, mit Stab), Indien und Ceylon (1968–1969, 1973, Gandhiismus, Theravada-Buddhismus); Südostasien, Neuguinea (1968–1969, 1972, 1975, 1976, 1977 mit Mitarbeitern); 6. Literatursoziologie.

Veröffentlichungen u. a.: Geschichte der Anthropologie, 1948; 2. Fassung, Frankfurt/M. 1968; Mahatma Gandhi, Tübingen 1950; Chiliasmus und Nativismus, 1961, ^{2}1964; Homo creator, Wiesbaden 1962; Rassen, Ethnien, Kulturen, Neuwied 1964; Max Weber und die rationale Soziologie, Tübingen 1966; Bestand und Revolution in der Literatur, Stuttgart 1973. Zum umfangreichen Gesamtwerk liegt eine 1964 von Reimann und

Kiefer herausgegebene und bis zu diesem Jahr reichende Bibliographie vor. Herausgeber der Reihen »Heidelberger Sociologica« und »Studia Ethnologica«.

HEINZ-DIETRICH ORTLIEB: geboren am 19.1.1910 in Neuwarp (Vorpommern). Medizinstudium 1928–1931. Studium der Wirtschafts- und Sozialwissenschaften in Hamburg und Berlin (Eduard Heimann, Werner Sombart), Diplom 1934, Promotion 1936, Habilitation 1940 in Hamburg. Militärdienst 1935/36, 1939/40, 1941–1945. Forschungsstipendiat am Kolonialwirtschaftlichen Institut, Hamburg, 1936–1939. Universitätsdozent 1940–1948. Ordinarius für Volkswirtschaftslehre an der Akademie für Gemeinwirtschaft (jetzt: Hochschule für Wirtschaft und Politik) in Hamburg 1949–1964. Leiter der Akademie für Gemeinwirtschaft 1952–1955 und 1958–1962. Direktor der Forschungsstelle an der Akademie für Gemeinwirtschaft 1953–1964. Ordinarius an der Wirtschaftswissenschaftlichen Fakultät der Universität und Direktor des HWWA-Instituts für Wirtschaftsforschung Hamburg 1964–1978.

Veröffentlichungen: Eingeborenenernährung und Ernährungspolitik im tropischen Afrika, Berlin 1941; Wandlungen des Sozialismus, Hamburg 1947; Wirtschaftsordnung und Wirtschaftspolitik ohne Dogma, Düsseldorf/Stuttgart 1954; Das Ende des Wirtschaftswunders. Unsere Wirtschafts- und Gesellschaftsordnung in der Wandlung, Wiesbaden 1962; Ausbildungshilfe – wohin? Zur Ausbildung von Sozialisten und Führungskräften der Entwicklungsländer in der Bundesrepublik, Tübingen 1963; Die verantwortungslose Gesellschaft oder wie man die Demokratie verspielt, München ²1973; Vom Volkskapitalismus zur Playboydemokratie, Zürich 1974; Was wird aus Afrika? Rassismus-Neokolonialismus-Entwicklungshilfe, Zürich 1977; Macht Gleichheit glücklich? Freiburg 1978; Vom totalitären Staat zum totalen Egoismus. Anarchistische Schatten deutscher Vergangenheit, Zürich 1978.

Personenregister

Achinger, Hans 147, 163 ff.
Adenauer, Konrad 15, 21, 33
Alba, Herzog von 106
Albach, Horst 124–141, 216 f.
Albertini, Rudolf von 196 f.
Altmann, Rüdiger 7–19, 50, 213 f., 217 ff., 221, 223, 225
Anschütz, Gerhard 119, 123
Arendt, Hannah 169, 196
Argenti, John 124, 134, 141
Auerbach, Walter 164
Augustus, Kaiser 49

Badian, Ernst 69
Baier, Horst 161, 168
Ballerstedt, Eike 165
Bank, Hans-Peter 166
Barion, Hans 164
Barlach, Ernst 200
Baudelaire, Charles 16
Becker, Josef 39
Bellinger, Bernhard 141
Best, Otto F. 167
Bettermann, Karl August 121
Beyme, Klaus von 164
Binzen, Peter 134, 141
Bismarck, Otto von 23, 147 ff., 150, 164, 177
Bleicken, Jochen 67 ff., 71
Blohmke, Maria 163
Böckenförde, Ernst-Wolfgang 119 ff.
Bogs, Walter 120

Boldt, Hans 159 f., 167
Borch, K. 145
Borchardt, Knut 196 f., 212–226
Bracher, Karl Dietrich 121
Brandt, Willy 15
Brecht, Bert 118
Breuer, Rüdiger 120
Brokerhoff, Karl Heinz 96
Broughton, Thomas Robert Shannon 67
Brown, Anthony 130, 141
Brüning, Heinrich 27 f., 30, 33
Burckhardt, Jacob 73, 201, 211
Burmeister, Joachim 120
Busch, Moritz 147, 164

Caesar 48 f., 51, 59, 63 f., 68, 70 f., 218
Carell, Paul 74–97, 206, 217, 219 ff., 222 f.
Catilina 52, 66
Cato 71
Cicero 57, 63, 69, 71 f., 75, 96
Claudius, Kaiser 45
Clausewitz, Carl von 21 f., 38, 76, 96
Close, Robert 84 ff., 87 f., 96
Coulmas, Peter 178, 196

Dammann, Ernst 136
Daughen, Joseph R. 134, 141
Davies, J. C. 164

Decouflé, André 164
Degrassi, Atilio 67
Dietrich, Hermann 33
Diwald, Hellmut 20–39, 217f., 223f.
Domarus, Max 39
Donner, Frederic 153

Egmont 106
Elias, Norbert 156
Evans-Wentz, Walter Yeeling 211

Fabius Maximus Cunctator, Quintus 46
Fehl, Ulrich 166
Ferber, Christian von 165
Fermi, Enrico 82
Fleiner, Fritz 121
Fock, Gorch 201, 211
Fontane, Theodor 18
Forsthoff, Ernst 73, 118, 121f., 164
Fraenkel, Ernst 38
Freund, Julien 167
Freund, Michael 167
Freyer, Hans 146
Friedell, Egon 120
Friedrich der Große 22, 38, 177
Fromme, Friedrich Karl 121

Galtung, Johan 145
Gansel, Norbert 166
Gathen, Heinz von zur 96
Gehlen, Arnold 76, 96, 164
Gelzer, Matthias 68
Gempp, Generalmajor 96
George, Stefan 18
Glatzer, Wolfgang 165
Gmelin, Otto 167
Goebbels, Joseph 122
Göring, Hermann 31, 36
Goethe, Johann Wolfgang von 198, 211
Goldstein, Kurt 165
Gouré, Leon 97
Gracchus, Gaius 51, 62
Gracchus, Tiberius 50ff., 56
Grönbech, Vilhelm 203, 211
Groethuysen, Bernhard 167
Gryphius, Andreas 203
Guldimann, Tim 164, 166

Gurland, Arcadius R. L. 125, 141
Gurr, Ted R. 164

Habermas, Jürgen 12f.
Häberle, Peter 120
Hannibal 47
Hansmeyer, Karl-Heinrich 163
Hart, Philip A. 163
Haubrichs, Willy 162
Heckel, Johannes 38
Hegel, Georg Wilhelm Friedrich 8, 10, 93, 97
Heidegger, Martin 203, 211
Heilfron, Eduard 38
Heinemann, Gustav 75, 96
Heller, Hermann 38, 118
Hennis, Wilhelm 120
Hentig, Hartmut von 212
Hepp, Robert 142–168, 206, 220f.
Heraklit 22
Herder, Johann Gottfried von 198
Hesse, Konrad 121
Heuss, Theodor 33, 39
Hindenburg, Paul von 27f., 30
Hitler, Adolf 12, 28, 30ff., 33ff., 36f., 115, 179
Hofmann, Hasso 119
Hofstätter, Peter R. 165, 167
Hoth, Hermann 78
Huber, Ernst Rudolf 119, 122f.
Huizinga, Johan 119
Humboldt, Wilhelm von 198
Humphrey, Hubert 163

Ickle, Fred 83
Isensee, Josef 98–123, 206, 217f., 220f., 223ff.

Janssen, Laurens Franciscus 67
Jellinek, Georg 121
Jünger, Ernst 15, 18

Kapp, Wolfgang 115
Karber, Philip A. 89, 96
Kaufmann, Franz-Xaver 163, 167f.
Kirchhof, Paul 119, 121
Koselleck, Reinhart 12
Kremendahl, Hans 164
Krüger, Herbert 119f.
Kunkel, Wolfgang 67f., 70ff.

Lange, Werner 141
La Rocque, Gene Robert 92
Lassalle, Ferdinand 177
Laufer, Heinz 167
Leisner, Walter 121
Lemmer, Ernst 33
Lenin 76, 81, 187
Lex, Hans Ritter von 33
Lichtenberg, Georg Christoph 203, 205, 209
Lidy, Klaus 165
Liefmann-Keil, Elisabeth 163, 168
Lintott, Andrew William 67, 69 ff.
Livius 67 f.
Löbe, Paul 33
Loewenstein, Karl 121
Logau, Friedrich von 110
Lorenz, Konrad 156
Lot-Falck, Eveline 211
Lübbe, Hermann 157
Luxemburg, Rosa 153, 167
Lykurg 102

Machiavelli, Niccolo 100
Maier, Reinhold 33
Malthus, Thomas Robert 125
Mann, Golo 157
Mao Tse-tung 13
Marat, Jean Paul 49
Marperger, Paul Jacob 129, 141
Marshall, Alfred 133
Martens, Wolfgang 120
Martin, Jochen 68
Marx, Karl 177, 187
Maslow, Abraham H. 151, 165
Matthias, Erich 39
Maurras, Charles 166
Mead, Margaret 201, 211
Mee Jr., Charles L. 96
Meier, Christian 40–73, 217 ff., 220, 223 ff.
Mendner, Siegfried 69
Meyer, Eduard 68 ff., 72
Mohler, Armin 167, 212
Molitor, Bruno 168
Moltke (d. J.), Helmuth von 79 f.
Mommsen, Theodor 45, 67 ff., 71
Montherlant, Henry de 167
Morgenstern, Christian 23
Morsey, Rudolf 39

Mühlmann, Wilhelm E. 198–211, 214, 216, 219, 222 f.
Müller, Hermann 27, 30
Murasaki Shikibu 202

Napoleon I. 95
Napoleon III. 119
Naujoks, Wilfried 141
Neckermann, Josef 139
Nietzsche, Friedrich 16, 153, 167
Nixon, Richard 124
Nollau, Günther 145, 163
Nolte, Ernst 69
Noske, Gustav 28, 39

Octavius, Marcus 50, 56
Opimius, Lucius 56 f., 72
Ortlieb, Heinz-Dietrich 169–197, 220 f.
Ossenbühl, Fritz 120

Papen, Franz von 28, 30
Pareto, Vilfredo 166
Pernoud, Régine 167
Philipp II. von Spanien 106
Plaumann, Gerhard 69 ff., 72
Plutarch 71, 102 f.
Pompeius 48, 60 f., 68, 72
Posa, Marquis 106
Preuss, Hugo 38
Priestley, John B. 185

Raaflaub, Kurt 70 f.
Radford, Arthur-W. 83
Rasmussen, Knud 211
Raynaud, Franziska 196
Redslob, Robert 38
Rein, Gustav Adolf 164
Rilinger, Rolf 69
Robespierre, Maximilien de 49
Roellecke, Gerd 120, 123
Roon, Albrecht von 177
Roosevelt, Franklin D. 144
Rossetti, Mario 211
Rumpf, Helmut 167
Rupp, Hans Heinrich 120

Sallust 69
Saturninus, Gaius 52
Sauvy, Alfred 154, 167

Schacht, Hjalmar 35
Schaefer, Hans 163
Scheel, Walter 75, 96, 220
Scheler, Max 167
Schelsky, Helmut 95, 97, 166
Scheuner, Ulrich 38, 120
Schiller, Friedrich von 10
Schindler, Dietrich 68
Schlaich, Klaus 120
Schleicher, Kurt von 27 f., 30
Schleyer, Hanns Martin 112, 223
Schmalenbach, Eugen 133
Schmidt, Helmut 15 f., 165, 218
Schmitt, Carl 10 ff., 38, 47, 69 f., 95, 97, 100 f., 118 f., 122 f., 142, 153, 163 f., 167, 198, 211 f.
Schmitt-Lermann, Hans 168
Schmölders, Günter 162
Schneider, Hans 39, 122
Schnur, Roman 164, 166
Schopenhauer, Arthur 201
Schröder, Dieter 164
Schröder, Meinhard 119, 121
Schütte, Hermann G. 196
Schulze, Franz-Joseph 88, 96
Schumacher, Ernst Friedrich 133
Schumpeter, Joseph A. 167
Scipio Nasica, Publius 50 f.
Septimius Severus 166
Siber, Heinrich 71
Sobel, Robert 138, 141
Solschenizyn, Alexander 203
Sombart, Werner 167, 176, 196
Sonnemann, Ulrich 157
Sontheimer, Kurt 121
Sorel, Georges 155, 167
Spengler, Oswald 166
Stein, Lorenz von 119

Steinhoff, Johannes 82, 96
Strang, Heinz 165
Sueton 70
Sulla 48, 72

Thoma, Richard 123
Thurnwald, Richard 211
Tietz, Georg 166
Timm, Helga 38
Tinbergen, Nikolaus 156
Tocqueville, Alexis de 163 f.
Traube, Klaus 112 f.
Trotzki, Leo 13
Tubman, William 183

Ungern-Sternberg von Pürkel, Jürgen 69 ff., 72

Vegetius 75
Volkmann, Hauptmann 78
VonderMühll, Fritz 70

Wagner, Adolph 163
Wagner, Günter 203, 211
Weber, Max 14, 167, 176, 196, 206
Weber, Werner 119
Weisser, Gerhard 166
Weitzel, Otto 163
Wels, Otto 34
Werner, Fritz 164
Widmaier, Hans Peter 166
Wieacker, Franz 54, 68
Wilhelm II., Kaiser 11, 78
Wilcken, Ulrich 67, 69
Wohlstetter, Albert 211

Zacher, Hans F. 120
Zeppernick, Ralf 168

Die früheren Vortragsreihen der Carl Friedrich von Siemens Stiftung München sind als Taschenbücher im Deutschen Taschenbuch Verlag, München, erschienen:

Nr. 990
» SINN UND UNSINN DES LEISTUNGSPRINZIPS «
mit Beiträgen von Arnold Gehlen, Günter Schmölders, Hans Peter Dreitzel, Franz Vonessen, Wolfgang Klafki, Ommo Grupe, Christoph Theodor Wagner, Heinz Heckhausen, Wolfgang Förster und einem Nachwort des Mentors Max Müller.
236 S., 4. Aufl., DM 5,80.

Nr. 1134
» WAS IST GLÜCK? «
mit Beiträgen von Friedrich Georg Jünger, Arnold Gehlen, Josef Pieper, Alfred Schmidt, Viktor E. Frankl, Richard Huber, Julius Posener, Wolfgang Bauer, Wilhelm E. Mühlmann und einem Nachwort des Mentors Ulrich Hommes.
248 S., 2. Aufl., DM 6,80.

Nr. 1236
» SCHICKSAL? – GRENZEN DER MACHBARKEIT «
mit Beiträgen von Odo Marquard, Josef van Ess, Reinhart Koselleck, Hans-Jürgen Eysenck, Friedrich August v. Hayek, Wolfgang Brezinka, Richard Lange, Heinrich Herzog, Manfred Eigen und einem Nachwort des Mentors Mohammed Rassem.
213 S., DM 6,80.

Nr. 1063
» JUGEND IN DER GESELLSCHAFT «
ist vergriffen.

Propyläen
Human- und Naturwissenschaft

Schriften
der Carl Friedrich von Siemens Stiftung
Herausgegeben von
Anton Peisl und Armin Mohler

Band 1

Der Mensch und seine Sprache

Prominente Vertreter verschiedenster Disziplinen stellen, von neuen Ansätzen auf ihren Forschungsgebieten ausgehend, Beiträge zu einem umfassenden anthropologischen Verständnis der Sprache vor: Mario Wandruszka, Hans-Martin Gauger, Elmar Tophoven, Paul Imbs, Otto Ladstätter, Els Oksaar, Konrad Lorenz, Manfred Eigen, Bernhard Hassenstein, Paul Watzlawick, Leszek Kolakowski, Karl Dietrich Bracher, Ivan Illich. Mit einem Nachwort von Hans Rössner.

380 Seiten mit 29 Abbildungen, engl. Broschur

Propyläen Berlin

Verlag Ullstein GmbH, Frankfurt/M. – Berlin – Wien,
Propyläen Verlag
© 1979 by Verlag Ullstein GmbH, Frankfurt/M. – Berlin – Wien
Alle Rechte vorbehalten
Printed in Germany 1979
Satz: Otto Gutfreund, Darmstadt
Druck und buchbinderische Verarbeitung:
Süddeutsche Verlagsanstalt, Ludwigsburg
ISBN 3 549 05456 4